遍路と巡礼の民俗

佐藤久光

人文書院

上:昭和40年代の風呂敷包を背負った遍路
（上田雅一氏提供）

右:愛宕神社石段途中の「愛宕越え」の道標、
是よ里丹波あなうへのみちあり　是よ里壱町ほと行右へ月のわみちあり
すくニキよたきへ出る　是よ里二町ほと行右の方へたかお道あり

接待の返礼に納札を渡す遍路（撮影小池三光氏、上田雅一氏提供）

※真中を赤に染めた笈摺（「昭和四年同行二十三人」と書かれている）

※世帯道具一式を抱えた
老遍路（昭和40年代）

笈摺を着ての参拝風景
（「昭和6年　松尾寺本尊開帳記念映画」より）

昭和40年代の集団遍路（上田雅一氏提供）

昭和12年の女遍路（『同行新聞』昭和61年8月21日付より）

荷俵を背った遍路姿
（昭和13年4月撮影、上田雅一氏提供）

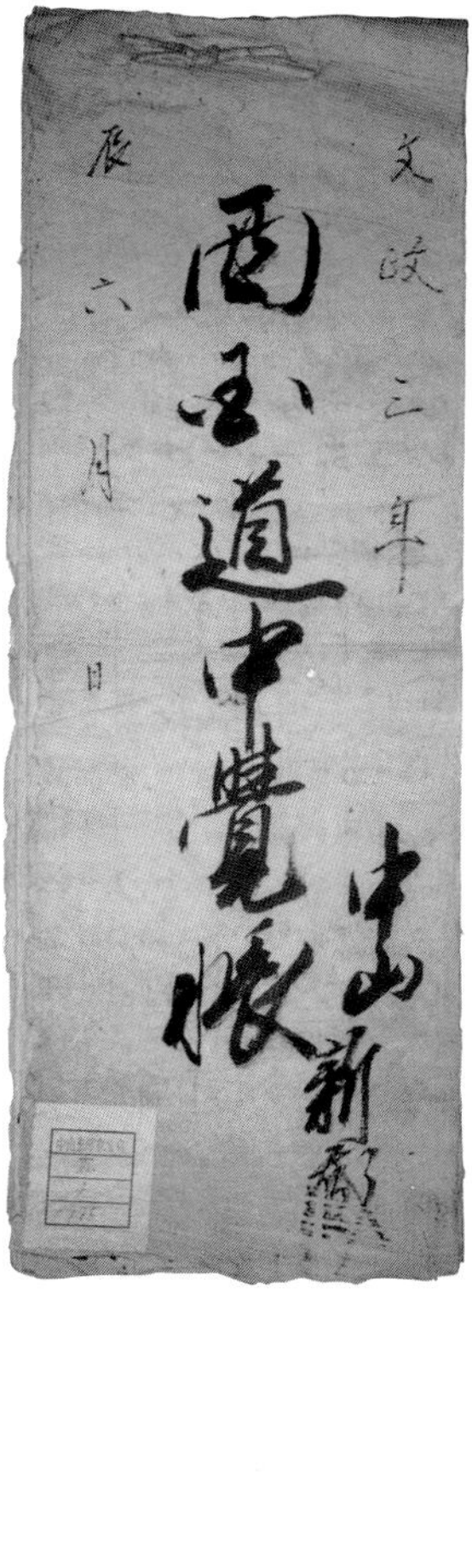

右：物集女村の中山新蔵の道中日記
「西国道中覚帳」（文政3年）

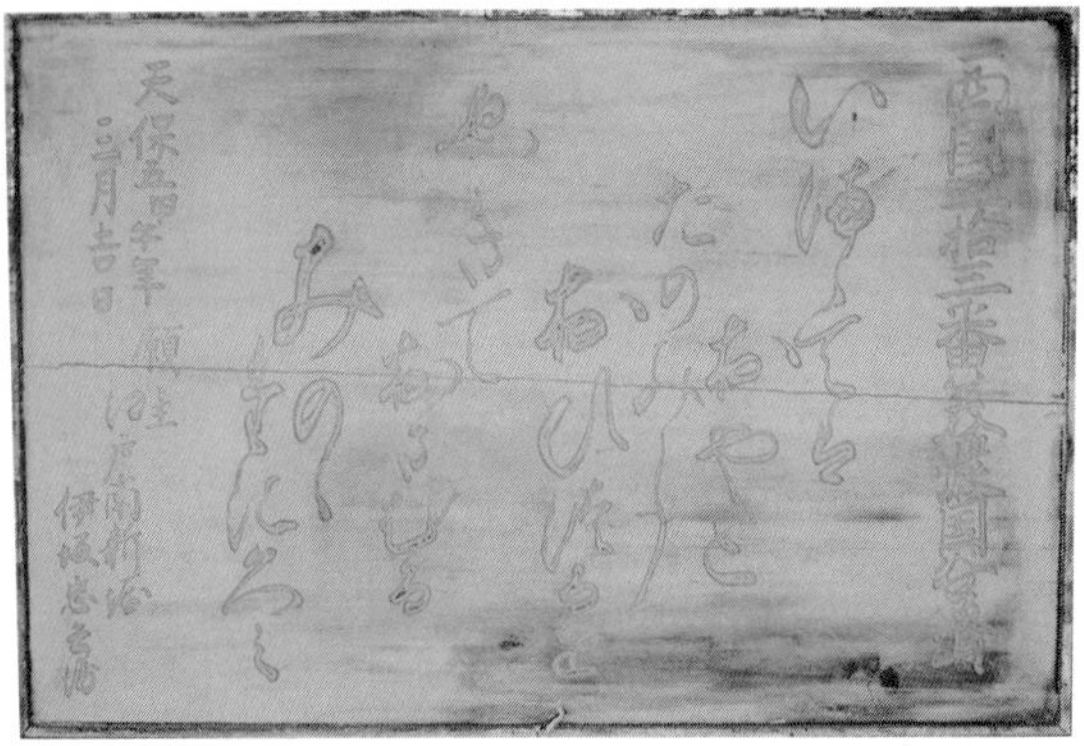

西国三十三番華厳寺の奉納額
御詠歌「いままではおやとたのみしおひずるを脱ぎて納むるみのの谷汲」

右:※「七ヶ所詣り」の納札
（「遏路」と書かれている）

「同行六人」の
遍路の納札
（出釈迦寺提供）

結願の記念碑

『西国巡礼道中記』（関西大学図書館蔵）

はしがき

戦後の高度経済成長とともに、我が国の聖地、霊場をめぐる観音巡礼や四国遍路も増加するようになる。しかし、過熱した経済はやがて平成期に入りバブル崩壊で一変し、未曾有の不況が始まった。ところが、四国遍路は平成の不況にもかかわらず、増加の傾向を辿った。むしろ不況の時期こそ遍路は注目され出した。その背景にはテレビや新聞などで遍路が取り上げられるなどマスメディアの影響が大きい。テレビ報道の一つにNHKは平成十五年六月に「にんげんドキュメント」の番組で、地元の人の接待と俳句を詠んだ御礼で遍路を続ける或る一人の老人の様子を報じた。八十歳になるこの遍路は家財道具一式を台車に積んで俳句を詠んで札所を廻っていた。ペンネームを幸月といい、遍路雑誌を発行するシンメディア社から句集『風懐《かぜふところ》に歩三昧《かちざんまい》』を出版し、俳人からも評価を受けるなど、地元ではよく知られた人物であった。

しかし、この遍路はテレビ出演をしたことで、番組を見ていた警察官が十二年前の殺人未遂事件の容疑者と気付き、この男は逮捕されることになった。この容疑者が長期に亘って遍路を続け、世間を欺くことができたのは、四国遍路の習俗に接待があったからである。歴史的に遡ると、かつて不治の病とされたハンセン病患者や不倫した男女、多額な借財を抱えて身を崩した人などは国元を追われ、生き延びるため、はたまた死に場所をもとめて遍路に出た。彼らが生き延びられたのは接待の施しがあったからである。遍路道の端には道中で倒れて死亡した人の遍路墓が今も残っている。先の容疑者もかつての遍路の現代版の一齣でもある。

ところで、長引く不況にもかかわらず四国遍路には人気があり、自動車の普及で廃れていた「歩き遍路」が平成期に入って増え始めた。それに比例するように自らの体験を出版する体験記や商業出版の案内書の発行が相次いでいる。その背景には幾つかの要素があるが、経済不況で混迷する時代にあってリストラで職を失った人を始め、人生に挫折した失意の人、自閉症の病を克服しようとする若者などは自らを振り返るために遍路に出かけ、救いを求める。そして道中での肉体的苦痛と精神的孤独を体験し、地元の人からの接待や善根宿の温かい気持ちに感動する。その感動を出版として伝え、自らの記念とするものである。出版物の増加が遍路の増加を促す一因ともなっている。

筆者はこれまで巡礼、遍路の動向やその実態の分析を主眼とした研究を行ってきた。その成果は『遍路と巡礼の社会学』（人文書院）として上梓した。しかし、前著は遍路の動向や実態の解明を主なるテーマとしたものであり、統計的な分析で研究視点が限定されていた。その研究を通じて、今少し領域を広げた研究の必要性を感じた。その大きな理由は、遍路や出版物の増加に伴って、遍路の習俗に画一性が顕著になったことに気付いたことである。例えば、遍路の装束には手甲脚絆を着けて、菅笠を被り、白衣や笈摺を着て金剛杖をついて歩く姿である。しかし、手甲脚絆や菅笠、杖などは最初は旅の装束や道具であった。白衣は死の装束であり、笈摺は荷を負う時に摺り切れるのを防ぐ半袖であった。それがやがて宗教的意味づけがなされて行くことになる。しかし、既述のように歴史的にはいろいろな遍路が様々な目的で、しかも装束もない姿で山野の道を廻っていたことである。寺の通夜堂や野辺で一夜を明かし、道々では住民から金品の接待を受けながら遍路を続けた。そこに四国遍路のもつ多様性があり、それが魅力でもあった。

確かに時代によって巡礼、遍路の習俗にも変容が起きる。その典型が交通手段である。巡礼、遍路の基本は徒歩であった。それがバス巡拝へと変わり、バスから自家用車へと進む。更に平成十年にはヘリコプターによる巡拝も登場し、時代とともに交通手段は大きく変わった。しかし、平成期に入り、歩き遍路が見直されると、衰退していた接待も復活するようになった。そこで、現代の遍路の状況を今一度再考してみようと思った。また、現在では習俗が簡略化されてその面影を失っている西国巡礼などの観音巡礼ではかつてはどのような習俗であったのかにも関心を抱いた。

そこで、第一章では本書の目的を述べるとともに、巡礼、遍路の成立とその後の変遷を概説する。本論である第二章以降では、歴史的に振り返り、巡礼、遍路の習俗はどのようにして生まれたのか。そして、それがどのように影響して行ったのかを検討する。そこには巡礼の原点である西国巡礼の習俗が坂東、秩父巡礼、四国遍路などに影響を与えていることが多い。併せて四国遍路の独自な習俗を考察する。第三章では、巡礼、遍路が最も盛行であった江戸時代における案内書、道中日記の出版状況の把握である。案内書の発行はそれを求める需要が前提とされるので、巡礼が盛んであった江戸時代には多くの出版物が発行されていた。その出版物と巡礼者の動向との関わりを検討することにした。併せて現代の出版状況も考察する。第四章では体験記・道中日記を分析して、全行程に要する日数、宿賃、総額にかかる費用、接待、その他の見聞したことを考察する。体験記を通じてその時代の習俗を捉える。本書は前著『遍路と巡礼の社会学』で取り上げられなかったテーマを扱い、それを補うもので姉妹編とも言えるものである。

この研究をまとめるにあたっては多くの人々にご協力、ご鞭撻を賜った。関西大学名誉教授の前田卓博士には多くのご教示を頂くとともに写真の提供を受けた（図版※印）。四国第五十六番札所・泰山寺の先代住職・故大本祐章師や現住職・大本孝章師には、ご教示と共に『同行新聞』の借用を賜った。また、学僧であられた浅草寺貫首・清水谷孝尚師には二、三度お目にかかり、励ましとご教示を賜わり、かつ著作から数多くのことを学ぶことができた。四国第七十三番札所・出釈迦寺からは納札の写真を、映像作家・上田雅一氏には昭和中期の貴重な写真の提供を賜った。白井忍氏には写真の転載を快く許して頂いた。四国遍路研究会を主宰する小松勝記氏からは資料の提供を受けたり、助言を頂き大いに参考になった。その他にも公共図書館や大学図書館からもご協力を頂いた。そして、著書を通じて多くの研究者から教えを頂いた。ここに厚く御礼と感謝を申し上げます。習俗の変遷には時代の正確さやその根拠などが不明なことも多く、誤謬も避けられない。読者のご寛恕とご叱責を頂ければ幸いである。

洛西にて　著　者

平成十八年五月

目次

遍路と巡礼の民俗

第一章　研究の視点と各霊場の成立

本書の研究目的には幾つか挙げられるが、その大きな狙いは巡礼、遍路の習俗に関する変容を考察することである。その上で、観音巡礼としての西国巡礼と祖師巡礼としての四国遍路への習俗の影響、関連性を捉えることである。他方、四国遍路には観音巡礼に見られない独自の習俗が生まれた。その遍路独自の習俗の意義を捉えることでもある。また、巡礼、遍路の旅に不可欠な案内記や地図、体験した道中日記などの出版物の発行状況を分析し、巡礼者、遍路の動向との関連性を考察することである。更に道中日記や体験記を通じて、その当時の宿泊施設や費用の総額、行楽の状況、予期せぬ事態への遭遇などの習俗を捉えることである。本章では本論に先立ち研究の視点を述べるとともに、研究対象となる各霊場の成立年代や成立状況、その後どのように変遷したかについて概説する。

第一節　研究の視点

巡礼、遍路の研究は二十一世紀に入る頃から一層活発になった。主な研究成果としては巡礼研究会編『巡礼論集1　巡礼研究の可能性』（岩田書院、二〇〇〇年）を始め、頼富本宏・白木利幸『四国遍路の研究』（国際日本文化研究センター、二〇〇一年）、星野英紀『四国遍路の宗教学的研究―その構造と近現代の展望―』（法蔵館、二〇〇一年）、『四国遍路のあゆみ』（愛媛県生涯学習センター、二〇〇一年）、長田攻一・坂田正顕・関三雄『現代の四国遍路―道の社会学の視点から』（学文社、二〇〇三年）、『遍路のこころ』（愛媛県生涯学習センター、二〇〇三年）、巡礼研究会編『巡礼論集2　六十六部廻国巡礼の諸相』（岩田書院、二〇〇三年）、田中智彦『聖地を巡る人と道』（岩田書院、二〇〇四年）、浅井證善『へんろ功徳記と巡拝習俗』（朱鷺書房、二〇〇四年）、拙著『遍路と巡礼の社会学』（人文書院、二〇〇四年）、森正人『四国遍路の近現代』（創元社、二〇〇五年）、Ian Reader, *Making Pilgrimages: Meaning and Practice in Shikoku* (University of Hawaii Press, 2005) などが挙げられる。それらは密教学、宗教学、地理学、社会学などの分野から、あるいは郷土文化の歴史や現状を分析する研究である。また、徳島地域文化研究会編『徳島地域文化研究』第三号（二〇〇五年）では特集として四国遍路が取り上げられ、八本の論文が掲載されている。

我が国の巡礼、遍路の研究は明治後期から昭和初期までは郷土史家や一部の研究者によって始められてきたが、その研究は巡礼、遍路の起こりを中心としたもので、雑誌などで発表された(1)。それが昭和四十年代以降に本格化する。例えば、新城常三『社寺参詣の社会経済史的研究』や近藤喜博『四国遍路』『四国遍路研究』、武田明『巡礼の民俗』『巡礼と遍路』、矢島浩『秩父観音霊場研究序説』、秩父札所の今昔会編『秩父札所の今昔』、速水侑『観音信仰』、清水谷孝尚『観音巡礼―坂東札所めぐり―』、前田卓『巡礼の社会学』、宮崎忍勝『遍路―その心と歴史』、真野和俊『旅のなかの宗教―巡礼の民俗誌』『四国遍路』（『日本の聖域』第十巻）『日本遊行宗教論』、浅野清編『西国三十三所霊場寺院の総合的研究』、河野善太郎『秩父三十四札所考』などである。これらの本格的な研究を踏まえ、更に各分野における独自な要素を加え、より発展させた研究が現在に至っている。その研究対象になるのは四国遍路が圧倒的に多く、次いで西国巡礼である。それに対して、坂東巡礼は極めて少ないなどの偏りがみられる。

　ところで、四国遍路の研究が盛んであると同時に、遍路の数も平成期に入って増加するようになった。筆者の調べでは平成十四年には年間八万人を超えるまでに増えている。その遍路たちは菅笠と白装束に身を包み、金剛杖をついて札所を廻る。それに対して、坂東巡礼や秩父巡礼では白衣を着た巡礼者は殆どみられない。西国巡礼でも菅笠や白衣を着た人はまばらに見受けるに過ぎない。その理由には巡礼の目的に行楽が含まれ、気楽な雰囲気で廻っていることや、自家用車を利用した巡拝が中心になったことがある。しかし、歴史的に振り返ると西国巡礼でも菅笠や笈摺を着た巡礼姿は見られた。室町時代中・後期の作とされる『三十二番職人歌合』には「三十三所巡礼同行二人」と書いた笈摺を着て、笠と杖を横において休息する巡礼姿が見られる。また、幕末の嘉永元年（一八四八）に暁鐘成による『西国三十三所名所図会』にも笠をかぶり、杖をつき笈摺を着た巡礼の姿が多く描かれている。それが現代に入ると既述の要因でそのスタイルは衰退していくことになった。それに対して、四国遍路では伝統的な遍路姿が残っている。その理由は四国遍路の目的が信仰心を重視する割合が多いことと、全行程を徒歩で廻るには、その決意と旅の身支度が必要であり、菅笠、金剛杖、白衣などが今でも残ることになった。

図1-1　西国の夫婦巡礼（『西国三十三所名所図会』）

　しかし、今日の遍路スタイルの流行は、別の要因も働いている点も見逃せない。それは歩き遍路

図１－２※　遍路の諸用具を売る店（昭和40年代）

以外にもバスによる団体参拝やマイカーによる巡拝でも装束を身につける点にある。そこには先達による遍路の作法を教化した成果でもある。他方、参加者を募集するバス・旅行会社などが宣伝し、商品化した影響も大きい。また、案内書も多く発行され、そこには準備する品々や心得、マナーなどが記されている。遍路の出発にあたる第一番札所では装束を含め、菅笠、金剛杖、納経帳などの一式が販売され、それを買い求めることにもある。このような状況の背景には、昭和三十年代に発足した「四国八十八ヶ所霊場会」が納経時間や巡礼スタイル、札の打ち方、お勤め、納経など一連の巡拝作法の統一化を図ったことである[2]。宗教的行為にまつわる問題として、信仰心が先か、それとも「形」（形式）や作法が先かということがある。形や表現は問わずに内面的な心を重視するのが前者であり、それに対して最初から信仰心をもつことは無理であり、とにもかくも形、作法から始めようとするのが後者の立場である。その論議の正否は別に、遍路スタイルの流行は「形」を重んじ、定式化の傾向が進行していると言える。しかし、装束を含む遍路のスタイルは「正装」ではあるが、そうした装いをしなければ遍路と見なされないとは決して言えない。どのような服装でも参拝ができ、札所は納経印を与えてきた[3]。

　また、現在では四国霊場を胎蔵界曼荼羅に倣して四国四県を発心・修行・菩提・涅槃と位置づけている。歩き遍路を体験した手記には、高知県の札所間の行程の長さと過酷さから肉体的苦痛を味わい、高知（土佐）は修行の場であると実感する記述が出てくる。しかし、星野英紀氏によれば、霊場を曼荼羅とみなす発想は江戸時代の

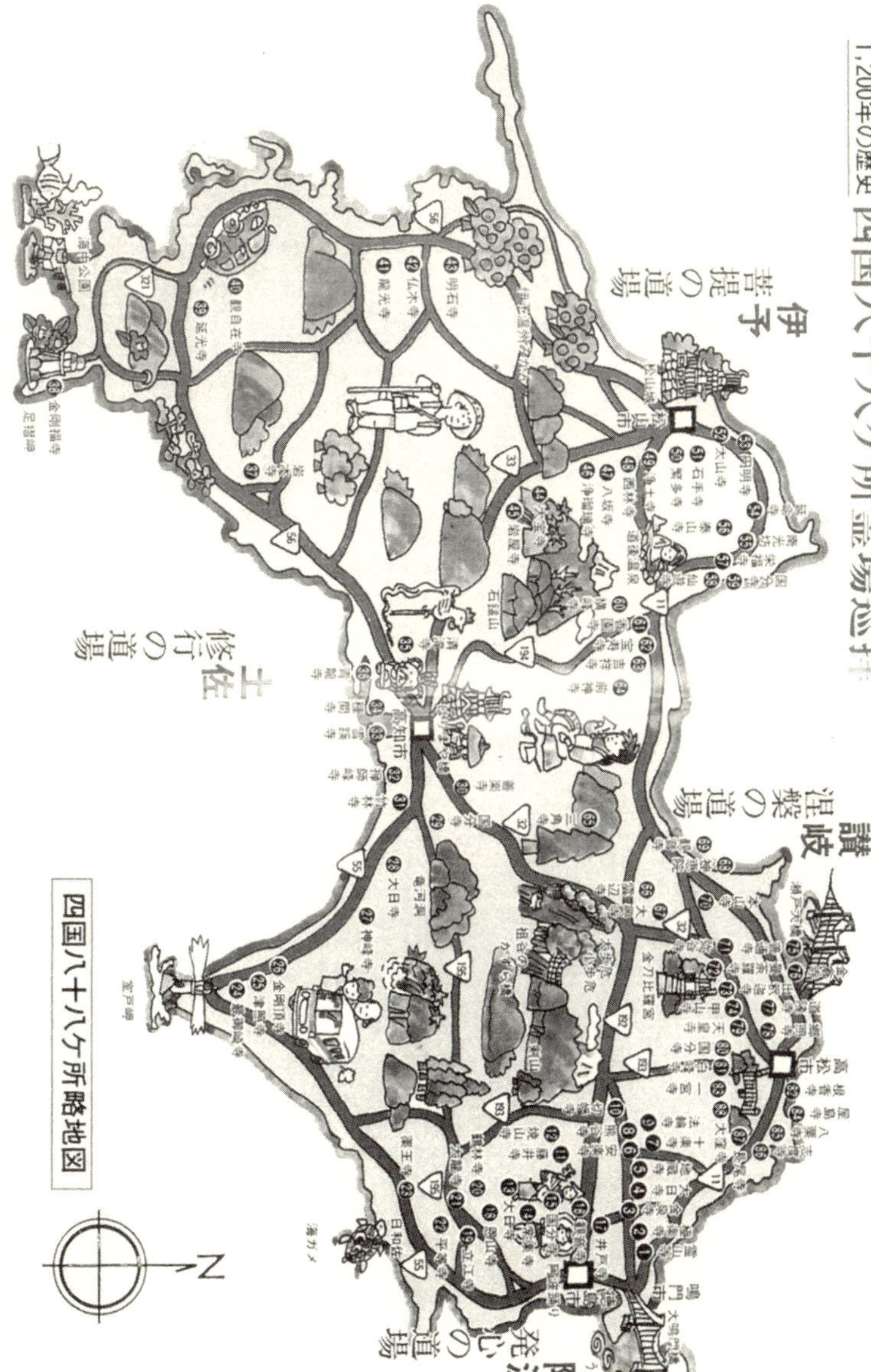

図１－３　四国霊場を曼荼羅にみたてたパンフレット（「お四国巡拝」四国八十八ヶ所霊場会）

寂本『四国徧礼霊場記』や真念の『四国邊路道指南』、そして戦前までの文献には見られず、戦後に入ってからその記述が出てきて、その一つに西端さかえ『四国八十八札所遍路記』（昭和三十九年）を挙げている。やがて四国八十八ヶ所霊場会も昭和四十九年の「弘法大師伝」でそれを追認するような記述が出てくる。[4]従って、八十八カ所霊場を曼荼羅とする説は比較的新しいものである。四国霊場を曼荼羅にみたてる発想は、地形や道中の心境を考えると一見うなずける。しかしながら、逆打ちで廻る場合や九州から四国に渡った場合、更には四国の地元の人が廻る場合は、必ずしも一番から廻るとは限らず、この曼荼羅説は理に合わず、矛盾も出てくることがわかる。大正七年、伊東老人と娘遍路を体験した高群逸枝女史は熊本を出発して八幡浜に上陸し、四十三番明石寺から逆打ちで廻っている。第四章では巡拝記を通して、巡礼、遍路の行程を分析するが、江戸時代には畿内からの西国巡礼者や地元四国の遍路は必ずしも一番から順番に廻っていないことがわかる。従って、一番札所霊山寺から順番に廻って、八十八番札所大窪寺で結願する図式に基づく曼荼羅説は後世の仮託とも考えられる。また、四国遍路には八十八カ所の札所以外に番外札所が幾つかある。しかし、「番外札所」は江戸時代の文献には記されていない。この用語が出始めるのは昭和期に入ってからの習俗とも考えられる。

現在の四国遍路には定式化が進み、「意味づけ」も変化してきたが、歴史的には多様な様相があったことがわかる。四国遍路には不治の病を抱えた人や、何らかの事情を抱え国元を追われた人、人生に悩む人などと様々であった。そこには遍路の目的も異なり、世俗社会の職業、地位、身体の健常・障害を超えて老若男女が霊場を廻っていた。それを支えたのは地元の人々や和歌山や岡山などから出向いて遍路に手を差し延べる接待や善根宿であった。遍路には富田敷純師が提唱した地位や身分を問わない「平等愛」や半合掌を心懸ける「相互愛」、接待を施す「犠牲愛」があった。いわば遍路は日常生活につきまとう形式・構造にとらわれない多様な様相が展開されてきた。

スコットランド生まれで後にアメリカのシカゴ大学などの教授を歴任した社会人類学者・ターナー（V.

Turner）は『儀礼の過程』の中で、[5]人間関係のあり方としての社会を構造（Structure）と反構造（Anti-structure）とに二分した。そして、ターナーは巡礼を反構造的なコミュニタス（Communitas）として捉え、メキシコの巡礼やキリスト教巡礼の分析をした。ターナーのコミュニタス論はアメリカに留学中にターナーの指導を受けた星野英紀氏によって我が国にも紹介された。星野氏によると、「…ターナーの用語で表現しなおせば、巡礼は、一時、居住空間・時間という構造を離脱し、聖地というコミュニタスに浸り、再び居住空間・時間という構造に戻るという図式になる[6]」と述べている。そして、ターナーは反構造（コミュニタス）と構造を対概念として二十六の項目を列挙している。[7]その中から幾つかを摘記すると、「同質性／異質性」「平等／不平等性」「匿名／命名の体系」「財産の欠如／財産」「身分の欠如／身分」「利他性／自利性」「沈黙／言葉」「聖／俗」などである。ターナーのコミュニタス論にはその後多くの批判が出された。星野英紀氏もコミュニタス論は有効であると評価しつつも批判も正鵠を射ているとして、具体的な諸相や社会背景を慎重に配慮する点を指摘している。[8]

四国遍路を考える時、平等愛や犠牲愛、あるいは白装束に身を包み聖なる姿となり、宿坊で寝食を共にし、札所で経文を唱えることは日常生活からの一時的な離脱で、新鮮さを体験できる。また、遍路する人々に宗派を尋ねると、五割弱は真言宗であるが、残りの半分は浄土真宗、禅宗、日蓮宗などである。[9]いわば真言宗の開祖弘法大師と深く関わる遍路に他宗の檀家・信者も参拝している。特に禅宗では僧侶に対して、遍路を修行として奨励するほどである。明治三十四年と昭和九年に二回の四国遍路を行った東福寺派管長を務めた尾関行応師は、

我が禅門では雲水修行中に、真に願心あるものは、大抵一度は西国四国の霊場を巡拝して、魔障なく大事了畢する様、祈願すると同時に、旅行の艱難辛苦をも体験し、一方霊山勝域に触れて、一層願心を堅固にするものと、

と述べ(10)、巡礼を積極的に評価している。事実、江戸時代にも浄土真宗や日蓮宗の信者が遍路に出るには寺院から往来手形を貰うために、「法華宗ハ千ヶ所参并ニ日本順拝、門徒宗ハ二十四拝ニ日本順拝(11)」という便法があった。従って、古くから遍路には宗派を超えた人々が見られた。これらのことから四国遍路に関してはターナーのコミュニタス論はある程度の妥当性はある。しかし、画一化された格安パックの巡拝や自家用車による巡拝ではこの理論に該当し難い。加えて、西国巡礼や坂東巡礼では区切巡拝で、しかも自家用車を利用し、日帰りの巡礼となりがちで妥当性は見い出し難い。

以上のように、本来の四国遍路は目的も様々でスタイルも多様であった。明治末期から昭和初期にかけて新聞社や雑誌の記者が帽子を被り、洋服で巡拝し、それを記事に書いている。また、「モダン遍路」と呼ばれ、洋傘を差し、帽子にスカート姿の女性も登場する。昭和三十一年に出版された岩波写真文庫『四国遍路』(第一七六号)には、当時の遍路風景が写し出されている。笠を被り、白衣姿に混じって白衣を着ないで和服姿に手拭いを被り、草履や下駄履きの遍路も少なくない。昭和四十年代でも男性は背広姿に中折帽子、女性では普段着に手拭いを被った光景があった。他方、西国巡礼にも白衣や笈摺を身につけ、納札をする習俗はあった。しかし、時代とともにその習俗は変容した。

図1-4※　よそ行きの姿で参拝する遍路(昭和40年代)

四国遍路の習俗の研究は荒井とみ三『遍路図会』や武田明『巡礼の民俗』、真野俊和『旅のなかの宗教—巡礼の民俗誌』、広川勝美編『遍路—彼岸に捨てられるもの』(民間伝承集成2)、山本和加子『四国遍路の民衆史』、谷口廣之『伝承の碑　遍路という宗教』など多くの研究がある。併せて、前田卓『巡礼の社会学』や星野英紀『四国遍路の宗教学的研究─その構造と近現代的展望─』でも随所に触れられている。それに対して、西国巡礼の習俗の研究は少なく、断片的であった。従って、これまでは両者の習俗を比較する視点は殆どなかった。その理由には歴史的に遡るとき、資料不足でその経緯、変容を解明することの難しさが横たわっていた。今一つは、西国巡礼などでは早くから行楽化が進み、純粋な巡礼の習俗が衰退していったこともその原因である。その中にあって、新城常三博士の西国巡礼の習俗における笈摺、巡礼歌、納札に関する見解や、清水谷孝尚師の巡礼の習俗や御詠歌の評釈に関する考察、星野英紀氏の四国遍路の「意味づけの変遷」の論考、田中智彦氏の巡礼路の復元に関する研究などは注目される。

本書の研究目的の第一は、西国巡礼と四国遍路の習俗の比較検討を試みることである。菅笠や金剛杖、笈摺、御詠歌、「同行二人」の発想、絵図の発行、接待の慣習などである。それらの習俗は現在では西国、坂東、秩父巡礼からは消え、四国遍路に残されるだけになった。それらの習俗を歴史的に遡って検討すると、そこには巡礼の原型である西国巡礼の習俗が四国遍路に及ぼした影響が多くみられることである。その代表例が笈摺であった。西国巡礼では室町時代に「背後に尺布を貼り、書して曰く、三十三所巡礼某国某里」と『天陰語録』に記され、『三十二番職人歌合』にも笈摺を着た姿が描かれている。それに対して、四国遍路では笈を背わずに荷俵であったことから笈摺は必要なかった。それが時代を大きく隔て明治時代に四国遍路でも笈摺が普及し始めるようになる。御詠歌も西国巡礼では室町時代後期から江戸時代初期に各札所に個別にあった歌が体系化されている。しかし、四国遍路では貞享四年（一六八七）の真念の『四国邊路道指南』に初めて登場する。西国巡礼の習俗が四国遍路に影響を与えた要因の一つは、東国からの西国巡礼者は単に西国霊場だけを廻って帰国したのではなく、四国の金毘羅山や善通寺、弥谷寺なども参拝していた。その過程で西国巡礼の習俗が四国遍路に何らかの影響を与えたことは考えられる。更に、諸国を巡っていた廻国僧による文化の伝播ということも想像に難くない。

他方、西国巡礼には見られない四国遍路独自の習俗も生まれた。例えば、弘法大師伝説を始めとした様々な伝説が残されていることである。例えば、誤ちを悔改めた右衛門三郎伝説や、彼が息をひきとった杖杉庵、大師が橋の下で野宿した十夜ヶ橋伝説が今でも言い伝えられ、信仰されていることである。また、四国遍路には多度多拝の信仰があり、巡拝回数によって納札の色分けする風習もある。更に、遍路の宿泊施設としての通夜堂が設けられ、貧しい人々はそこで一夜を過ごしながら廻り続けた。そして、死亡した遍路を地元住民が手厚く弔い、遍路墓を建立したことである。

本書の第二の目的は、巡礼、遍路の習俗の副次的文化としての案内記（書）の発行状況の分析である。巡礼や遍路が増えると案内記も増加する。巡礼、遍路が最も盛んな一時期は江戸時代であった。西国巡礼では多いときに年間三万人を超えることもあり、平均すれば一万人から二万人台と捉えられる。四国遍路でも年間二万人を上回ることが『寛政十三年改享和元酉春西郷浦山分廻見日記』に記されている[12]。秩父巡礼でも午歳の総開帳時には松本家の『御用日記帳』に四、五万人の巡礼者があったことが書かれている[13]。これらは当時の公用記録であり、極めて信憑性が高い。遠隔地へ出かける必需品の一つに地図や行程に関する案内記（道中記）がある。江戸時代の西国巡礼には東国からの人々が多く押しかけ、地図や案内記を持参していた。そのため、需要を見込んだ商業出版が活発になる。地図や案内記などは大阪、京都、奈良、和歌山そして江戸の書肆を中心に数多く発行されている。第三章ではその発行状況を分析する。清水谷孝尚師は『観音巡礼―坂東札所めぐり―』の後編で「西国札所関係書目」として江戸時代から昭和二十年までに出版された書目の一覧を掲載している[14]。本書では同師の成果に更に探索して書目を大幅に追加した。その上で、江戸時代による巡礼者の動向とを照合し、巡礼者と出版書籍との相関性を考察することにした。

四国遍路では真念による『四国邊路道指南』（貞享四年〈一六八七〉）が最初の案内記である。同書はその後も『四国偏礼道指南増補大成』として度々出版されている。しかし、江戸時代の四国遍路では案内記よりも地図が比較的多かった。やがて大正末期から昭和初期にかけて鉄道やタクシーなどの交通機関の発達と、旅行ブームを背景に体験記、案内記も多く出版されるようになる。更に、平成期に入ると「歩き遍路」(15)が見直され、その体験を綴った巡拝記が大幅に増加するようになる。併せて、これから遍路に出かけようとする人を狙ったガイドブックも相変わらず発行されている。そこで、出版状況と遍路の動向との関連性についても考察する。その上で、西国巡礼と四国遍路の出版物の内容に相違があることを解明する。

第三の研究目的は、体験記、巡拝記を通じて巡礼、遍路の習俗がどのように変化して行ったかを捉えることにある。出発から帰宅までの行程や宿泊料金、船賃、食事代、その合計の総額、地元住民からの接待、善根宿、その他の見聞、体験などを読み取り、当時の様子を考察することである。そこには現代とは違ったその時代の特徴を見ることができる。江戸時代では交通手段は徒歩であり、東国や三河、遠江などから西国巡礼に出かけるには二、三カ月の長期に亘っての旅でもあった。伊勢参宮を兼ねて上方に上り、那智山から西国巡礼を始め、摂州の中山寺で中断して四国に渡り、金毘羅宮を参詣し、二十七番書写山・円教寺から巡礼を再開し、谷汲山で結願した。その後、信州の善光寺への参詣を行い、帰路についた。それに要した費用も高額であった。そのため、地域の人々から餞別として多くの金品を受け取っている。西国巡礼は単に社寺参詣だけではなく、異国の見聞や行楽的な要素が強く、祭礼や芝居見物なども含まれ、土産品の購入などが旅日記には記されている。順路も必ずしも順番通りに廻っていたわ

図1-5　愛宕山裏山の地蔵尊に刻まれた「あなう道」(手前には道標があり「左あなう道」と刻まれている)

けではなかった。田中智彦氏によると、順番通りの「基本的経路」以外に寄り道としての「高野廻り」「吉野多武峰廻り」「比叡山廻り」「愛宕越え」などの「発展的経路」も利用され、十三番石山寺から三十二番観音正寺、三十一番長命寺と廻り、三井寺に辿る「逆打ち」が江戸中期以降に普及している。(16)

他方、四国遍路では接待や托鉢によって遍路が続けられた。そのために費用は五、六十日程度で一両ほどに抑えられた。その例が大正七年に伊東老人と娘遍路を体験した高群逸枝女史であった。高群女史は『九州日日新聞』の社会部長から道中記を寄稿する約束で一〇円を受け取り、それを持参しただけだった。その費用をカバーしたのは同行した伊東老人の托鉢修行であった。伊東老人は日々門付けの托鉢をして米などの布施を受け、それを道中の費用とした。放浪俳人・種田山頭火も同様であった。山頭火は昭和十四年に二回目の遍路を綴った『四国遍路日記』を残している。そこには托鉢で得た米や接待された物品や遍路宿の状況、食事のメニューなどが細かく記されている。従って、現代のように交通機関を利用した巡礼、遍路とは異なっていた。四国遍路の体験記には道に迷ったなどの失敗談や予期せぬ出来事に遭遇したエピソードが数多く出てくる。例えば、江戸時代には春から夏にさしかかった時期には着古した衣服を買い取る地域住民、路線バスによる巡拝が出始める昭和初期では悪路でバス酔いする遍路など、その時代の遍路光景が読み取れる。

それぞれの視点については各章で詳しく考察することにし、本論に先立って、各霊場の成立年代やその事情、及びその後の変遷などについて次節で概説する。

第二節　各霊場の成立とその後の変遷

我が国の巡礼の始まりは平安時代末期に畿内を中心に成立した観音巡礼である。その後、東国の関八州にわたる坂東巡礼が鎌倉期に起こる。やがて室町期には武州の一角の秩父盆地に秩父巡礼が成立する。それ以外にも江戸時代に入ると各地に西国観音巡礼を移した（写し）霊場が生まれる。他方、四国には弘法大師に縁の深い霊場を集めた四国八十八ヵ所巡礼の遍路が起こる。四国遍路もやがて小豆島や愛知県知多半島、九州福岡・篠栗地方などに移植され、「新四国霊場」と呼ばれることになる。巡礼、遍路の習俗を考察するにあたり、共通する側面は何らかの関連性が予測されることから、各霊場の成立年代を捉えていく必要がある。そこで、日本百観音霊場としての西国、坂東、秩父巡礼と四国遍路の成立、その後の変遷について概説する。[1]

一　西国巡礼の成立

巡礼の始まりは近畿一円に展開される西国巡礼である。その西国巡礼はいつ頃、誰によって創設されたのかについては諸説がある。縁起、伝説としては、大和の長谷寺の開山・徳道上人が開創した説である。『中山寺縁起』には徳道上人が頓死し、閻魔王に出会い、布施として巡礼を賜わり一番札所の中山寺に石札を納めたということが述べられている。[2]その年代は養老二年（七一八）である。しかし、その後巡礼は廃れ、平安時代中期の寛和二年（九八六）に花山法皇が再興した「再興説」が生まれる。室町時代の『竹居清事』『幻雲稿』『天陰語録』などではこの説を受け継いでいる。しかし、徳道上人が蘇生して巡礼を開始したという話はあまりにも荒唐無稽である。花山法皇が那智山や書写山、粉河寺を個別に参詣したことは事実であるが、三十三ヵ所を巡拝したことを裏付ける資料はなく、革堂（行願寺）や善峰寺などはその当時創建されていなかった。[3]従って、徳道上人開創説や花山法皇中興説は伝説、縁起の域を出ないものである。

それに対して、史実として開創に関与したとされるのは三井寺の僧行尊である。『寺門高僧記』巻四には、「観音霊所三十三所巡礼記」と記され、行尊が大和の長谷寺を一番として山城国三室戸山・千手堂で結願している。

図1-6　西国十四番三井寺の観音堂

その日数は百二十日であった。その年代は寛治末年から嘉保の交（一〇九三―九四）以前と推定される。このことから行尊の巡礼が最初であると研究者に定説化されたきた。(4) しかしながら、行尊の「観音霊所三十三所巡礼記」には疑問が多い。速水侑氏は、「観音霊所三十三所巡礼記」が前後の内容と密接な関連もなく挿入されて不自然であることや、二十五番は「新熊野奥」（今熊野）とあるが、行尊の存命中には未だ勧請されていなかったことなどから、行尊の巡礼は「歴史的事実ではなく、後世の寺門修験の仮託によるものと断じ得ない」(5) と否定している。

それに対して、同じ三井寺の僧覚忠の記録には信憑性が高い。『寺門高僧記』巻六には、「応保元年正月三十三所巡礼則記之」と題し、一番紀伊国那智山から順番に霊場名と尊像名が書かれ、三十三番山城国三室戸で終わっている。その日数は七十五日であった。今一つ覚忠の巡礼を裏付ける史実としては、巡礼途上の谷汲山と穴太寺で詠んだ和歌が『千載和歌集』に残されていることである。このことから覚忠が応保元年（一一六一）に巡礼を始めたという説が有力視されている。なお、覚忠はそれ以前にも巡礼を行っていたという説もある。僧行誉の編による『壒嚢鈔《あいのうしょう》』には「久安六年庚午長谷僧正参詣之次第也」と記されている。岡田希雄氏は「長谷僧正」とは大和の長谷寺ではなく、山城国石蔵長谷にあった天台宗の大雲寺（別名石蔵寺）に隠遁した覚忠である(6)、と述べている。『壒嚢鈔』の記述が事実とすれば応保元年以前の久安六年（一一五〇）に覚忠が初めて巡礼したことになる。覚忠の巡礼を応保元年とみるか、それとも久安六年とするかは別にして、両者の年代は十一年の差でしかない。

いずれにしても覚忠の巡拝には信憑性は高く、覚忠を開創者とみなす説が有力である。しかし、覚忠が西国巡礼を開創したとする見解よりも、既に僧侶や修験者たちが修行のために霊場を廻っていたが、その一人に高僧としての覚忠が登場したとみるのが妥当であると考える。それまでに「七観音巡り」として観音巡礼が起こり、人気はあった。その中には、洛中の清水寺、六角堂、六波羅蜜寺、革堂などの有名寺院が含まれている。また、近江の石山寺や大和の長谷寺、紀伊の粉河寺などにも貴族の女性たちが参詣したり、その代参が行われていた。その結果、三十三の霊場がどのように選定されたかは不明であるが、霊場の構成は、畿内の著名な観音寺院を中心に当時庶民に人気のあった霊験あらたかな聖や修験者たちの「聖の住所」と呼ばれた那智山、書写山、箕面、勝尾などが含まれることになる。いわば既存の有名な観音寺院と新興勢力の修験系の寺院が組み合わさって構成されている。(7)

ところで、西国巡礼の順路に関してはその後に変遷が起きている。応保元年の覚忠の順路と覚忠と思われる「長谷僧正」の順路でも異なっている。久安六年の順路は那智山から始まるが、那智山には「如意輪堂」と「千手堂」の二つが含まれ、それに代わって「藤井寺」が欠落している。奈良の興福寺・南円堂までは応保元年の巡礼と同じ順路であるが、途中は大きく変更され、最後は三室戸寺で結願する形をとっている。そして、長谷僧正の参詣次第には「是参詣の次第也。此の次第に就いて異説多き。或は長谷を初と為し、或は御室戸を初と為し。長谷を終と為す或る説に云只便路を本と為す。前後を論ぜずと云云(8)」とあり、未だ順路は定まっていなかった。それが飯尾永祥が著した享徳三年(一四五四)の『撮壌集』には現行の順路になっている。『天陰語録』(明応八年〈一四九九〉)にも「始于南紀那智、終于東美濃谷汲(9)」とあり、この頃に現行の順路になったと考えられる。

那智山を一番に美濃の谷汲山で終わる順路の変更の理由としては、東国の人が西国巡礼を行うのに便利な順路に工夫されたことである。東国からの遠隔地の参詣には伊勢神宮への参宮に始まり、その足で熊野大社に詣り、北上して大阪、京に入って芝居見物や神社の祭りを見る「中入り」で一息を入れた。やがて西の播州に向かい、北上して丹波に出て近江の霊場を廻り、最後に美濃の谷汲山で結願した。そして、信濃の善光寺に詣り、中仙道や東海道を経て帰宅の途についた。江戸時代には東国から多くの西国巡礼者があった。それに伴って、道中案内記が発行された。それらの多くは江戸を起点として伊勢参宮を前提とした行程案内になっている。その上、西国巡礼の途中に四国讃岐の金毘羅山へも参拝するケースもあった。

平安末期に成立した西国巡礼の当初は、単に「三十三所巡礼」と呼ばれ、笈摺にもそのように書かれていた。しかし、その後室町時代中期には「西国」と記されるようになる。甲州巨摩郡の住人が石山寺に納めた弥勒二年（弥勒は私号で永正四年〈一五〇七〉）には「西国三拾三所順礼聖」と書かれている。「西国」と名付けた説には、東国からは畿内は西国に位置することから東国の人の呼び習わしとする見解と、その後東国に坂東、秩父巡礼が起こり、それとを区別する必要から名付けられたとする説との二つの見解がある。(10)

泰平の世の江戸時代中期以降になると武州、下総、上総などの関東地方を中心に名古屋周辺、西は広島、九州の熊本、長崎などからと多くの巡礼者で賑わうことになった。

二　坂東巡礼の起り

西国巡礼には江戸時代、東国からの巡礼者を中心に数多くの人々が押しかけた。しかし、遠隔地の巡礼に出向くことのできなかった人々に対して、各地に地方霊場ができるようになる。その代表が東国の関八州に展開する坂東霊場であった。そこで、坂東巡礼はいつ頃、どのような事情で成立したのかを次に見てみる。

坂東巡礼の成立に関しても縁起、伝説類の開創説がある。沙門亮盛が明和八年（一七七一）に著した『坂東観音霊場記』（全十巻）には「花山法皇坂東巡礼始行之事」として、法皇那智山ヲ出テ、大和ノ長谷寺ニ入リ、諸国行脚ノ御願ヲ立テ、（中略）我レ坂東八州ニ於テ、身ヲ三十三所ニ現ズ。其ノ能霊場ヲ知者ハ河州石河寺ノ仏眼上人ナリ。彼ト倶ニ坂東順礼ヲ始行シテ、偏ク道俗男女ヲ導クベシ（中略）正暦元年庚寅ノ春、初メテ鎌倉ヘ下向アリ、仏眼上人ヲ御先達トシテ坂東八州ヲ巡礼シタマヘリ、(11)

と述べられている。これは花山法皇が正暦元年に仏眼上人（熊野権現の変身）を先導に巡礼を始めたと説いている。しかし、この記述内容には大いに疑問がある。清水谷孝尚師は、『坂東観音霊場記』は永禄三年（一五六〇）の『杉本寺縁起』を書写したもので、『杉本寺縁起』では永延二年（九八八）であったのを、『坂東観音霊場記』は正暦元年（九九〇）と書き換えている(12)、と指摘している。鶴岡静夫氏も「花山法皇が関東にこられたということは確かな文献に見当たらないし、坂東札所を定めたという形跡は全くない(13)」と述べ、花山法皇説を否定している。

図Ⅰ－7　坂東一番杉本寺の本堂

それに対して、史実的に確証が高いものとしては、福島県東白川郡棚倉町八槻の都々古別《つつこわけ》神社の十一面観音像台座に残された墨銘である。昭和九年の『埼玉県史』第三巻には次のように述べられている(14)。

磐城国東白川郡近津村八槻の国幣中社都々古別神社に蔵する十一面観音の木像には、沙門成弁なるものが、天福二年七月に三十三所霊場修行を為し其の札所の一なる常陸久慈郡八溝山日輪寺に於いて此の像を造立せし旨の墨書銘あれば、少なくとも天福二年には既に坂東札所の成立せしことは確実である。（中略）坂東札所が已に此の時に存在せしものとすれば、其の起源は之よりも以前に溯ると見なければならず、恐らくは当代初期に成立を見たと解すべきである。

福島県東白川郡棚倉八槻にある都々古別神社の十一面観音像台座の墨書銘は次の通りである。(15)

敬白

奉造立

十一面観世音菩薩像

右成弁修行三十三所観音

霊地之間於八溝山観音堂

上院参籠三百ヶ日之次萌

兆具道僧当社別当之拾

一面大和国長谷之

本仏之威儀所奉造立之状如件

天福二年七月十九日

願主別当小僧都意

上求菩沙門成弁

この内容は、僧成弁が三十三カ所の観音霊地を修行中に八溝山観音堂に三百日間参籠した時、都々古別神社の別当の願いにより、大和国・長谷寺の十一面観音像を模して造立したことを記したものである。これによって天福年(一二三四)以前には坂東札所は成立していたことが判明する。そして、坂東札所を制定した理由を『埼玉県史』第三巻では次のように述べている。[16]

坂東武士は上方地方への往返繁く接触の機会を多からしめ、札所巡礼のことにも熟するに至りしが、新興せる鎌倉には近畿方面の大社名刹に規矩に準ずる社領頻々として造営を見る際とて、此處に観音札所を移して坂東三十三所霊場の組織を見るに至らしめた。

鎌倉武士は平家を追討した後に都の警護などで上洛し、都の文化に接し、札所巡礼にも関心を示したことで、それを移したものであると述べている。事実、源頼朝を始めとして一族や家臣たちが観音寺院に度々参詣していたことが記録に残されている。

ところで、坂東札所の成立とその背景には鎌倉幕府との関係が注目される。鶴岡静夫氏はその関係として幾つかの要素を指摘している。[17] その第一は、鎌倉に幕府を開いた源頼朝や妻政子、娘大姫たちは観音信仰に篤く帰依し、観音寺院に参詣したことである。『吾妻鏡』によれば、[18] 建久三年(一一九二)三月二十三日条に「幕下岩殿観音堂に御参」とあり、岩殿寺の観音堂に参詣されたことが記されている。以後将軍家は度々観音寺院に参詣している。頼朝は上洛した折りにも石清水八幡宮や清水寺などに参詣している。将軍家の観音寺院への参詣は三代将軍実朝にも受け継がれた。『吾妻鏡』の元久二年(一二〇五)四月八日条には「将軍家鎌倉中の諸堂を巡礼し給ふ」と書かれている。将軍以外にも実朝の妻や家臣たちの参詣も度々あった。『吾妻鏡』元久元年四月十八日条には「将軍家御夢想の告に依り、岩殿観音堂に参り給ふ。遠州并に四郎、五郎等の主、及び広元朝臣以下、扈従雲霞の如し」と記され、家臣たちも将軍に見習って観音信仰をしていた。

第二に、関八州に広がる札所間の関連性を考えると、関東地方全域を統一できる統率力をもった人物がいなければ、一貫した巡礼は不可能であったことが指摘されている[19]。その人物を想定するとすれば、政治的な権力を掌握し、鎌倉幕府を開き、自身も熱心に観音信仰をした源頼朝が浮上する。しかし、頼朝が坂東札所の成立に影響を与えたことは考えられるが、制定したという根拠は見つからない。頼朝よりも三代将軍実朝の時代に札所が制定されたのではないかと考えられる。実朝は自身が病弱であったことや姉大姫も病を患うなどで観音寺院に度々参詣した。その上、父頼朝は平家一門を滅ぼし、多くの殺生をしたことで、実朝が罪業意識を持ち、亡霊の供養のために観音寺院を参詣したのではないかと思われるからである。また、参詣の仕方においては頼朝が一時に一カ寺で、病気平癒や戦勝祈願などの明確な目的があった。それに対して、実朝の参詣は、「諸堂に巡礼し給ふ」とか「岩殿椙本等の観音堂に御参」とあるように、一時に数カ寺を巡拝し、特定の目的をもたないものであった。そのため、実朝の参詣は巡拝に相当し、巡礼の先駆的形態とみることができる点である[20]。これらのことから、実朝の時代に坂東巡礼が制定されたのではないかという根拠の一因ともなる。

そのほかにも、札所寺院には頼朝が開府以後の寺院が多く含まれ、しかも源氏と深く関わった寺院が加わっている。十四番弘明寺は源氏代々の祈願所であった。九番慈光寺は頼朝が奥州藤原泰衡を征伐する折りに参詣祈願し、その後も多額の寄進を受けている。更に頼朝は後白河法皇の四十九日法要を建久三年五月八日に営んでいるが、そこには杉本寺、岩殿寺、弓削寺、光明寺、慈光寺、浅草寺の僧侶など多数が集まっている[21]。

これらの事情から、坂東札所の成立は鎌倉に幕府が開かれてから天福二年までの鎌倉初期が妥当である。しかも三十三の札所は鎌倉幕府と関係の深い寺院と、各地方で名を馳せて多くの参詣者を集めていた観音寺院によって構成されている。

三　秩父巡礼の成立と変遷

秩父巡礼の始まりに関しても諸説がある。最も古い開創説には正暦五年（九九四）に開創されたとするものである。『武州秩父札所第一番法華山四万部施餓鬼因縁記』には、

熟おもんみるに往昔人皇六十六代一條院御宇正暦五甲午年当寺開闢由来尊者性空上人有て摂取不捨の願力に乗じ、西国にてハ播州書写山の霊場を開き東国当山にてハ法華経四万部を書写して秩父三拾四箇所の第一となし玉ひ、茲に百箇所に観音菩薩の度生門を開かせ大施食無遮の法供養を修行し給ふ。[22]

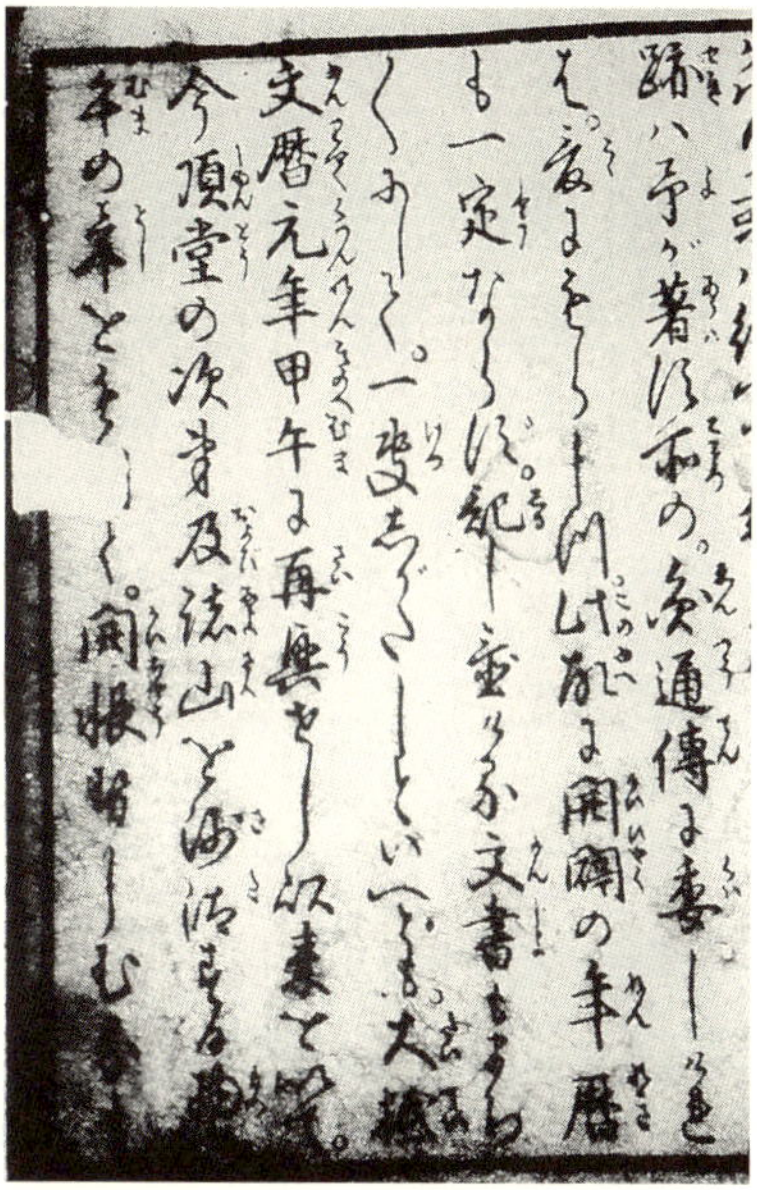

図1-8 『秩父独案内記』の一節

と述べられている。これは正暦五年に性空上人によって開創されたという説である。しかし、この内容には明らかに虚飾された要素が含まれている。播磨の書写山の性空上人を開創者として、既に三十四カ所の霊場になっている点である。性空上人は東国にきたという証拠もなく、三十四カ所となったのは後世のことである。従って、これは縁起、伝説の開創説にすぎない。

次に、秩父札所の開創を文暦元年とする説である。十八世紀初期に書かれたと推測される『秩父回覧

記』は今は散逸して所在のわからない『熊野権現未来記』を引用する内容になっているが、次のように述べられている。(23)

抑秩父三十四所順礼ノ始ヲ尋ネ奉ルニ、播磨国ノ書写之開山性空上人ト云聖有リ、…凡夫引誘ノ為ニ廻リ始メ玉フ。時ニ文暦元年三月十八日、其時ノ御ツレニハ、十王倶生人、花山法王《(ママ)》、書写ノ開山性空上人、春日ノ開山威光《(ママ)》上人、白川《(ママ)》ノ法皇、長谷ノ開山徳道上人、良中《(ママ)》僧都通観法印、善光寺ノ如来、妙見大菩薩、蔵王権現、熊野権現以上十三人ノ大士廻リ始メ玉ヒ、

これは文暦元年（一二三四）に性空上人を始めとした十三権者が巡礼を開始したと述べるものである。また、沙門円宗が延享二年（一七四五）に書き著した『秩父順礼独案内記』では、

又観世音の霊場となれる事は、三十二番般若の古記に、行基菩薩定置給ふとあり。其後興廃度々にて、（中略）此故に開闢の年暦も一定ならず。記し置ける文書もまち〳〵にして、一決しがたしといへども、大抵文暦元年甲午に再興せし以来を以て、今順堂の次第及諸山を沙汰する物か。(24)

と述べ、開闢の年代は定まっていないが、文治三年（一一八八）に性空上人によって開創され、その後廃れ、文暦元年に再興されたと述べている。更に寛政十二年（一八〇〇）の『武州秩父郡御札所之縁起』には次のように記されている。(25)

（前略）西国三十三箇所ハ是レ養老二年、坂東三十三箇所ハ永寛《(ママ)》二年、秩父三十四箇所ハ是レ文暦元甲午年

三月十八日、冥途ニ播磨之書写開山性空上人請ジ奉リ、(中略)其ノ時秩父鎮守妙見大菩薩引導シ給ヒ、熊野之権現山伏シテ、秩父ヲ七日ニ御順リ初メ給フ。

これには西国巡礼の始まりが養老二年、坂東巡礼は永観二年として、秩父巡礼は文暦元年に性空上人によって始められたと述べている。その時に秩父鎮守妙見菩薩が導き、熊野権現を始めとした十三権者が同行したことを記している。江戸時代の官撰誌である『新編武蔵風土記稿』にも同様な内容が書かれている。

しかし、性空上人が開創したという説は既述のように西国巡礼の縁起に大和の長谷寺開山・徳道上人の開創縁起と同工異曲である。性空上人が東国にきたという根拠はなく、縁起、伝説としての開創説である。坂東、秩父巡礼の開創縁起は性空上人や花山法皇が出てくるが、その背景には西国巡礼との関連性を強調しようとする意図が感じられる。特に秩父巡礼では西国巡礼に関わりの深いとされる徳道上人、性空上人、花山法皇、熊野権現などの十三権者が登場し、秩父鎮守妙見大菩薩によって先導されて巡拝したと説いている。ここには秩父巡礼が西国巡礼と密接な関係をもっていることを強調する意図が含まれている。

さて、史実として確証付けられるものとしては、第三十二番札所・法性寺に残された『長享二年秩父観音札所番付』(略して『長享番付』)である。そこには一番「定林寺」から三十三番「水込」まで番号が付けられ、札所名と観音像の名前が書かれている。これは沙門円宗が『秩父順礼独案内記』で「三十二番般若の古記」と述べる古文書である。その結果、長享二年(一四八八)には三十三カ所の札所が成立していたことが判明する。

ところが、『長享番付』では三十三カ所であった秩父札所はその後三十四カ所に変更される。その時期は第三十番札所・法雲寺に天文五年(一五三六)に奥州の平清定が納めた「西国坂東秩父百ヶ所順礼只一人」の納札や、長野県佐久市の岩尾城址に大永五年(一五二五)の大井弾正の石碑に「秩父三十四番」と刻まれていることから長享二年から大永五年や天文五年までの間と考えられてきた。(26) しかし、筆者は出羽国の吉祥院の納札には文亀三

図1－9　天文五年の百ヶ所巡礼の納札
（秩父三十番法雲寺蔵）

図1－10　大井弾正の百カ所巡礼の石碑
（大永5年、長野県佐久市）

年（一五〇三）の年代で三十三ヵ所となっていることや、熊野速玉大社の永正十一年（一五一四）の懸仏にも「九十九所順礼」と刻まれていることから、変更年代の間隔が狭められることを論考した。[27]

それでは何故、秩父札所は三十三ヵ所制から三十四ヵ所制に変更になったのであろうか。三十四ヵ所への変更の理由については河野善太郎氏が『秩父三十四札所考』で詳しく述べている。[28]それによると、変更の理由には二つある。その一つは札所内部の問題であった。『長享番付』には当時地元で人気の高かった大棚観音が撰から漏れていた。そこで大棚観音側から不満が起き、その解決策として一ヵ寺を増やしたことである。今一つの理由は、地方性の脱却の意図があったことである。修験者や廻国僧と深く関わってきた秩父霊場は、武州の狭隘な一角に位置した地方霊場に過ぎなかった。地方性の脱却のために廻国僧たちが智略で西国、坂東と合わせて「百観音」を目指した。そのために秩父札所を三十四に変更したものと考えられる。

三十四ヵ所制になったことを機に順路も部分変更されることになった。やがて江戸時代に入るとこれまでの地元大宮郷を中心とした順路が、江戸市民に便利なように一番札所を四万部寺として三十四番札所を水潜寺とする現行の順路に大幅に変更された。そこには多くの江戸市民が巡礼にきたことが意味されている。その点では、西国巡礼の順路の変更が東国からの巡礼者向けに変更されたことと共通している。

江戸時代の秩父巡礼は盛行であった。特に十二年毎に開催された午歳の総開帳には江戸市民を中心に大勢の人々が押し寄せて賑わった。その数は四、五万人にも及んでいる。行政側も「触」「覚」を度々出し、橋や道路の改修をするなど、巡礼者への扱いを指導している。秩父札所は江戸においても度々総出開帳を開き、江戸市民に人気が高かった。

しかし、明治時代に入ると秩父札所は一変する。明治政府の廃仏毀釈は札所寺院を直撃し、廃寺に追い込まれる寺院や還俗する僧侶も出た。そのために札所は荒廃した。敗戦後の社会混乱も札所の一層の荒廃を促した。その復興は昭和四十年代に入ってからとなる。復興の契機は秩父霊場恒例の午歳の開帳であった。昭和四十一年は午歳の開帳にあたり、当時は高度経済成長期にあって盛況であった。[29]

四　四国遍路の起り

四国には弘法大師と縁の深い八十八ヵ所の寺院を廻る巡礼が生まれた。しかし、それは海辺や山野に位置する霊場を廻ることから「辺地」とか、「辺土」などと呼ばれ、現代では「遍路」となっている。聖地、霊場を廻ることから「遍路」も巡礼ではあるが、四国巡礼の特殊性からそのように呼ばれたものと考えられる。四国遍路の起りに関しても諸説がある。四国遍路を開創した人物として、弘法大師の弟子で高雄山の真済が始めたという説がある。宥弁真念と雲石堂寂本が著した『四国偏礼功徳記』の「賛録」には次のように述べられている。[30]

遍礼所《へんろ》を八十八ヶとさだめぬる事、いつれの時、たれの人といふ事さだかならず、一説に大師の御弟子高雄山にましませる、柿本の紀僧正真済《しんぜい》といひし人、大師御入定の後、大師をしたひ、御遺跡《ゆいせき》を遍礼せしよりはじまり、世の人、相遂て遍礼する事となれりといへり。

これによれば、遍路を始めた人ははっきりと判明しないが、「一説」にと断りながらも真済を挙げている。しかし、真済が四国に渡ったという史実は見当たらない(31)。また、嵯峨天皇の第三皇子であった真如親王が諸国を巡歴したいと願い、第七十五番札所・善通寺に写経を納めたことや、第四十番札所・観自在寺に五輪の宝塔などの足跡を残したといわれている。真如親王が大師の遺跡を巡拝したとしても、それは断片的なものであった。

伝説として有名な開創説に右衛門三郎が挙げられる。伊予国浮穴郡荏原郷の豪族であったという河野右衛門三郎は、河野一族の年貢を取り立てる任にあった。しかし、彼の性格は貪欲無道で神仏に背き、世間からは嫌われていた。ある時、修行僧が托鉢に訪れたが、右衛門三郎は鍬を振りかざしその僧を追い払おうとした。すると右衛門三郎の鍬は僧のもつ鉢に当たり、八つに割れた。翌日から右衛門三郎の八人の子供が次々に亡くなった。子供を失った右衛門三郎が悲嘆に暮れる日々を送っていたある時、夢枕に弘法大師が現れ、その教えに従い、心を改め、子供の菩提を弔うために四国遍路に出かけたというものである。また、右衛門三郎の伝説としては最期に息を引き取った焼山寺山麓の「杉杖庵」や、伊予の領主河野息利の子供が手に石をもって生まれ、その石には「右衛門三郎」と書かれていたことから、右衛門三郎の生まれ変わりとする伝説もある。領主の子供を祈祷したのは安養寺の住職であった。それを機に安養寺は石手寺と名が改められた。

しかし、この右衛門三郎の話はそれ以前の説話の祖型に基づく伝説の域を出ないものである。史実的に四国遍路を遡ると、平安時代の一〇三〇年代から四〇年代の作とされる『今昔物語集』には次のように書かれている(32)。

今昔、仏ノ道ヲ行ケル僧三人伴ナヒテ、四国ノ邊地ト云ハ伊予・讃岐・阿波・土佐ノ海邊ノ廻也。其ノ僧共其ノ廻ケルニ、思ヒ不懸ズ山ニ踏入ニケリ。深キ山ニ迷ニケレバ、浜邊ニ出ム事ヲ願ヒケリ。

また、『梁塵秘抄』にも、「われらが修行せし様は　忍辱袈裟をば肩に掛け　また笈を負ひ　衣はいつとなくしほたれて　四国の辺地をぞ常に踏む[33]」と書かれている。これらは僧侶が修行として四国の山野や海辺を廻っていたことを書き記したものである。従って、当時は「辺地」という文字が使われていた。その後「邊土」という言葉が用いられ、遍路墓にも「女邊土」と書かれたものが発見されている[34]。鎌倉時代に入ると「邊路」という文字が見出されるようになる。『醍醐寺文書』には弘安三年（一二八〇）頃と思われる文書の中に「四国邊路三十三所諸国巡礼[35]」と出てくる。また、札所に残された落書きにも「邊路」と書かれたものが出てくる。例えば、第四十九番札所・浄土寺の本堂厨子には大永年間（一五二五―二八）の落書きや、土佐一の宮の壁板などには「四国邊路」や「四国中邊路」と落書きされている[36]。平安時代に僧侶によって始められた「辺地」が室町時代には「邊土」「邊路」と変化し、江戸時代の承応年間には「遏路」も使われている[37]。現在では「遍路」の文字が当てられている。

ところで、四国遍路が八十八カ所の霊場になったのはいつ頃であろうか。それを解き明かす有力な史料が高知県土佐郡本川村越裡門《えりもん》の地主地蔵堂に残された鰐口である。文明三年（一四七一）に寄進された鰐口には次のように刻まれている[38]。

表面　大日本国土州タカヲカコリノホム河、懸ワニロ福蔵寺エルモノ大旦那、福嶋季クマ、カタ壽、妙政

裏面　大旦那村所八十八ヶ所文明三尺右志願者皆三月一日

ここで注目されるのは裏面に書かれた「村所八十八ヶ所」と「文明三」である。「村所八十八ケ所」とは四国

図1-11　越裏門地蔵堂の鰐口（本川村教育委員会保存）

全土に広がる八十八ヵ所ではなく、一村内に設けられた八十八ヵ所である。村所の八十八ヵ所ができていたことは、それ以前に既に四国全土を廻る八十八ヵ所ができていたとみることができる点にある。従って、文明三年には八十八ヵ所の霊場が成立していたものと考えられる。

しかしながら、当時の状況を伝える史料も少なく、その状況が詳しくわかるのは江戸時代に入ってからである。四国遍路の状況を記した最も古いものは智積院の悔焉房澄禅の『四国遍路日記』である。これは澄禅が承応二年（一六五三）に高野山に参詣した後、和歌山から徳島に渡り井戸寺から廻り始め、九十一日かけて巡拝した記録である。そこには札所名、僧侶の有無、伽藍の状況、行程などが詳しく綴られている。その後、貞享四年（一六八七）には沙門有弁真念の『四国邊路道指南』が発行され、それは四国遍路の案内書として画期的なものであった。それまでの遍路は僧侶の修行とされてきたが、それを機に庶民が四国遍路に出かけるようになる。室町期の文明三年から承応二年までの約二百年間の史料が欠落し、その間はどのようであったかは不明である。

現在のように第一番札所が霊山寺になったのは後世のことで、出発は適宜に変更されていた。寂本の『四国偏礼霊場記』において、巡拝の順序について次のように述べている。[39]

八十八番の次第、いつれの世、誰の人の定めあへる、さだかならず、今ハ其番次によらず、誕生院ハ大師出生の霊跡にして、遍礼の事も是より起れるかし、故に今は此院を始めとす。

但し、霊山寺の項では「此寺四国巡拝の寂初といふ。或は道成寺・井土寺よりも始拝す。みな路次の勝手によれるならはし(40)」と述べている。真念も『四国邊路道指南』で、「但し十七番の井土寺より札はじめすれバ勝手よし、委く徳島にて可被尋、讃陽丸亀城下へわたる時は、宇足津道場寺より札はじめよし(41)」と述べるように、便宜を優先して出発する場所を変えている。

摂州、播州などから四国に渡るとき、古くから丸亀や宇度津などへの航路が開けていた。出発は四国に着いた地点の近い札所から開始することが多かった。やがて和歌山加太田港から阿波鳴門の撫養《むや》港に渡るルートが一般的になると、鳴門に近い霊山寺が一番札所とされたものと考える。和歌山からは遍路を接待するための「接待講」の人々が四国に渡った。一番から順に札所を廻るのを「順打ち」といい、逆に廻るのを「逆打ち」と呼ぶ。

以上のように巡礼の原型とされる西国巡礼の成立年代やその事情、やがて地方に移植されてできた坂東巡礼、秩父巡礼の成立事情とその年代、及び三十四カ所への変更、更に祖師巡礼としての四国遍路の成立を概説した。そこにはそれぞれの霊場の特徴があった。修行僧たちの中には百観音巡礼を行うと共に、四国遍路を加えて百八十八カ所巡拝も行っていた。

第二章　西国巡礼と四国遍路の習俗

四国路を歩く遍路は、菅笠を被り、首から輪袈裟を下げ、白装束に身を包み、金剛杖を突いて札所を巡る。笠には「迷故三界城　悟故十方空　本来無東西　何処有南北」と、白装束の背には「南無大師遍照金剛」と墨で書かれている。札所に着いた遍路は般若心経を唱え、札を納め、納経帳などに朱印を授けてもらい、次の札所へと向かう。それに対して、西国巡礼では白装束で廻る巡礼者は一部に残るだけで多くの人は普段着で本堂に軽く礼拝した後、納経印を受け取り足早に駆け去る。また、四国遍路では道中で地元の住民から食べ物や金銭などの「接待」を受け、それに感動し、その後の行程へ勇気づけられる。宿の提供の「善根宿」も残る。現在の西国巡礼では接待や善根宿は見られなくなった。このように現代の四国遍路と西国巡礼の習俗には相違が見られる。

巡礼の原型は西国観音巡礼とされ、それが地方に移植されることによって巡礼に関する習俗も伝播したものと考えることができる。他方、四国遍路は成立時期が詳しくは判明せず、その習俗も江戸時代に入ってからの文献によって判明するようになる。従って、巡礼、遍路の習俗は西国巡礼を原型として伝播したもが多く見受けられ、その上で独自に発生したものも考えられる。そして、時代の変遷によって衰退する習俗と、根強く残る習俗とに分かれるようになった。各巡礼で衰退した習俗にはそれなりの理由や背景があり、残された習俗は独自性として受けとめられている。

平成十年以降、四国遍路は大幅に増え、歩き遍路も見直され、過熱気味なブームとなっている。遍路に出かけるにあたっての身支度や作法も先達たちによって初心者に教えられる。その結果、遍路のスタイルや作法が定式化しつつある。しかし、当初から現在のような習俗であったかは多少疑問も残る。そこで西国巡礼と四国遍路における習俗の関連を捉えるとともに、衰退した習俗と現在も残る習俗の幾つかを取り上げ、その背景を検討してみることにする。

第一節　巡礼と遍路に共通な習俗

観音巡礼の原型は平安時代末期に成立した西国巡礼である。その後、鎌倉期から室町期に入って各地に移植された。そのため、坂東、秩父巡礼は西国巡礼の影響を強く受けている。従って、観音巡礼の習俗については主に西国巡礼を取り上げ、必要に応じて他の巡礼を取り上げる。それに対して、四国遍路は弘法大師の遺徳を偲ぶ巡礼である。そこには大師信仰を基盤とした色彩が濃厚である。両者の中には共通する側面と同時に、独自な習俗もある。共通する習俗には西国巡礼の習俗が四国遍路に与えた影響が少なくない。次の項目について順次考察する。一　御詠歌、二　菅笠と金剛杖、三　笈摺・白衣、四　納札、五「同行二人」、六　道中記・絵図・地図、七　納経帳・掛軸、八　順路の変更、九　開帳、十　接待。

一　御詠歌

巡礼、遍路の札所寺院には巡礼歌（御詠歌）があり、巡礼者は鈴を打ち鳴らしながらそれを唱える。御詠歌は本尊の御利益を讃え、仏の教えを説く和歌・賛歌である。また、沙門円宗の『秩父三十四所観音霊験円通伝』（二之巻）には、「順礼ノ人多《ヲヽク》、長途《チヨウド》ノ労《ロウ》ヲ忘《ワス》レンガ為《タメ》ニ、各《ヲノ》ク詠哥ニ節墨《フシハカセ》請付テ、諷《ウタイ》ツレ、参詣《サンケイ》セシゾカシ」(1)と述べられているように、御詠歌は巡礼者の旅の苦労を和らげる役割もあった。その御詠歌には寺名や地名なども盛り込まれることも多い。御詠歌の起源はいつ頃かは明確ではない。岡田希雄氏は三十三首の御詠歌の最初を天文頃（一五三二―五五）と推定される旧久原文庫蔵の『西国順礼縁起』と見なしている。(2)また、下仲一功氏は延宝四年（一六七六）頃の『淋敷座之慰《さびしき》』に、「西国順礼哥」三十五首、「坂東順礼哥」三十三首が載せられているることから、それが最も古い文献としている。(3)しかし、それ以前から各札所には個別に信憑すべき巡礼歌が幾つかあり、それが統一されて現行の御詠歌とされている。

西国巡礼の創設期に三井寺の僧覚忠が第三十三番札所・華厳寺で詠んだ和歌「世を照す仏のしるしありければまだ灯も消えぬなりけり」が、『千載和歌集』（文治二年〈一一八六〉）に残され、それが御詠歌とされている。小瀬甫庵『太閤記』（寛永二年〈一六二五〉）には西国第十番札所・三室戸寺に関して、

麓なる寺院、三十三所の順礼札をうつ観音堂あり。順礼歌とて昔より、
夜もすがら月を見むろも明行《あけゆけ》ば宇治の川瀬に立はしら波(4)

と述べられ、巡礼歌が「昔より」詠まれていたとあるので、更に古い時代に遡れることになる。西国第三十番札所・宝厳寺の御詠歌についても、江戸初期の慶長・元和年間の作とされる『竹斎』に、

なみまに見ゆる竹生嶋順礼観おんの御うたに
月ともになみにうかぶちくぶしま舟にたからをつむこゝろせよ(5)

とある。

このように西国霊場の札所には個別的に古くからあった御詠歌が整理されて集成化され、それが中世末期の室町時代には完成されたものとみられる(6)。やがて江戸時代の案内記には御詠歌が付け加えられるとともに、御詠歌だけの版本も多く出版され出す。そして御詠歌の意味を解説する「評釈書」も出版され出すようになる(7)。

それに対して、四国遍路では、最も古い文献である澄禅『四国遍路日記』(一六五三)や大淀三千風『四国邊路海道記』(一六八五)には御詠歌は記されていない。それから僅か二年後の真念による『四国邊路道指南』(貞享四年〈一六八七〉)には御詠歌が記されている。この頃に完成していたものと考えられるが、一度に全札所の御詠歌が出てくることや、大師に関する字句の乏しいこと、更に即身成仏を旨とする大師の考えと異なる住生を願う内容の歌が多いこと、そして札所との関連性のない歌が相当数あるなどと問題は残る(8)。元禄十年(一六九七)の曳尾子(寂本の別名)『四国偏礼手鑑』(京都大学附属図書館蔵)では、

寺々の唱哥といふものなに人の作れるしらすいろ〳〵あり皆哥のさましれる人のわさにもあらすつたなくしてとるにたらすそれをいはん口にて本尊の御名両三反となへん事はるかに功徳まさるへし(9)

と述べ、御詠歌の拙さを嘆き、むしろ本尊名を唱える方が功徳であるとしている。その後、十返舎一九も四国霊場の御詠歌の拙さを憂いて次のように述べている(10)。

この御詠歌といふものは、何人の作意なるや、風製至て拙なく手爾於葉《てにおは》は一向に調はず、仮名の違ひ自地《じた》の誤謬多く、誠に俗中の俗にして、論ずるに足ざるものなり、されども遍路道中記に、御詠歌と称して記しあ

れば、詣人各々霊前に、これを唱へ来りしものゆゑ、此の双紙にも其儘《そのまま》を著したれども、実に心ある人は、此の御詠歌によりて、只惜《あたら》信心を失ふことあるべく、嘆かはしき事なるをや。

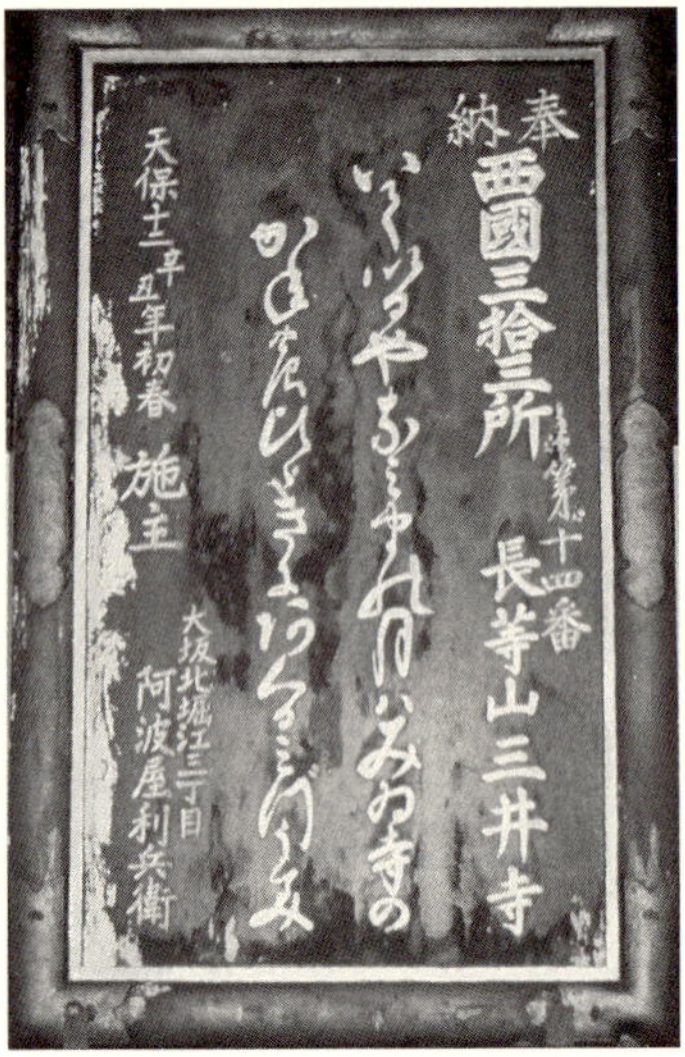

図２－１　御詠歌を書いた奉納額（西国十四番三井寺）

御詠歌の内容とは別に、その後定着し、やがて文化十一年（一八一四）には『四国編路御詠哥道案内』として案内書に御詠歌を付け加える風潮が出て、書名ともなって御詠歌本が出回るようになる。

さて、西国巡礼の御詠歌が坂東巡礼に与えた影響の一端が窺い知れる。西国第二番札所・紀三井寺の御詠歌と坂東第十七番札所・満願寺の御詠歌は次のように詠われている。

西国第二番紀三井寺の御詠歌
ふるさとをはるばるここに紀三井寺
花のみやこもちかくなるらん

坂東第十七番満願寺の御詠歌
古里をはるばるここに立ち出づる
我が行く末はいづくなるらん

両者を比較すると、上の句の「ふるさとをはるばるここに」と、下の句の「なるらん」は同じである。従って、明らかに満願寺の御詠歌は紀三井寺のそれを倣ったものである。しかし、その内容は一方は東国から山野を歩き辿り着き、もう少しで都に着ける希望を詠っているのに対し、他方は未だに行く先が長く嘆息する状態と全く逆の意味になっている。

なお、西国巡礼の御詠歌は案内書にあたる道中記などにも記されていると同時に、御詠歌本が発行される。更に御詠歌の解説書となる評釈本も発行された。例えば、享保六年に太田白雪の『順礼歌抄』が発行され、同十一年には厚誉春鴬『西国順礼歌諺註』も発行され、宝暦五年には愍誉知寛による『西国順礼歌要解』『西国順礼歌奥義鈔』が出版されている。その後、大正時代まで数多くの書籍が出版されている。それに対して、四国遍路の御詠歌本はさほど多くはない。四国遍路の御詠歌本は明治以降に出版されたものが多く、明治十三年の『四国遍路御詠歌道中記』、十四年に桒原藤五郎『四国遍路御詠歌道中記』、二十三年に鈴江彦太郎『四国遍路御詠歌道中記』、三十五年には伊沢駒吉『八十八ヶ所御詠歌　四国道中記』などが挙げられる。四国札所の御詠歌の評釈書の少なさは、既述のように内容の拙さとも無縁ではないとは言えない。

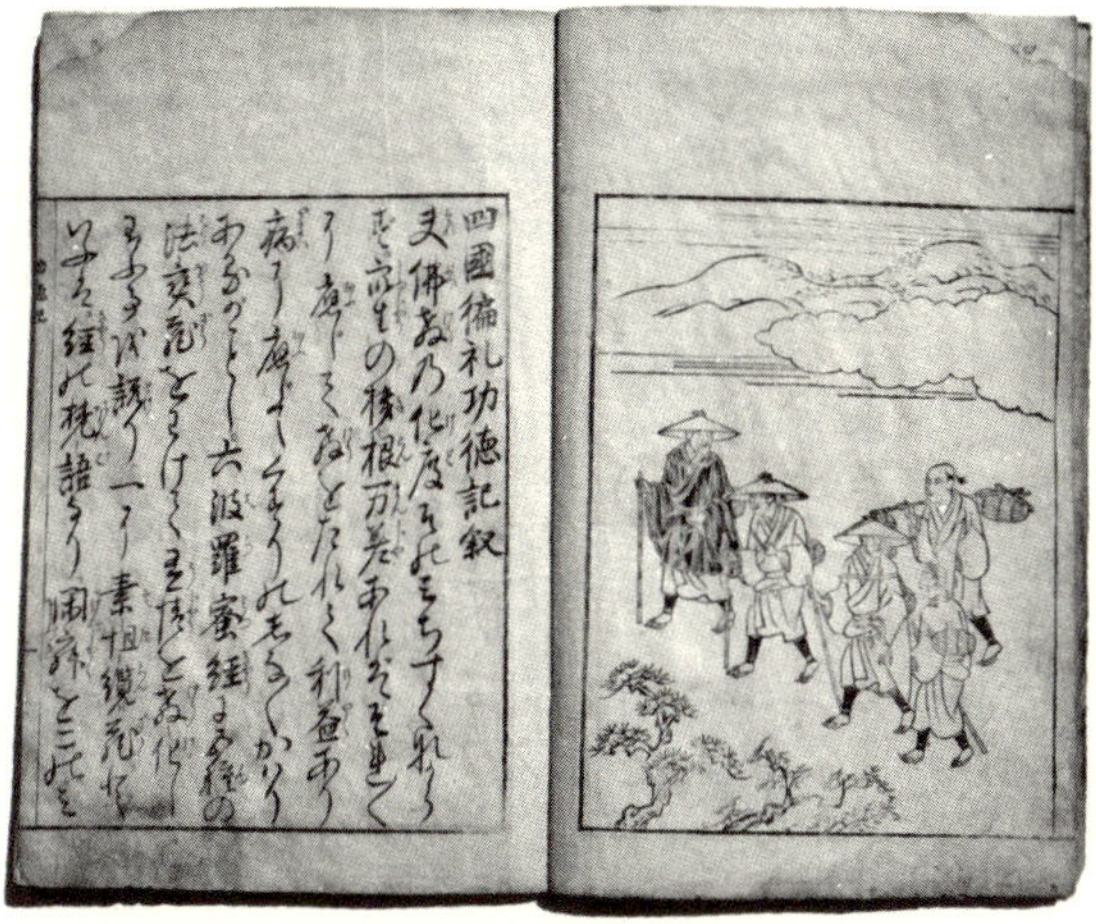

図2-2　『四国徧礼功徳記』（関西大学図書館蔵）

二　菅笠と金剛杖

巡礼や遍路のスタイルには笠と杖がある。この二つは西国巡礼では見られなくなったが、四国遍路では今も残る習俗で、歩き遍路には欠かすことのできない法具である。菅笠には梵字と「同行二人」をはさんで「迷故三界城　悟故十方空　本来無東西　何処有南北（迷うが故に三界の城あり、悟るが故に十方は空なり、本来、東西なし、いずこにか南北あらん）」と書かれている。金剛杖には上部に「地水火風空」にあたる梵字の文字を記し、四カ所に切り込みが入っている。

図２－３　金剛杖

しかし、笠と杖は本来旅をする人に欠かすことのできない必需品であった。笠は雨や風を除け、強い日差しを避けるための道具であった。杖は足腰の負担を軽減したり、荷を負う棒として使用されたものである。真念による『四国邊路道指南』『四国徧礼功徳記』の冒頭の図には、一人が俵と荷を担ぐ天秤棒として使用している光景が描かれている。しかも杖の材質は竹であった。竹は軽くて、且つ手に入れやすかった点で真念の頃は竹杖が多かったと思われる。杖の長さも旅の道具であったことから、身長の丈にみあったものであった。その後、杉杖へと変化する。江戸後期の天保七年（一八三六）に遍路を体験した松浦武四郎は、「四国遍路道中雑誌」で「杖　杉の木にて角ニ削る」と記し、杉杖になった由来を右衛門三郎伝説の「杖杉庵」の項で、次のように述べている。[11]

貳十一度満願之時此處に而大師ニ行逢、則得度《とくど》することを得此處に而死セしと。則此杖を此岩の脇ニ立しが、今繁して数圍の大樹となりしとかや。故に四国遍路の（者）等は皆杉の杖をつき竹杖を用ひず。

この記述による杉の杖に関する由来は伝説を根拠にしているので真偽は別にし、既にこの頃には竹杖に代わって杉杖が普及していたことを示すものである。

菅笠と金剛杖の法具に関しては清水谷孝尚師の『巡礼と御詠歌』や、浅井證善師の『へんろ功徳記と巡拝習俗』の論考に詳しく述べられている。それによると、菅笠と杖は旅人の道具からやがて宗教的色彩を強くした法具へと変化する。菅笠の四句の偈は禅宗の『諸回向清規』や『小叢林清規』、真言宗の『真言引導要集便蒙』にある一節である。それは在家の葬式の時、僧侶が棺天蓋の蓋や骨壷に書いたものである。その偈を笠に書くことによって、巡礼、遍路の途中で死んだ場合、笠を身体にかぶせ棺の代わりとするようになったものである。元禄三年（一六九〇）の西国巡礼の案内書『西国三十三所道志流遍』（上）には笈摺、納札の書き方と併せて菅笠への書法も載せられている。

図２－４　金剛杖を洗う光景（上田雅一氏提供）

杖も旅道具からやがて「金剛杖」と呼ばれ、宗教的要素が含まれるようになる。浅井證善師によると、金剛杖は修験者が山野を歩く時に用いたもので、杖には修行経歴によって三種類あるが、修験者の木製杖の総称であった[12]。その杖は「卒塔婆」ともみなされた。金剛杖の形は「四角杖」「六角杖」「八角杖」「円形杖」「竹杖」「鹿杖」など様々のタイプがある。この金剛杖を遍路が持ち歩くことによって、魔を払う金剛杵ともなり、死亡した時の卒塔婆・墓標ともされた。巡礼、遍路は交通が未発達の時代では苦難であり、死と隣り合わせでもあった。巡礼者は出発時には「水盃」を交わし死を覚悟しての旅立ちで、途中で命を落とすことも少なくなかった。そのことから「死出の旅立ち」として白装束に身を包み、笠は埋葬用の棺に、杖は卒塔婆・墓標と見立てたものである。

四国遍路では、金剛杖に「南無大師遍照金剛」と大師の宝号が書かれることから、杖そのものが大師であるという信仰が近代に入ってから広まった。[13]そのことから、宿泊所に着いた時は杖の泥を洗い流し、その杖を床の間や上座に置くようになった。また、「十夜ヶ橋」伝説では、大師が大洲周辺を巡錫中に日が暮れて宿を乞うたが貸す人もなく、橋の下で一夜を過ごしたが、その夜は寒く一夜が十夜の思いをしたという伝説である。そこから橋の下に大師がいると捉えられ、橋を通る時は杖を突かない、などの習俗が生まれた。

菅笠や笈摺の書法は、江戸時代に多く発行された案内書や御詠歌本には冒頭に絵書きで載せられている。西国巡礼と四国遍路における菅笠への書法や金剛杖の種類には若干の違いはあるものの、その根本は同じである。

三　笈摺・白衣

巡礼、遍路の習俗で最も知られるのは笈摺である。室町中・後期の作とされる『三十二番職人歌合』には、「おひすりに花の香しめて中いりの都の人の袖くらへん」と記され、笈摺を着た巡礼者の姿が描かれている。室町期の『天陰語録』にも、「背後に尺布を貼り、書して曰く、三十三所巡礼某国某里」[14]とある。これは笈摺に巡礼者であることを示し、住所を書き記したものである。[15]いわば笈摺は巡礼のシンボルでもある。それは室町中期には習俗化していた。現在西国巡礼では衰退したが、四国遍路では今も残り、笈摺を着ていることで一目で遍路と識別できる。笈摺の起りについては諸説があり、『南留別志《なるべし》』（宝暦十一年）には次のように述べられている。[16]

巡礼行人などのきたる物は、衰経の遺制なり。父母の菩提のために喪服の内に、観音大日を礼せるゆゑ、衰経を着たりしが、後には喪礼亡ひて観音大日を礼する服となれり。御ゆつりといふは褋の字をよみ違へたるべし。

経とは喪中に首や腰につける麻の帯のことであった。それに対して、『嬉遊笑覧』（文政十三年〈一八三〇〉）では「衰経の遺制」を誤りとして次のように述べている。(17)

（前略）【南留辺志】に衰経の遺製とおもへるはひがことなり思ふにこれは笈摺にて笈を負ふにそのあたる所すれて破れやすければ白布をつけたるものなりされば染たる布ならでもあるべきを今は赤き布をも付るは女のし初たりけむを後には男も着る事なりしにや（後略）

ここでは、衰経の遺制とするのは誤りで、笈を負うために背中の部分が摺れて破れることから白布をつけたものである、と述べている。また、沙門亮盛『坂東観音霊場記』（明和八年〈一七七一〉）には、次のように述べられている。(18)

笈摺ノ名義ニ就テ、上古ノ事ヲ考ルニ、求道ノ知識、行脚ノ浄侶ヲバ、都《スベテ》負《フ》笈《キフ》ノ沙門ト云。笈ノ中ヘ佛像・経巻ヲ入レ、背負テ修行シ巡レリ。是ノ故ニ法衣ノ背ヲ破ル。法衣ノ破ルヽヲ恐テ、肩衣様ノ物ヲ著セリ。是ヲ荷負摺《ズリ》ト云リ。是レ此ノ笈摺ノ元《ハジメ》ト成ヌ。後ニ在家巡礼ノ道者、知識行脚ノ流ヲ汲テ、荷ヲ略シテ笈摺斗《バカリ》ヲ用ユ。…笈摺ノ中ニ三尊弥陀・観音・勢至ノ種子ヲ書ス。

これによると、笈摺の始まりは修行僧が仏像や経巻を入れた笈（脚・開き戸のついた箱）を背負って行脚していたが、法衣が摺り切れるのを防ぐための袖のない肩衣であった。それが後に庶民には荷を負うことが略されて普及するようになった。但し、「笈摺」の文字の由来については、山下重民氏は、「おひずり俗に笈摺と書す。借

図２－５※　両側が茜の笈摺（四国遍路）

字なり。もと負簏《おひすり》の義にて、笈を負ふに擬《まが》へていへるなり[19]（簏とは旅行用の竹細工の匣なり）木綿製にて」と述べられているように、「負簏」の意味が、法衣が摺り切れることから「笈摺」に変化したものと考えられる。

また、江戸後期に喜多川守貞が著した『守貞漫稿』（後に『類聚近世風俗志』にも収録）には「西国順礼」の項で、庶民の笈摺の作法について次のように記している[20]。

　西国三十三所観音ニ順詣スル者ヲ云其扮装男女共ニ平服ノ表ニ木綿ノ無袖半身ノ単ヲ着ス号テオヒヅルト云父母在ル者左右茜染片親在ル者中茜染父母共ニ亡キ者ハ全ク白也三十三所一拝毎ニ其寺ノ印ヲ押セリ

これによると、笈摺が巡礼の正装のように扱われていた様子が読み取れる。そして、笈摺の色は親のあるなしで区別されていた。昭和十五年に発行された清水谷恭順『観音の札所と伝説』でも作法として笈摺に触れ、「両親ある者は左右を赤として中を白とす。片親の者は左右を白とし中を赤とす。両親なき者は悉く白とす[21]」と前例を踏襲している。四国遍路では昭和四十年代まで色分けした習俗が僅かながら残っていた[22]。西国巡礼でも昭和四十年代まで京都・旧物集女村（現在の向日市）の若者の集団には中茜染の笈摺を着て巡礼に出る男性たちがあった。その後は衰退し、見られなくなる。

しかしながら、笈摺を色分けする習俗は笈摺が着用された頃から見られた習俗ではない。元禄三年（一六九

○）の『西国三十三所道志流遍』や享保九年（一七二四）の『西国三十三番じゅんれい』には色の区別が記載されていないことから、その後江戸時代に漸次発達したものと考えられる。(23) そして、その意味を『嬉遊笑覧』では、赤い布は女性が着始めたのが始まりであったと述べるのに対して、『守貞漫稿』では親のあるなしで区別する、と見解が分かれている。その笈摺の中央には「三十三所巡礼」「西国三十三所順礼」「奉納巡礼三十三所」「南無大慈大悲観世音菩薩」などと書き、左右には「同行何人」や「国所」を記している。文化三年の『増補順礼志なん車』には旅仕度で僧侶が笈摺に文字を書いている絵が載せられている。

それに対して、四国遍路における笈摺の使用は比較的新しい習俗であった。浅井證善師は遍路では、僧侶も庶民も背に担いだのは主に荷俵であったことから笈摺は必要なく、真念の『四国邊路道指南』や松浦武四郎「四国

図２－６※　真ん中が茜の笈摺１（西国巡礼）

図２－７※　茜の笈摺を着た集団２（西国巡礼）　物集女村の笈摺の中茜染は「片親」を意味せず、両親は健在であった。聴き取りによると書した村の僧侶の勘違いからそれが受け継がれてきたといわれる。

図２－８　昭和６年頃の参詣風景（「昭和６年松尾寺本尊開帳記念映画」より）

図２－９※　笈摺に墨書する光景（『増補順礼志なん車』文化三年、清水谷孝尚師蔵）

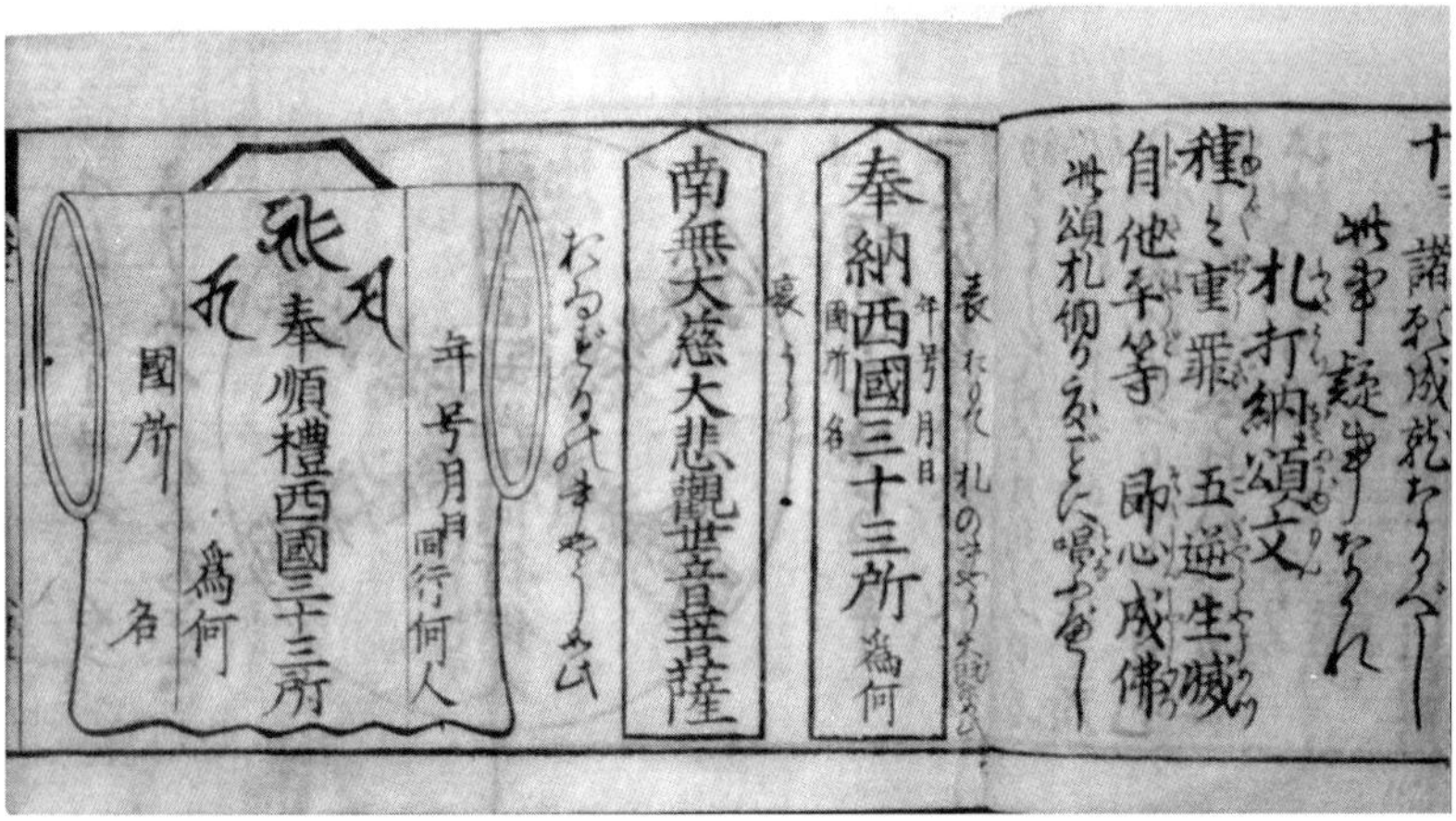

図２－10　道中記に書かれた笈摺の書法

遍路道中雑誌」、更には明治十六年の中務茂兵衛の『四国霊場縁起　道中記大成』にも笈摺については記されていない、と指摘している。[24] その意味で、四国遍路において笈摺を着始めるのは明治以降と考えられ、西国巡礼の「南無大慈大悲観世音菩薩」に倣って弘法大師の宝号である「奉南無大師遍照金剛」と書く方法が取られた。[25] 笈摺に対して、白衣は死者の装束で「浄衣」であるが、「行衣」として身につけ、巡礼にも用いられた。もとは白衣の上に笈摺を着るスタイルであった。白衣や笈摺を着ることによって俗世を離れ、清浄な身で精進を重ね巡礼を続けるが、やがて結願すると最終札所でそれを脱いで「おいずる堂」に納める。西国第三十三番札所・華厳寺には三首の御詠歌があるが、その一首の御詠歌は、

今までは親と頼みし笈摺を　脱ぎて納むる美濃の谷汲

と詠われている。

笈摺を脱ぐことによって再び俗世界に戻り、飲酒や魚などを食べるようになる。これを俗に「精進あげ」と呼んでいる。従って、笈摺を身に着けていることが聖なるシンボルとされた。

現在では白衣を省略する場合や、逆に笈摺を略して白衣に直接「南無大師金剛遍照」と墨書するケースもある。西国巡礼では白衣姿が僅かに残るが、坂東巡礼では殆どみられなくなったという札所住職の談もある。

図２－11　西国三十三番華厳寺のおいずる堂

四　納札

巡礼、遍路をする人は札所に参拝した印に札を納めた。これが納札である。その札の材質は保存性を高めるために銅や真鍮、材木が用いられ、後に紙の札が普及するようになる。納札の材質について『中山寺縁起』には次のように述べられている。(26)

白衣は白布を以て笈摺となし。上に弥陀観音勢至の種字文を置。下に大士の名号を照（ママ）。是を肩背にほどこし。三十三箇の礼箇を金銀銅木紙を以て分に随て此を造。上に種字を点じ南無観世音菩薩と出し。一仏刹に一箇。

これによると、その人の身分によって納札の材質は異なるとともに、その大きさも異なっていた。その納札は西国巡礼や坂東巡礼で普及し、やがて秩父巡礼を加えた「百観音巡礼」の札も出始める。

納札の起源については、『桂川地蔵記』に、「或ハ三十三所順礼行者箇《フダ》ヲ打ツ有リ(27)」と記されている。五来重博士はこの記述から巡礼は行者であったことと、「札打ち」は祈願札を札所の柱や建物に打ちつけたものである、と述べている。その上で、札打ちの起源は山伏が入峰の時に、拝所の木に板製で不動明王の種字の下に入峰者の名と年月日を書いた「碑伝《ひで》」を打ったもの(28)、と指摘している。

納札の材質や大きさは様々であり、保存性では銅版や真鍮は優れているが、費用や運搬には問題があった。銅製で残るのは西国札所十三番・石山寺に納められた札や、四国第五十三番札所・円明寺の札である。一般に普及したのは木製であった。喜多村信節の『嬉遊笑覧』の巻七には、「応永以後の札多くあり、札は木にて作れるのみならず、しんちゅうも銅もあり(29)」と述べられている。残念ながら西国巡礼の応永年間（一三九四―一四二八）

の札は現存しない。但し、文献では当時の札の存在は認められる[30]。現存する最も古いのは坂東巡礼において足利市鑁阿寺に残された暦応二年（一三三九）の納札である。西国巡礼では兵庫県姫路市の広峰神社の文安五年（一四四八）の札が最も古く、平成四年にはそれに次いで二番目に古い宝徳四年（一四五二）の札が滋賀県長浜市の鴨田遺跡から発見されている。秩父巡礼では、三十番札所法雲寺に天文五年の「西国坂東秩父百ヶ所只一人」と記された納札がある。百観音巡礼の札は岩手県三陸町の新山神社にも残されている。

巡礼者は納札を霊場寺院の柱や壁、天井などに釘で打ち付けことから、巡礼は「札打ち」といわれ、寺院は「札所」と呼ばれるようになった。厚誉春鶯編の『西国三十三所観音霊場記図会』には札所境内の図が載せられ、そこには「納札所」「札所」の小堂が描かれている。納札は江戸時代に入ると木製から紙札へと変化して行く。紙は保存性に劣るが軽く持ち運びに便利であったからである。江戸時代の案内書には菅笠、笈摺とともに納札の書法が必ず記されている。札の表には「奉納西国三十三所為二世安楽」として年月、同行何人、国所を記し、裏には「南無大慈大悲観世音菩薩」と書く形式になっている。しかし、現在では西国、坂東、秩父巡礼では納札の

図２－12※　銅板の納札（石山寺蔵）

図２－13※　納札を打ち付けた釘

習慣はあまり見られなくなった。

それに対して、四国遍路では真念の案内記『四国邊路道指南』の「用意の事」では次のように述べられている。(31)

札はさミ板　長さ六寸　幅二寸
おもて書やう
　年号月日
種字　奉納四国中邊路同行二人
うらかきやう
種字　南無大師遍照金剛　国郡村　仮名印
右のごとくこしらへるなり
　但し文箱にしてもよし
　　紙札調やう
　奉納四国中遍路同行二人

四国遍路でも銅板、木製の納札もあったが、現存する古い札は西国巡礼に比べるとはるかに少ない。それよりも行程が長く持ち運びに便利な紙札が多かったようである。

江戸時代、西国巡礼において盛行した「札打ち」はやがて明治期には衰退していく。その理由の一つは寺側が札打ちを禁じたことである。明治二十六年に西国巡礼をした天田鉄眼師は、「第十八番頂法寺の六角堂に参る。…形の如く納経して、堂の柱に札打んとしたるに、堂司許さず。…茶所の柱に打ちぬ。今の世は何事も便利と云ふが旨にて法式といふことは無し。順礼も札打つことはせで、紙にして張付け、納経帳は持ちながら、経巻も納めぬが多し[32]」と述べている。天田鉄眼師は、寺側が木札の納札を打つことを禁じたので、茶所の柱に札を打ち付けた。そして、当時の風潮としては紙札を張付けるようになったことを述べている。

紙の納札は札所に納めるとともに、接待を受けた返礼に渡された。善根宿を提供した家では遍路から貰い受けた納札を大切に保存されている。その札は呪力をもつとされ、火伏せのお守りとする信仰も生まれた。四国各地には納札を大俵に入れて屋根裏に保存されていた事例がある[33]。

五　「同行二人」

遍路をする人の菅笠や笈摺、板挟み（納札入れ）には「同行二人」と書かれている。それは例え一人で遍路していても弘法大師と二人であることを意味している。それに対して、現在西国巡礼では菅笠や笈摺を身につける人は極めて少なく、「同行二人」の意識は薄れてしまった。しかし、江戸時代の西国巡礼で巡礼者が納めた札には「同行二人」とか、「同行五人」「同行九人」「同行十五人」「同行五十人」などと書かれた納札が残されている。それは集団で巡礼した札である。また、秩父第十六番札所・西光寺に残された札にも「同行七人」とある。

前田卓博士は江戸時代の西国巡礼と四国遍路の納札を手懸かりに、当時の動向や出身地を考察した。それによると、既述の西国巡礼の札のほかにも、四国遍路において安永九年（一七八〇）の納札に「同行六人」（太山寺蔵）と書かれていることや、浄土寺の本堂厨子に「同行五人」「同行六人」と落書きされたのを紹介している[34]。四国七十三番出釈迦寺には文化八年（一八一一）に九州の肥後熊本から来た遍路の納札が残されている（口絵四頁参照）。そこには「同行六人」と書き記されている。「同行二人」と記す習俗は遍路だけの慣習ではなく、西国巡礼の影響が考えられる。

そもそも「同行」とは、天台宗の『摩訶止観』で説く三善知識（外護、同行、教授）の意味である。『摩訶止

図２－14※　「同行六人」の納札（西国巡礼）

観』では、

二つに、同行《どうぎょう》は、…切磋琢磨《せっさたくま》して、心を同じくし志を斉《ひと》しくして、一船《ひとつふね》に乗るごとく、互いにあい敬重《きょうじゅう》して、世尊を視《あおぎみ》るがごとくするを、これを同行《どうぎょう》と名づく。(35)

と述べられている。つまり、同行とは一心同体となって善導してくれる同塵行の師友のことを指している。この考え方が巡礼にも用いられることになる。享保十一年（一七二六）に厚誉春鴬の編による『西国三十三所観音霊場記』には次のように書かれている。(36)

肩にかけし三幅《みはば》のきぬは、慈悲の三体として、中は弥陀如来、両わきは観音・勢至としたるなり。始終せなかに負ひ奉り廻る事なり。さすれば十ケの功徳あるべき事なり。順礼の同行五人なれば六人と、壱人づゝ増して書くことは、負摺《おひずる》を親とも観音とも先達《せんだち》ともしてまはる故なり。

これによると、笈摺は親とか観音菩薩、あるいは先達とみなし、一人増やして書くことを説いている。また、昭和期に入ってからの案内書である清水谷恭順『観音の札所と伝説』では、

「同行何人」とある「何人」は、一人の時は二人、二人の時は三人と書く。観音菩薩の御手《みて》に縋《すが》って巡礼する意味より、常に観音菩薩と同行しつゝある信心を発露としたものである。(37)

と述べられ、観音菩薩との同行を強調している。その具体例として、前田卓博士の『巡礼の社会学』に掲載された納札では、西国巡礼において文化五年の札には「長州城下住人同行九人」と書かれ、八人の氏名が記されている。また、安政四年には「京西七條」の女性十二人の氏名と、奉公人とみられる名字のない男性六名の名が書かれ、「同行十九人」とある。[38] これらの事例から同行人数は、実数に一人増やして表記していることが判明する。

この西国巡礼における観音信仰における「同行何人」の書法が四国遍路の習俗にも伝わり、観音菩薩に代わって弘法大師との「同行二人」に変化したものと言える。そして、集団巡拝をしている場合でも「同行二人」と書いた納札や笈摺を見かけることもある。その背景には、弘法大師との同行を強調する風潮が強まったことがある。ある案内書には、「一人であれ多人数であれ、同行二人と書くのは大師と自分と同行二人で旅をしてゐると云ふ意味である」[39]と述べる例に見られる。

六　道中記・絵図・地図

旅や巡礼には案内書や地図は必需品であった。西国巡礼では元禄時代頃から道中記が発行される。元禄三年（一六九〇）には美濃の一箪子による『西国三十三所道志流遍』（上・中・下）や『順礼道しるべ』（菊屋喜兵衛版）『順礼道知る辺』（藤原長兵衛版）の三件が発行されている。その後、「道中記」「案内」「手引草」「細見記」「旅すゞめ」などの表題で多数の案内書が発行されている。それに対して、四国遍路では真念による案内書『四国邊路道指南』が貞享四年（一六八七）に発行され、その後増補された『四国偏礼道指南増補大成』が度々版を重ねるほど好評であった。しかし、江戸時代の遍路の案内書は西国巡礼に比較するとはるかに少ない。

江戸時代に多く出版されたもので、旅に欠かせなかったのは絵図、地図であった。享保九年（一七二四）に

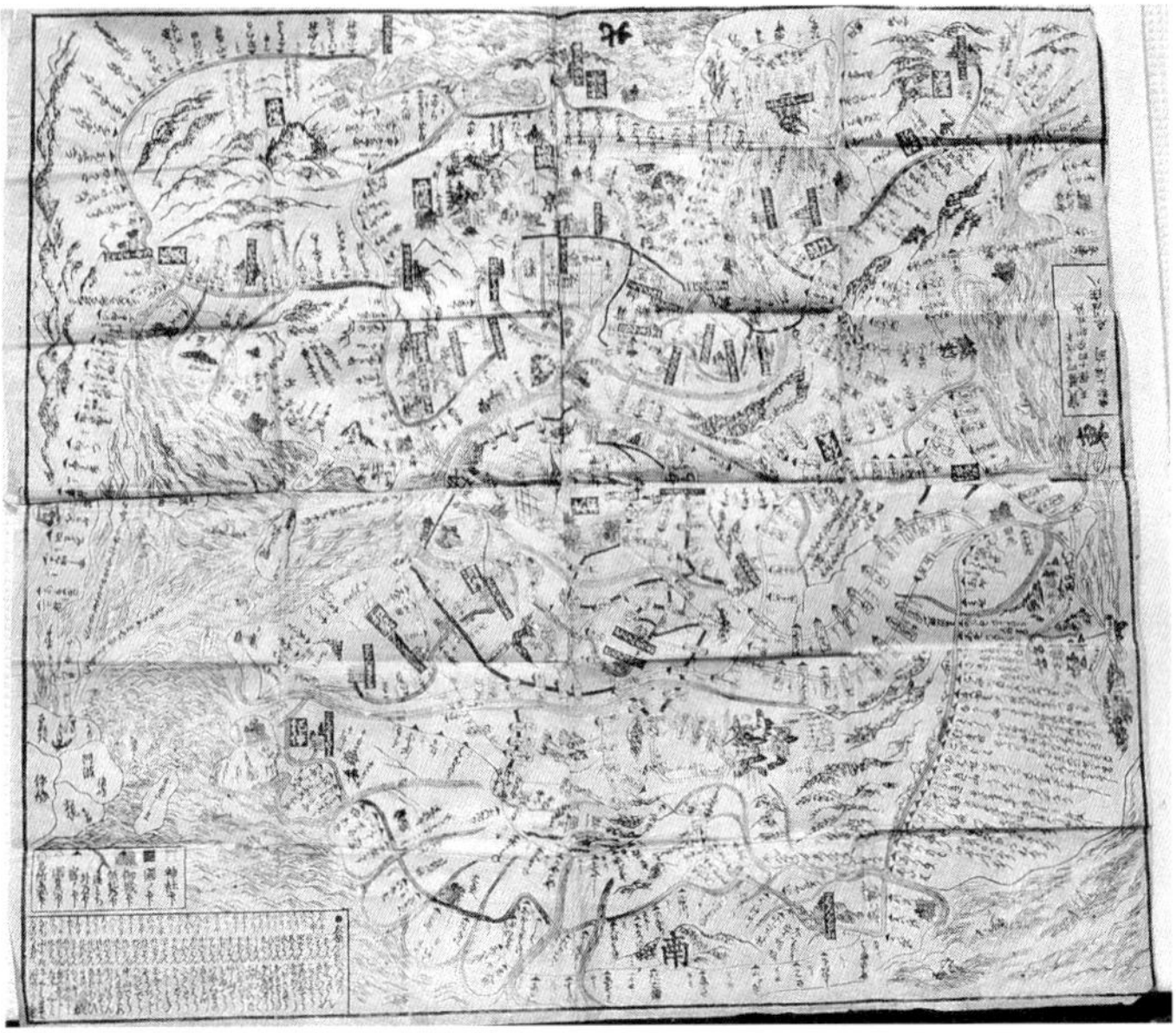

図 2－15　西国巡礼の絵図（南都大仏前ゑづ屋庄八版）

図 2－16　四国徧礼絵図（宝暦13年）（神戸市立博物館蔵）

『西国順礼絵図』（相鹿小林法好）が出版され、同年間には『西国順礼行程図』（享保十一年）、『西国順礼道中図』『西国三十三所方角絵図』（共に享保十九年）などが発行されている。その後も絵図や道中図は度々出版され、出版物の中でも最も多い。

それに対して、四国遍路の絵図は遅れて出版された。その最初は宝暦十三年（一七六三）、細田周英敬豊による『四国偏礼絵図』の発行であった。細田周英は絵図を出版した趣旨を次のように述べている。

（前略）周英延享四年の春、真念の道しるべを手鏡として大師の遺蹤を礼拝せしに、西国卅三所順礼には絵図あれとも、四国偏礼には無き事を惜しんて略図となし、覚峰闍梨の偏礼にかたらひ、改めて一紙の細見図となし普く偏礼の手引きになれかしと願ふものぞかし。

宝暦十三ひつじ春

但陰

細田周英敬豊

これは大阪の柏原屋清右衛門・同与市・田原屋平兵衛板として発行され、四国全土の方角は北が下に、南は上に描かれ、中央に大師の座像と高野山前寺務弘範の「四国偏礼の序」が書かれている。この『四国偏礼絵図』が出版されたのを機に、『四国遍礼名所図会』（寛政十二年）『四国八十八箇所絵図』『四国順拝御土産絵図』『象頭山参詣道四国寺社名勝八十八番』などの絵図が発行された。

細田周英が述べるように、既に西国巡礼では絵図が多数出回り、巡礼の手引きとして利用されていたが、四国遍路ではなかったので、それにヒントを得て、覚峰闍梨に相談して絵図を作成したものである。そこには西国巡礼の影響が四国遍路に現れている。

現代でも四国遍路は道が入り組み、歩き遍路や車を利用しても迷うことが多い。そのために、解りやすい地図をもとめる人が少なくない。例えば、へんろみち保存協力会編『四国遍路ひとり歩き同行二人』（平成二年）には「四国へんろ地図」が掲載されている。その地図は真念の著書を参照し、地元の古老などから聴き取りしながら、拡大図に駅や郵便局、旅館・ホテル、食堂、バス停などの主要な施設が書き込まれ、キロ数も表記されている。そのため、歩き遍路には好評で版を重ねて出版されている。

七　納経帳・掛軸

巡礼、遍路では札所に参拝した印に朱印が授けられる。その半紙を綴ったのが納経帳（帖）である。そもそも朱印の授与は法華経や阿弥陀経、観音経を写経して奉納した受け取りの印であった。写経の奉納は七世紀後半から上流階級の人々によって始められ、平安時代には一層盛んになった。やがてその写経を六十六部聖が諸国を廻り、奉納して廻り歩くようになる。新城常三博士によると、六十六部聖は法華経を経函や笈に入れて持ち運び、納経の証しとして、社寺が請取りを下付した。(40)それが朱印であった。上野国長楽寺や相模国大山寺などは納経が頻繁にあり、請取状は墨書でなく版刻であったほどである。(41)その風潮は南北朝時代に見られた。西国札所には六部の納経所が比較的多く、明応二年（一四九三）に興福寺・南円堂や醍醐寺に納められている。(42)それがやがて江戸時代になると庶民にも普及するようになる。

四国遍路でも納経の習俗は江戸時代中頃になってから始まる。澄禅の『四国遍路日記』（一六五三）や真念『四国邊路道指南』（一六八七）及び『四国偏礼道指南増補大成』では納経帳については触れられていない。真念の『四国邊路道指南』では「用意の事」として「札はさミ板」や納札の書き方などが記され、札を納める習俗が主流であって(43)、当時は納経の習俗は見られなかったようである。納経の習慣はその後に起きたものと考えられる。白井和寿志氏によると、四国遍路で納経帳が用いられたのはさほど古くはなく、寛政三年（一七九一）の『四国奉納経』が最も古いと述べている。[44] しかし、近年の研究では宝永年間の納経帳が発見され、更に古く遡れるようになった。[45] それは空性法師による宝永七年（一七一〇）十二月から翌年の八月までにかけての「空性法師納経帳」である。空性法師は正徳四年（一七一四）二月から七月までにかけて二度目の巡拝の納経帳も残している。同じ頃、備後国（広島県）甲奴郡水永村の庄屋・丹下彌右衛門が宝永八年から享保元年（一七一六）に六十六部の行者として、秩父、坂東、西国の霊場を廻り、正徳五年（一七一五）に四国霊場も廻った「彌右衛門納経帳」（表紙『大乗妙典張（帳）』）も発見されている。従って、四国遍路で納経が起こるのは十八世紀初頭からとみられる。しかし、この三つの納経帳は廻国僧によるものであった。庶民による納経の習慣はその後と捉えるのが妥当であろう。この三つの納経帳には「普門品一軸（巻）」と記し、札所名などが書かれているが、札所の番号は記されていない。やがて遍路が増加するにつれて、納経帳の意味合いに変化が起り、天保八年の土佐藩の「覚」には、

辺路改方之義生国往来切手ハ不及沙汰納経并路銭有無共入念相改若納経無之者ハ乞食ニ紛敷ニ付速ニ追返可申事[46]

と記され、納経帳が乞食遍路と真の遍路とを区別する手段ともされた。朱印を授けられた時の料金も記されるようになる。法眼菱垣元道橋義陳の『四国八拾八箇所納経一部』（享和二年）には、

一　札所の寺にて御印をもらふなり、尤印料として十二銭或ハ六銅又ハ三文置べし、路銀切し候ハバ其入訳を云て厚く礼を述べる事[47]

と述べられている。

納経印は納経帳にとどまらず、笈摺や掛軸にも押す習慣が生まれた。西国巡礼では掛軸の中央に観世音菩薩の立像を描き、荘厳性や芸術性を高めて、人気を呼んでいる。掛軸に集印する風潮がいつ頃から起きたのかは判明しないが、佐和隆研博士によると、「札所本尊の像を描きならべた例は多くはないが、あんがいに古いものがある」として、その例に第三十二番札所・観音正寺の仏画を挙げ、室町時代初期の頃の遺品と指摘している。[48] 江戸時代には絹本の「本尊掛軸」が出回っている。それは江戸中期に三十三度行者組の供養法要の本尊に加えられたと考えられる。[49] 札所本尊の像を掛軸に描いたのが掛軸への集印の始まりのように考えられるが、それがいつ頃かは判明しない。三十三度行者組の習俗が庶民の法要にも普及するにつれて掛軸への集印が行われるようになったものと思われる。

西国巡礼における集印方法に掛軸が使われたのは古いのに対して、四国遍路では新しい習俗であった。四国霊場第五十六番札所・泰山寺の先代住職故・大本祐章師によると、四国遍路で掛軸への集印は昭和十二年に行われた四国霊場の大阪での出開帳が始まりであった、といわれる。出開帳を機に既に西国巡礼で行われていた掛軸への集印を四国遍路でも取り入れようとしたものであった。出開帳の企画・計画から終了までを記録した『四国八十八ヶ所霊場出開帳誌』には掛軸への集印の値段が次のように記されている。[50]

納経料ヲ前納ナシタル者以外ハ一、納経料金五銭也、一、オイヅル金三銭也、一、掛物金十銭也

掛軸への集印は納経帳の二倍の値段になっている。昭和六年発行の安田寛明師の『四国遍路のすすめ』には、「御四国へ出立するに就いての必要の品々」として納経帳が挙げられ、「帳面に金五銭を添えて」[51] とあるが、掛軸には触れられていない。これによると当時は掛軸への集印はなかったと思われる。大阪での出開帳を機に掛軸

への集印が始まっても、不治の病を抱えてその救済を願うなど真摯な信仰心による遍路では費用の高い掛軸は敬遠され、あまり普及しなかった。それが流行し始めるのは高度経済成長期の昭和五十二、三年頃からで、昭和五十九年の弘法大師入定一一五〇年記念には急激に増え始めた。そして今では納経帳、笈摺に加えて掛軸にも集印する風潮が一般化した。

このように、四国遍路における納経帳への集印は西国巡礼よりも遅く、掛軸への集印の習俗も西国巡礼の影響を受けていることがわかる。

八　順路の変更

西国巡礼の初期の巡拝記録では必ずしも順番通りに廻っていたとは言えない。三井寺の僧行尊は長谷寺から始めて、岡寺、壷坂寺へと南下し、那智山まで行き、再び北上し、三室戸寺で終わっている。同じ三井寺の僧覚忠の巡拝は『寺門高僧記』や『塩嚢鈔』でも一番那智から始めているが、途中は大幅に変更されている。そして、『塩嚢鈔』では、「此の次第に就いて異説多き。或は長谷を初と為し、或は御室戸を初と為し。長谷を終と為す或る説に云只便路を本と為す。前後を論ぜずと云云」[52]とあるので、札所の順番が決まっていたが、必ずしも順番通りには廻っていなかった。江戸時代に入ると東国の巡礼者が多くなると伊勢参宮後、熊野から打ち始めると便利で、谷汲山で結願して帰路についた。しかし、その途中、十三番石山寺から三十二番観音正寺、三十一番長命寺、十四番三井寺と廻る変則なコースになる。このコースは明和・安永以降に定着するが、その理由は長命寺から竹生島に渡る航路に危険が高かったことであった。[53]それ以外にも畿内の山城の人々は南廻りとして、那智山に向かうが、淀川を下って大阪に出て、近い所から打ち始めている。従って、道中記などに書かれた順路とは別に、それぞれのおかれた立地条件で順路を適宜に変更している。

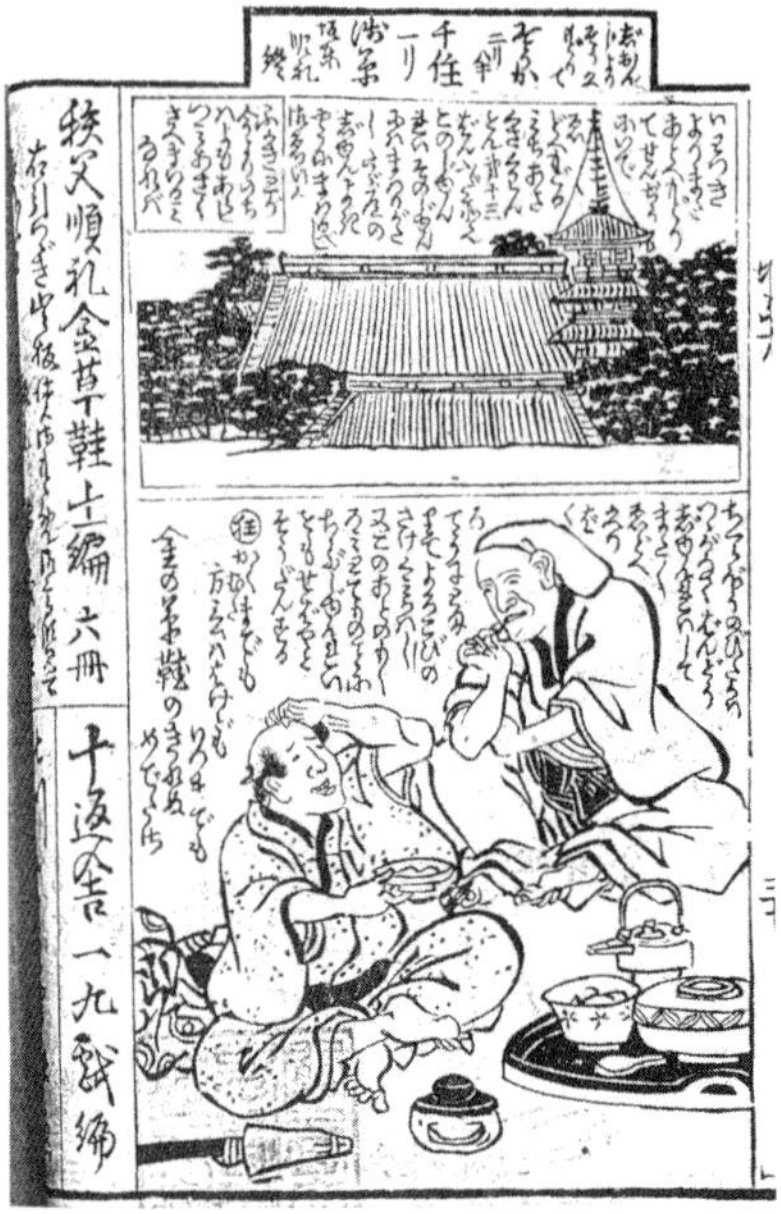

図2－18　十返舎一九『金草鞋』十編（「この順礼其順には巡はり難たし。只道の順よきやうに廻はるやう」とある）

図2－17　秩父巡礼への道標（埼玉県熊谷市）

秩父巡礼では当初、三十三ヵ所でスタートしているが、その後三十四ヵ所に変更された。その特殊性と併せて、順番の変更も行われた。その理由は秩父巡礼の多数を占めた江戸市民への便宜を図ったことである。江戸から秩父に入るには三ルートあったが、吾野ルートは道が険しいことから商人以外は通らなかった。それに対して、川越通と戸田通が最も利用された。共に栃谷村に着くことから、四万部寺が一番になり、その東側にある水潜寺で打ち終わり、再び往路を戻った。

坂東巡礼も順路に関しては変則的な廻り方をしていた。その理由は順路が不便で効率よく廻る方策を考えたからである。沙門亮盛は『坂東観音霊場記』で、「路次ノ難所ヲ除テ、十七番・十九番・十八番・廿一番・廿二番、廿三番・廿番・廿四番ト巡ルナリ」[54]と記している。西国、秩父巡礼、四国遍路の行程を綴った十返舎一九は、坂東巡礼の終わりは岩槻の第十二番慈恩寺に詣り、「岩槻よりまた後へ戻りて。千住に出で江戸へ戻る路。浅草観音十三番札所なり。この順礼其順には巡はり難たし。只道の順よきやうに廻はるやう」[55]と述べている。巡礼者の中には三十三ヵ所を廻らずに、終了したり、途中の札所を打ち終えないで結願とするケースもあった。

四国遍路でも必ずしも順番には廻っていない。寛永十五年（一六三八）に賢明が空性法親王と同行した『空性法親王四国霊場御巡行記』では、賢明は四十四番大宝寺の僧であったことからここから始め、四十三番明石寺で結願している。澄禅は和歌山から四国に渡り、十七番井戸寺から巡拝を開始している。また、寂本の『四国偏礼霊場記』では霊山寺の項で、「此寺四国巡拝の㝡初といふ。或は道成寺・井土寺よりも始拝す。みな路次の勝手によれるならはし」[56]と述べている。真念も『四国邊路道指南』で、「但し十七番の井土寺より札はじめすれバ勝手よし、委くは徳島にて可被尋、讃陽丸亀城下へわたる時は、宇足津道場寺より札はじめよし」[57]と記している。

その他にも巡拝記を見ると、高群逸枝女史は大分から八幡浜に着き、四十三番明石寺から逆打ちで巡拝している。地元四国の人たちは自宅に近い札所から開始するのが慣例になっている。

従って、札所の順番と別に、巡礼者や遍路は便宜を基本に廻っていたことが判明する。特に四国遍路は四国に渡った時点で出発の札所が大きく変更された。しかも逆に廻る「逆打ち」も少なくなかった。

九　開　帳

観音菩薩像を祀る観音札所では古くから厨子を開扉する開帳が行われてきた。開帳には尊像が祀られている寺院で行われる「居開帳」と、尊像を持ち出して他の寺院で行う「出開帳」の二種類があった。西国札所では一札所が単独で居開帳をすると同時に、出開帳も行われてきた。第十三番札所・石山寺では三十三年毎に開帳が行われ、近年では平成六年に開催されている。第十七番札所・六波羅蜜寺では十二年毎の辰年に開帳を行っている。

出開帳で最も古いのは近江・石山寺が延宝四年（一六七六）に江戸・両国の回向院で出開帳を開催している。その後は元禄十六年（一七〇三）に丹波・穴太寺、寛保三年（一七四三）に第五番札所・葛井寺と第十六番札所・清水寺が、明和六年（一七六九）には第十四番札所・三井寺、天明二年（一七八二）には第三十三番札所・華厳寺、天保六年（一八三五）には第十七番札所・六波羅蜜寺などが江戸で出開帳を行っている。[58] 珍しい出開帳としては、文化五年に第三十番札所・宝厳寺が大阪で出開帳をしている。それは『攝陽奇観』巻之四十四に、「三月江湖竹生島観世音住吉ニ而開帳」とあり、次のように述べられている。[59]

西国順礼せし輩も日和あしきハ湖上風波の難を恐レ遙拝のミして帰りしといふ人多し左あれハ観世音みづから出開帳の時ニ逢へばせめて日参はなさず共一度ハ参詣有べきに…

これは竹生島の宝厳寺に渡る時、琵琶湖の湖面が荒れて度々遭難者を出してきたので、参詣を断念して遙拝する人が多かったのに配慮した出開帳であった。

坂東札所ではも個別の寺院の開帳が行われていた。亮盛の『坂東観音霊場記』の第九番札所・慈光寺の項では、「三十三年ノ開帳ニハ男女等《ヒトシ》ク参詣ノ為ニ女人堂ニテ開縁スル古例ナリ[60]」と記されている。坂東札所の「出開帳」もあった。第一番札所・杉本寺が宝永二年（一七〇五）に深川・永代寺で出開帳を行い、その後も度々行っている。延享元年（一七四四）には第七番札所・光明寺が、宝暦六年（一七五六）には第三十三番札所・那古寺がそれぞれ江戸で出開帳を行っている。現代でも坂東札所・第五番勝福寺では昭和五十六年十一月に五日間に亘って、中興一一五〇年と諸堂復興落慶記念の開帳を行っている。

秩父札所では居開帳、出開帳が度々行われた。出開帳は延宝六年（一六七八）に第二十番札所・岩之上観音が単独で江戸で始めた。その後、元禄五年（一六九二）に第十八番札所・長性院、元禄十三年（一七〇〇）には第十四番札所・今宮坊と第二十八番札所・橋立寺が出開帳を行っている。秩父札所の開帳の特徴は全寺院が開帳する「総開帳」である。総開帳にも居開帳と出開帳がある。記録に残るところでは、総居開帳は元文三年（一七三八）が最も古く、以後寛延三年（一七五〇）、安永三年（一七七四）、天明三年（一七八三）、天明六年（一七八六）、享和四年（一八〇四）、文化七年（一八一〇）に行われている。寛延三年の開帳には四〜五万人の巡礼者があったことが記録されている。[61]江戸での総出開帳の始まりは明和元年（一七六四）で、護国寺において七月九日から十月十日まで開催されている。この出開帳は盛況で当初の予定を三十日延長して九十日間行われた。その後も安永四年（一七七五）、天明三年（一七八三）、寛政四年（一七九二）、寛政十二年（一八〇〇）、文化八年（一八一一）に江戸での総出開帳が行われている。

秩父札所の開帳はいつ頃から行われたのかははっきりしないが、記録に残る最も古いのは元文三年である。以後午歳に総開帳が行われてきた。午歳の開帳は秩父札所の開闢と関連しているようである。円宗『秩父順礼独案内記』には、

又観世音の霊場となれる事は、三十二番般若の古記に、行基菩薩定置給ふとあり。其後興廃度々にて、（中略）此故に開闢の年暦も一定ならず。（中略）大抵文暦元年甲午に再興せし以来を以て、今順堂の次第及諸山を沙汰する物か。午の年をもつて開帳せしむるも此因縁なるべし。[62]

と述べられている。いわば文暦元年甲午の干支に根拠を見出している。また、馬は観音菩薩の眷属という故事と関連させ、元年は年号の始まり、甲は十干の始まりで、信仰的には吉祥とされる「元年甲午の思想」という説から開帳が行われてきた。[63]

このように観音札所では通常は厨子に安置されている本尊を開扉して、本尊と衆生とを結縁する開帳が度々行

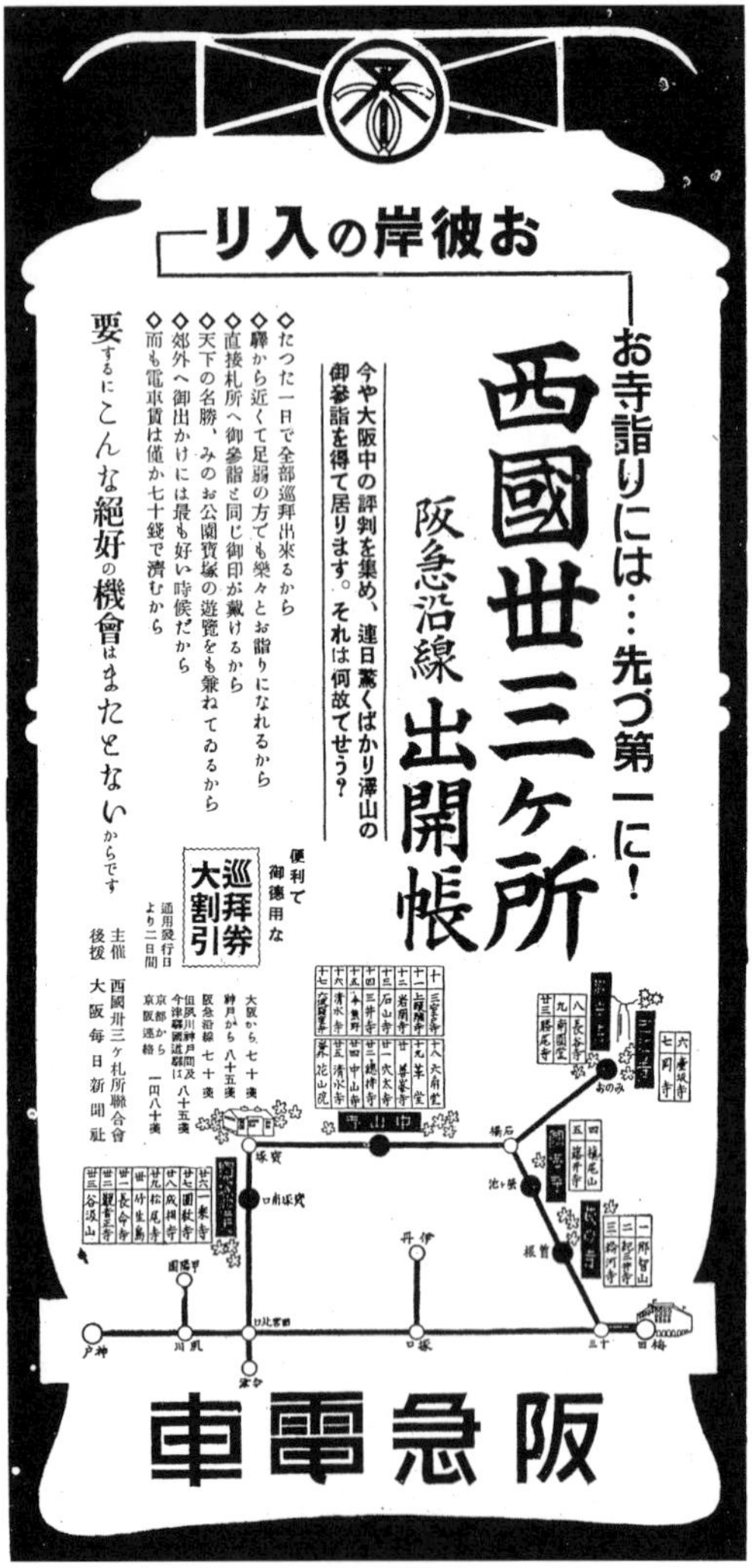

図2－19 『大阪朝日新聞』（昭和10年3月19日付）に載せられた西国札所の出開帳広告

われてきた。この開帳には救いを求める観音信者が多数参詣した。しかし、開帳はその後、社寺の堂舎の修造や運営の費用を捻出する意図で開催されるようになる。そのために人口を多数抱える江戸での出開帳が効果的であったことから、多くの寺院が出開帳を行っている。

ところで、秩父札所は全寺院がそろっての総開帳が恒例になっているが、西国札所では総居開帳は行われなかった。総出開帳も稀で二回行われたのみである。その一つは、昭和十年三月十日から四月十一日までの三十三日間に亘って、「観音霊場三十三ヶ所阪急沿線出開帳」が「西国三十三ヶ札所連合会」の主催で開催された。場所は阪急沿線の萩の寺（一番から三番札所）、円満寺（四番、五番札所）、西江寺（六番、七番札所）、瀧安寺（八番、九番、二十三番札所）、中山寺（十番から二十五番札所と番外花山院）、宝塚聖天（二十六番から三十三番札所）に分散しての開催であった。出開帳の目的は前年に近畿地方を見舞った風水害の犠牲者の追悼慰霊大供養塔建立と、「皇国非常時打開」の二つであった。当時の『大阪毎日新聞』や『大阪朝日新聞』には度々広告が掲載されている。しかしながら、その後の詳しい記事は掲載されず、様子はわからないが、その間の参詣者は報道では四〇万人を超えたといわれる。西国札所の今一つの総出開帳は、同じ昭和十年の十月十日から十一月十一日までの三十三日間に亘って関東地方の京浜沿線と東横沿線で行われた。その目的は「非常時護国祈願震災十三年供養」であった。なお、昭和十二年秋には坂東札所が「満州事変殉国将士の追悼大法要」と「供養塔建立」を目的として東京で総出開帳を開催している。これらの出開帳の目的は風水害や震災の犠牲者の追悼供養を掲げているが、戦時下の国民の団結を高揚する政治的な意図がその背景にあった。

それに対して、四国霊場では開帳は個別の寺院では行われてきたが、全寺院がそろっての総開帳という記録は余り残されていない。その中にあって唯一全寺院がそろって出開帳が開催されたことがある。それは昭和十二年に大阪南海沿線の金剛園と遠州園の二カ所に分かれての出開帳であった。この出開帳は南海電鉄の開業五十周年記念事業として行われたが、その目的は「国民精神の浄化、皇道精神の振作を図り以て弘法大師の鎮護国家の御誓願に副ひ奉り」とあり、加えて昭和九年の近畿地方を襲った風水害の犠牲者の三周忌法要を行うことでもあった。四国霊場の出開帳はそれ以前にも計画されたことはあった。南海沿線での出開帳の計画から終了までを記した『四国八十八ヶ所霊場出開帳誌』では次のように述べている。(64)

過去に於て数回、十数回試みられたけれども、何れも無事遂行するに至らなかつたのであつた。…殊に最も不幸な状態になつたのは、昭和四年岐阜県大垣市に於て行はれた四国霊場出開帳であつた。当時伊予部会は霊場神聖保持の為め「出開帳すべからず」と強硬に主張し、知事の勧誘をも退け、他三国の強要にも屈せず、遂に六十二箇寺の出開帳となつたが、其の出開帳も中途に於て、不幸閉鎖の止むなきに至つたと伝へられてゐる。

また、同誌には四国札所・第五十番繁多寺の住職・羽生屋隆道師が終了後の感想として、「四国出開帳は古来総べて行はれたる前例は之聞かず、明治二十三年頃、大阪第三博覧会の時か、阿波の寺院、五百羅漢等が出張し、また近くは岐阜大垣に三国（阿波、土佐、讃岐）の開帳あり、…所謂四国八十八所一ヶ寺も洩れなき出開帳行事の盛大に行はれた事は」[65]と述べている。そのような経緯でこれまでは総出開帳は行われなかった。昭和十二年の出開帳でも「非出開帳派」が反対した。それを説得しての開帳になった。そのため、広告にも載せられているように「空前絶後！　今マデモナク　コレカラモナシ」の出開帳になった。その背景には、南海電車側の説得以外にも昭和十年春の西国札所の阪急沿線における出開帳の成功が影響し、開催を後押したとも考えられる。この出開帳では開催前から盛り上がり、五月五日から六月十六日までの期間中二〇万人近い参詣者があり、成功裏に終わっている。

観音寺院の札所の開帳は居開帳、出開帳を問わず盛んであった。それに対して、四国霊場の総開帳は八十八カ所の総意が難しく、不調であったが、昭和十二年の南海沿線での出開帳は昭和十年に西国札所が阪急沿線と関東で行った二回の出開帳が強く影響を与えたとも考えられる。

十　接　待

現在の四国遍路の特徴の一つは「接待」である。歩き遍路は道中で地域住民から菓子、パン、芋、ミカン、ジュースなどの飲食物や金銭の接待を受ける。それに一瞬戸惑いを覚えたり、はたまた感動する。この接待は遍路体験記には必ず記されている。個人による接待ばかりではなく接待講による集団の接待もある。有名なのは和歌山県の有田接待講、野上接待講、紀州接待講や大阪の和泉接待講、山陽地方の倉敷市、井原市、浅口郡の寄島町の接待講などである。それに対して、西国巡礼などでは現在接待は見られない。そのため、接待は四国遍路の特徴とも捉えられている。その接待は果たして遍路独自な習俗と言えるであろうか、時代を遡って西国、坂東巡礼の事例を検討してみる。

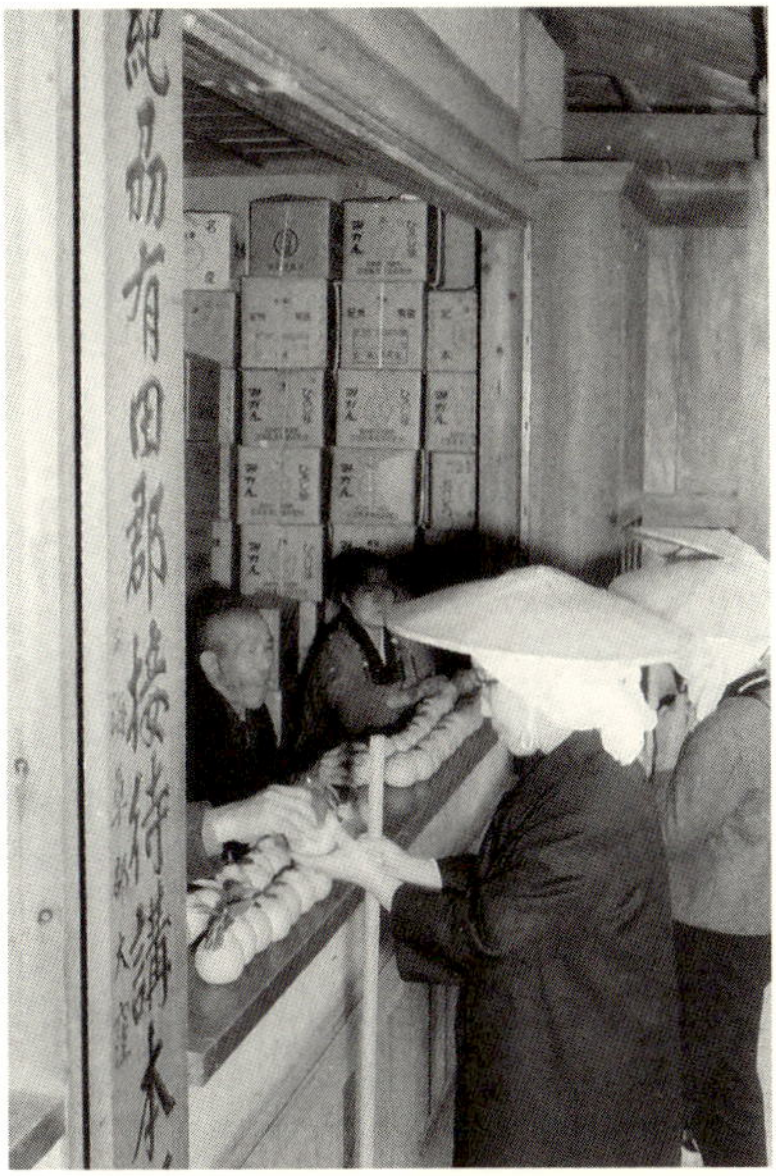

図2-20※　ミカンの接待

西国巡礼に接待の慣習があったことは幾つかの文献に記述されている。最も古いものは慧鳳の『竹居清事』に、「永享の上下の交、巡礼の人、道路織るが如し、…茶店什八九は、之が報いを問うこと弗《なし》、野巷林区の疲氓窮戸と雖も、己れの食を口にするを輟《や》め以て給す(66)」とある。その後、『天陰語録』にも、「関吏譏《しら》ぶれども之を征《とりたて》ず、舟師憐んで之に賃せず、或は食を推して之を食せしめ、或は衣を推して之に衣せしむ(67)」と記され、巡礼者に対して積極的な援助としての接待が行われていた。新城常三博士は、このような西国巡礼の接待は畿内、ないしはその周辺の光景であっただろうとみなし、四国遍路の接待の前史に西国巡礼における接待があったと捉えている。しかし、西国巡礼と四国遍路の接待の直接的な継受関係は明瞭ではない(68)、とも述べている。

また、新城常三博士は坂東巡礼にも接待の慣習があったことを指摘している。戦国時代の永禄元年（一五五八）、坂東霊場第一番札所の『杉本寺縁起』には、「路傍の民舎は、資飯宿茶等、力に随て施すべし、現当に決定して、善果福報を得ん」と記されている点である(69)。それによると、人々は喜捨（接待）することによって功徳を得ることを述べている。清水谷孝尚師は山本光正氏の「房総道中記」の論考を引用して、天保十二年（一八四一）に書かれた『鹿島三社、坂東順礼道中記』の中に、「天津村、日高庄助殿、御茶のせったへ有り」とか、「丑年にて国中の観世音が総開帳にて所々、村々より接待を出す」の一節から安房の街道では接待があったことを紹介している。また、宿泊代金が記されていない箇所では善根宿であったようである、とも述べている。(70)

このように中世から近世にかけて西国、坂東巡礼には接待の習俗はみられた。しかし、その習慣はやがて衰退していく。例えば、『日本九峰修行日記』の文化十五年（一八一七）の二月一日の項には、「西国順礼道故托鉢等一切なし、因て元熊野の往還とて古道あり、此方へ行き葛原村と云ふに笈頼み置き托鉢す」(71)と記されている。特に西国巡礼では近世の江戸時代に入ってからは接待の習俗が衰退した。その背景を新城常三博士は、近世に入り巡礼・参詣に行楽的性格が混入し、世人の同情・共感が薄らいだこと、沿道の宿泊施設・交通施設の充実で接待の必要性が減退した点を挙げている。(72)

しかし、西国巡礼で接待が消滅したのではなく、徐々に衰退していったものと考えられる。明治二十六年、西国巡礼をした天田鉄眼師は第二番札所・紀三井寺の門前で、「門前の大米屋某の許にて、餅粥の供養を受く」(73)と記し、接待を受けている。前田卓博士は昭和初期の西国巡礼における接待について触れ、西国巡礼を体験した古老が接待を受けた経験をもっている事例や、西国第二十一番札所・穴太寺近くの農家は三度目の巡礼者に限り無料で泊める善根宿を江戸時代から明治期まで続けている事例を挙げている。(74)民俗学者・高取正男氏も昭和期の西国巡礼において、三室戸寺から上醍醐寺の道筋の接待について次のように述べている。(75)

巡礼の道すじの農家は、門口にたつ巡礼にお米を両手ですくって施し、これを手の内とよんだ。とくに霊場の近くでは、頼まれれば宿を貸す善根宿の風習があった。これは第二次大戦直前のころまであり、戦後はみられなくなったが、サンドさんとよばれる人たちは高度成長期のはじまる前、昭和三十年（一九五五）ごろまでその姿をみた。

前田卓博士と高取正男氏が紹介する事例は時代的にほぼ同じで、西国巡礼でも部分的ではあるが昭和初期までは接待が残されていたことになる。

それに対して、四国遍路における接待は現在も受け継がれているが、その始まりは慶長三年（一五九八）の蜂須賀茂政による往来の旅人に対する宿所としての「駅路寺」建立由緒書の書状にみられる。その書状には、

一、当寺之儀往還旅人為一宿令建立候之条専慈悲可為肝要
　或辺路之輩或不寄出家侍百姓等行暮一宿於相望者可有似合之馳走事

とあり、遍路への一宿の提供が記され、四国遍路の保護を目的としていた。[76] しかし、遍路への接待が具体的にわかるのは澄禅の『四国遍路日記』（承応二年〈一六五三〉）や、真念の『四国邊路道指南』（貞享四年〈一六八七〉）の記述の中に善根宿が出てくることである。澄禅の日記の一節には、

其夜ハ宇和嶋本町三丁目、今西伝介ト云人ノ所ニ宿ス、此仁ハ齢六十余ノ男也、無二ノ後生願ヒテ、辺路修行ノ者トサエ云ハ、何モ宿ヲ借ルヽト也[77]

と、善根宿について記している。また、真念は遍路をする人々の不便を嘆き、遍路屋を建立する事業に力を注いだ。『四国徧礼功徳記』の跋辞に、

四国のうちにて、遍礼人宿なく艱難せる所あり、真念是をうれへ、遍礼屋を立、其窮労をやすめしむ。[78]

と記している。以後、巡拝記の中には善根宿のことが度々出てくる。大正、昭和期の巡拝記にも善根宿や馳走、物品の接待を受けた記述がある。その詳しい具体例は第四章で触れることにする。

ところで、西国巡礼では接待が江戸時代に急速に衰退して行くのに対して、四国遍路ではその後も残り、現在まで受け継がれた背景にはどのような状況があったのであろうか。これには幾つかの点が考えられる。その第一は、かつての遍路道は、遍路のほかに通行する人は限られ、路次の不便があったことである。第二に、遍路には病人や下層民が多く、途中行き倒れするものも少なくなかった。それらの人々を積極的に援助する必要性があったことである。[79]第三に、地元住民の大師信仰が積極的な援助としての接待を存続させた。遍路への接待は弘法大師に対するものとみなされ、住民が接待を大師への供養と捉えられてきたことである。[80]第四に、自らが遍路に出かけられない場合に、功徳を積む宗教的行為として積極的に接待を実践してきたことである。[81]幕末に周防国・山口県大島郡椋野村の故郷を出奔してから大正期まで二八〇回の遍路を達成した中務茂兵衛の遍路は、地域住民の喜捨と善根宿の接待の賜物であったと言える。

以上のように、歴史的に遡って西国、坂東巡礼と四国遍路の接待の状況を述べたが、時代的にはまず室町時代に西国巡礼で接待の慣習が起こり、江戸時代になると急速に衰退する。しかし、戦前の昭和初期まで部分的には接待の習俗は残されていた。それに対して、江戸時代には坂東巡礼と四国遍路では接待が盛んになる。そして、四国遍路では江戸時代から現代まで脈々と受け継がれてきた。しかし、四国遍路でも昭和五十年代後半あたりから交通機関が発達し、バスや自家用車による遍路や宿坊の整備、民宿、ホテルが増え始め、それに伴って道中での接待、善根宿は衰退した時期もあった。ところが、平成期に入って歩き遍路が見直され、衰退していた接待が再び復活するようになった。愛媛県・内子町には古くから数軒の善根宿が残り、「千人宿大師堂」もその一つで

図２－21※　有田接待講の本部と講中

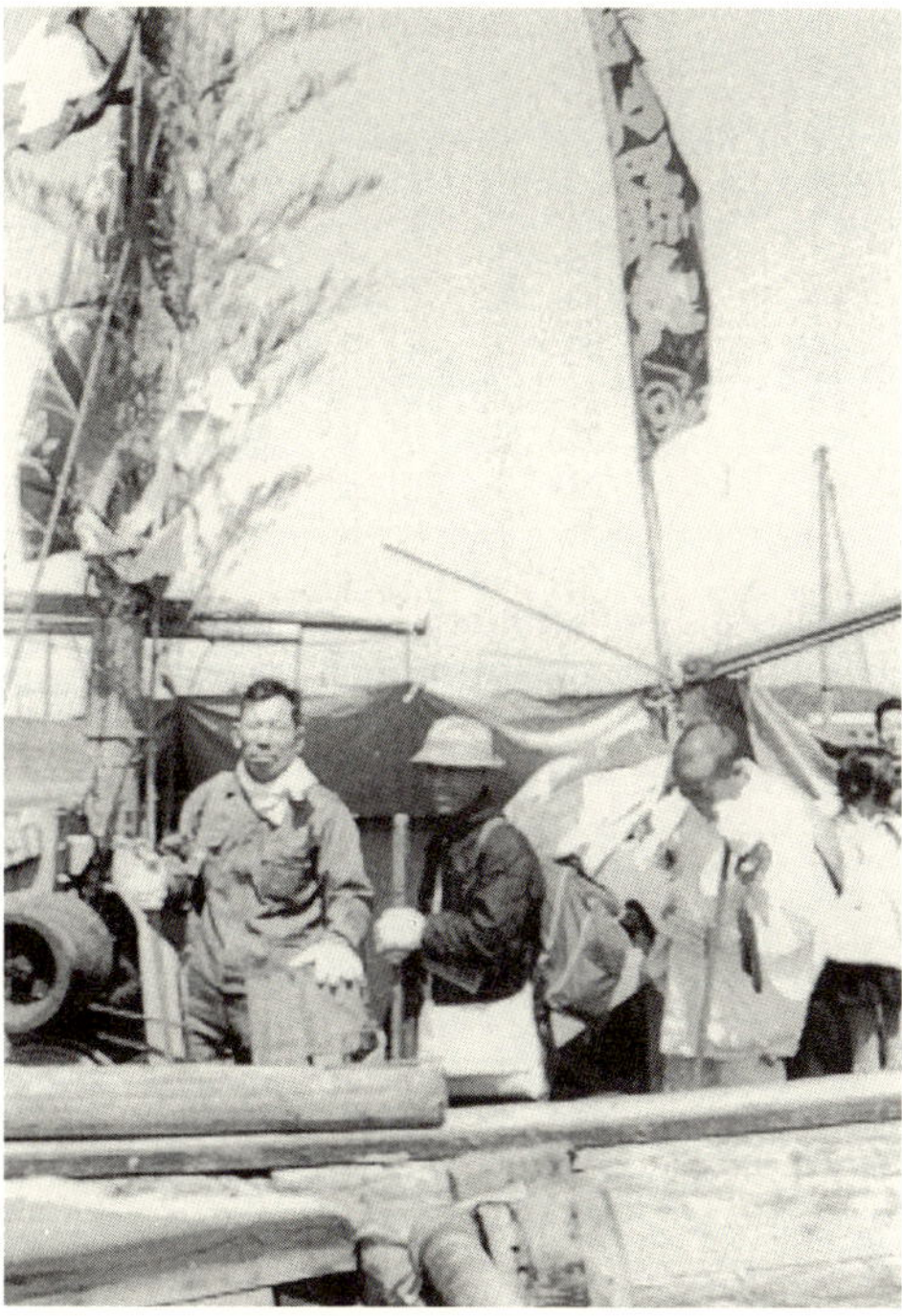
図２－22※　和歌山から船で四国に向かう接待講の人たち

ある。新たに、第二十三番札所・薬王寺近くに、廃車になったバスを善根宿に提供してくれるＨ氏や、鯖大師堂の近くにプレハブの遍路小屋が造られたり、第七十七番札所・道隆寺近くの「善根宿まんだら」などがある。

接待の習俗において西国巡礼が四国遍路に影響を与えたかどうかは明確でないが、宗教的行為として共通性をもっている。しかし、現在では接待は四国遍路に残るのみなので、それが独自性とみなされがちであるが、既述のように西国、坂東巡礼にも歴史的に存在していることから、遍路独自のものと断定することは言い難い。但し、「接待講」として組織的に接待する習俗は西国巡礼などには見られず、遍路の独自な習俗と言える。和歌山県に

図2－23※　接待講の人びとの宿泊所

は西国巡礼の第一番から第三番の札所があり、巡礼者も多かった。しかし、西国巡礼の接待講は組織された形跡はなかった。それに対して、わざわざ海を渡って四国に行き、遍路へ接待を行ってきた。そこには病人や下層民による遍路に対する特別な思いがあったようである。遍路の乗船に対する配慮があり、それも接待であった。「渡海船一件留」には次のように記されている。[82]

一　阿州撫養岡崎江十三里渡海乗合船賃壱人ニ付三匁ヅツ、…但、
　難渋之四国遍路者定之外ニ軽キ船賃ニて渡海為致極々難渋者
　ハ無銭ニて乗合取計候筈

四国遍路に接待の習俗が残された背景を考えると、目的に行楽的要素が加わり、交通や宿泊施設が発達し、接待が衰退していった観音巡礼とは異なるものがある。それは既に述べたように、遍路を弘法大師と見なし、喜捨をすることによって積極的に功徳を積む大師信仰が脈々と受け継がれていることである。講中たちは功徳を積むとともに、四国に赴き、講中が互いに親睦、交流を深める行楽的な要素もあったと考えられる。

西国巡礼と四国遍路の共通な習俗について十項目にわたって考察してきた。それ以外にも、かつては巡礼や遍路の宿泊に「通夜」と呼ばれる習俗もあった。西国巡礼では中世において第三番札所・粉河寺や第九番札所・興福寺南円堂では回廊などに巡礼者を泊めていた。[83]また巡礼者は一般寺院や辻堂にも宿泊していた。文禄五年（一

五九六）閏七月十二日に近畿地方に大地震があった。その時の様子は播磨の須磨寺（福祥寺）の『当山歴代』に、「東国より西国順礼百五十人計通夜[84]」と記されている。明治期に西国巡礼をした天田鉄眼師は第十番札所・三室戸寺で、「例の如く納経して、本堂の扉前にて通夜す。堂司気の毒とや思いけん、筵にて屛風を作り、風掩す。夜半の嵐猶身にしみて寒し[85]」と述べている。しかし、何カ所かでは「参籠は叶わず」「ここも参籠は成規ありて許さず」「通夜は叶わず」と断られている。四国遍路では通夜堂が設けられ、昭和四十年代まで遍路の宿泊所として利用されていた。その後、所得が上昇し、遍路たちも木賃宿を敬遠するようになる。それに代わって宿坊や民宿が増加するにつれて木賃宿は衰退していった。しかし、現在でも所帯道具一式を抱えて、寺院の境内など通夜するケースや野宿する遍路も残っている。

図2－24※　四国四十九番浄土寺の空也上人像

以上のように、西国巡礼と四国遍路の習俗を比較すると、西国巡礼の習俗が四国遍路に与えた影響が様々な側面に見られる。新城常三博士は西国巡礼の特殊習俗として笈摺、巡礼歌、納札の三点を挙げているが、納札は西国巡礼独自の習俗とは限らず、先行的習俗の継承発展であるかもしれない、と述べている。それらの習俗が完成したのは西国巡礼であり、やがて坂東霊場などの地方の観音巡礼や四国遍路にも踏襲されたとみている[86]。ここに巡礼の成立とともに、それに伴ういろいろな習俗の原型を西国巡礼にもとめることができ、それがやがて各地の巡礼、遍路に伝播していったと言える。

習俗の伝播の担い手としては修行で各地を歩いていた廻国僧が浮かび上がってくる。坂東霊場の成立に重要な手懸かりとなった都々古別神社の十一面観音像は僧成弁の作である。成弁は当神社の別当の願いにより大和国・長谷寺の十一面観音像を模して造ったと記している。四国第四十九番札所・浄土寺には空也上人の像が安置されている。この上人像は上人がここに三年間滞在し、この地を去る時に里人の懇願で自らが刻んだものといわれている。しかし、その像は西国十七番札所・六波羅蜜寺の空也上人像を模したものであることは疑いない。浄土寺の尊像は六波羅蜜寺のそれに比べるとはるかに見劣りする。多分、六波羅蜜寺の空也上人像を知った廻国僧の作であろうと思われる。宗教習俗以外にも、染め物や焼き物など先進的な上方の技術を四国遍路に出かけた人々が土地の人に教え伝えた文化があった。その一つに近江の信楽焼の技術に精通した遍路が阿波の池谷で陶器技術を伝授し、それが「大谷焼」になったという説がある。また、徳島県上板町の和三盆糖は、今では京都や金沢の老舗の高級和菓子で用いられる上質な材料である。この和三盆糖は江戸時代の文化・文政期に日向国からきた遍路が地元の若者に教え、育った文化であった。仏教史家・三好昭一郎氏は「お遍路の蒔いた種」として次のように述べている。(87)

荒れ果てたこの村を見た日向の国のお遍路さんが、この村の徳弥という青年に、「ここの地は日向と同じじゃから、砂糖きびを植えればよい」と教えた。徳弥は早速日向の内藤藩に潜りこみ、杖に三本の砂糖苗を仕込んで持ち帰り、植付けたのがはじまりで、その後徳弥は苦心の末に名産の和三盆糖をつくりあげたという。

このように諸国を廻っていた廻国僧や上方などからきた遍路たちが宗教習俗を始め、日常生活の文化を伝播させる担い手であっただろうと思われる。

第二節　四国遍路の独自な習俗

巡礼と遍路には共通の習俗が多く見られるが、他方、四国遍路では幾つかの独自な習俗も生まれている。例えば、弘法大師と由縁が深いことから、多くの弘法大師伝説が生まれ、今も根強く伝承されている。また、遍路を数多く重ねることによって功徳を積むという信仰が残り、巡拝の回数毎に納札の札を色分けしていることである。満願した回数を記した記念碑も数多く建立されている。更に、宿泊に関しても巡礼と遍路には微妙な違いが見られる。八十八ヵ所の札所以外に「奥の院」「番外」と呼ばれる堂宇、寺院への参拝も行われてきた。そこで本節では遍路の独自な習俗を幾つか取り上げることにする。

一　弘法大師伝説

西国、坂東巡礼などには観世音菩薩によって人々が救済・済度される逸話がある。いわば「観音霊験談」である。それに対して、四国遍路は弘法大師の遺徳を偲ぶ巡礼でもあり、弘法大師にまつわる伝説や霊験談が数多く残されている。そこで注目されるのは、弘法大師に関する伝説の多さである。その代表は、遍路の開創伝説とされる「右衛門三郎功徳譚」である。伊予の浮穴郡荏原郷の豪族であった河野右衛門三郎は貪欲無道で神仏に背を向け、世間から嫌われていた。ある時、旅の僧が托鉢で訪れたが、右衛門三郎はそれを断り鋤で僧の持つ鉢を割った。僧の鉢は八つに割れた。翌日から右衛門三郎の子供八人が相次いで死亡した。それを機に右衛門三郎は悔悟して遍路に出かけ、最期に第十二番札所・焼山寺の山麓で弘法大師に出会った。それが「杖杉庵」として残されている。また、右衛門三郎伝説には生まれ変わり伝説もある。伊予領主の子供の左手が堅く握ったままであった。それを安養寺の住職が祈禱すると、手が開き、小石をもっていた。小石には「右衛門三郎」と書かれていた。これが右衛門三郎の生まれ変わりである、という言い伝えである。寺名も安養寺から石手寺に改名された。『四国偏礼功徳記』には右衛門三郎譚を始め、病気が回復した話など、功徳談の事例が二十七話掲載されている。

そのほかの伝説には、既述のように伊予の大洲近くを巡錫していた大師が泊まる宿もなく、橋の下で一夜を過ごし、寒くて十日の長さに感じられたという「十夜ヶ橋」伝説や、第十番札所・切幡寺においては接待などで親切に遇してくれた娘の願いを叶えた「女人即身成仏」伝説がある。それ以外にも大師に関する伝説には次のようなものが挙げられる。

●第二十四番札所手前の「鯖大師」伝説は、大師が塩鯖を運ぶ馬子に一匹の鯖を所望したが、邪険に断られた。すると馬の足が動かなくなり、驚いた馬子はお詫びに鯖を差し上げたところ、大師が塩鯖に加持をして海に放すと蘇生して泳いだというものである。

●土佐の室戸周辺では「喰わず芋」伝説や「喰わず貝」伝説がある。大師が芋を所望したところ、意地悪な老婆は固くて食べられないからと断ると、やがて本当に固くて食べられない芋になった話である。同様なのは「喰わず貝」伝説、「喰わず梨」伝説である。

●第三十六番札所・青龍寺には大師が唐の明州から独鈷杵を投げたところ、一本の松の樹にとどまったいう伝説があり、そこから山号が「独鈷山」とされている。

●第八十五札所・八栗寺の寺号は「焼き栗」伝説による。大師が入唐前に焼き栗を植えておいたが、帰朝後に発芽し、茂ったという伝説である。それにちなんで寺名が八国寺から八栗寺と改名された。

また、弘法大師以外の伝説にも、第三番札所・金泉寺の「冷水」「弁慶の石」伝説や、第二十一番札所・立江寺の「肉髪附鐘の緒」伝説は不倫した女性が夫を殺して愛人と駆け落ちし、立江寺で仏罰があたり、女の髪の毛が鐘の緒に巻き付いた話である。第十五番札所・井戸寺の「面影の井戸」伝説は、井戸をのぞいて姿が映れば無事で、映らなければ三年の間に変事があるとする伝説である。第八十番札所・国分寺の「梵鐘」伝説は、大蛇が残した鐘を国分寺に納めたが、国主がこれを欲し、高松城に入れたが、鐘を撞くたびに「寺に帰る、寺に帰る」と聞こえ、城下にも奇病が流行したことから、国分寺に返された話である。第五十七番札所・栄福寺と第五十八番札所・仙遊寺を兼務する住職に飼われていた忠犬の悲話もある。忠犬はそれぞれの寺の釣鐘の音を合図に使いをしていたが、ある日両方の寺の鐘が同時に鳴り、これに困惑した愛犬は進退窮まり、途中の池に身を投げた。そこで、犬塚を建てて供養し、この池を「犬塚池」と呼ぶようになった。

　これらの伝説の背景には、勧善懲悪の思想が盛り込まれ、不親切や不倫などを戒める仏教思想がみられる。四

図 2 − 25　右衛門三郎の子供の墓とされる八ツ塚（小松勝記氏提供）

図 2 − 26　右衛門三郎伝説の石（石手寺）

図 2 − 27　「大師不忘松」（泰山寺）

国遍路での伝説の多さと、それが過去の伝説としてではなく、現代に生きているところに特徴がある。例えば、既述の「十夜ヶ橋」伝説によって、遍路は橋では杖をつかないとか、逆打ちで廻ると大師に会えるとか、はたまた失敗をした時でも、大事に至らずに小難であったことを大師のお陰と受けとめることである。その結果、足や眼が不自由であった人が治ったり、内臓などの病気が回復したなどの霊験談が残されている。西端さかえ氏は『四国八十八札所遍路記』の中で、札所の住職や道行く遍路、宿で一緒になった遍路から聴き取りした霊験談を数多く紹介している。その中には、納経帳で患部を撫でることで、一命を取り留めたり、病気が快癒した事例も挙げている。(1) それ以外にも、後に奈良市長を務めた鍵田忠三郎氏は昭和三十七年に心臓肥大、肺湿潤、膵臓の腫れ、痔瘻の四つの病状を抱え、周囲から反対されながらも遍路を行い、その後病状は回復した体験を持っている。(2) そのことから四国遍路は「お四国病院」などとも呼ばれる。現代でも自閉症の人たちが平成十五年に四国遍路を体験した事例もある。(3) ストレスの多い現代社会では精神的な悩みを抱える人も多くなった。その打開の一助に遍路をする人も多い。今も昔も変わらぬ霊験談が遍路にはまつわっている。

二　巡拝回数毎の納札

四国遍路を体験した人には、八十八ヵ所を一巡した後、再び廻る人が多い。筆者の調査では二回以上の遍路をしている人は四割以上を占めている。(4) それに対して、西国巡礼や坂東、秩父巡礼では二回以上廻る人は一、二割に過ぎない。ここにも四国遍路の特徴が見られる。

四国遍路で何回も廻る「多度多拝」は、功徳を積むという考えで古くから見られた。最も多い回数を重ねたのは、既述した中務茂兵衛の二七九回である。江戸時代に案内書を著し、道標や宿を建立した真念も二一回廻っている。注目されることは回数に応じて納札の色が異なっていることであった。納札の色に関する最も古い記述は享和二年（一八〇二）に法眼菱垣元道橘義陳の『四国八拾八箇所納経一部』に見られる。それには次のように記されている[5]。

一、四国巡りきたりて、直さま御礼廻り被成候ハバ、何国の人たりとも寺往来取替来るべし、其時新しき納経に二度目としるし旅の薬と青き納札三百枚を遣し、…三度目右の通りと金壱歩相添遣す、四度目ハ壱歩弐朱、五度めハ弐歩、六度目ハ弐歩弐朱、七度目ハ右の通は勿論、

外ニ六貫三百五十弐文ツツ壱人毎ニ施し申候、…

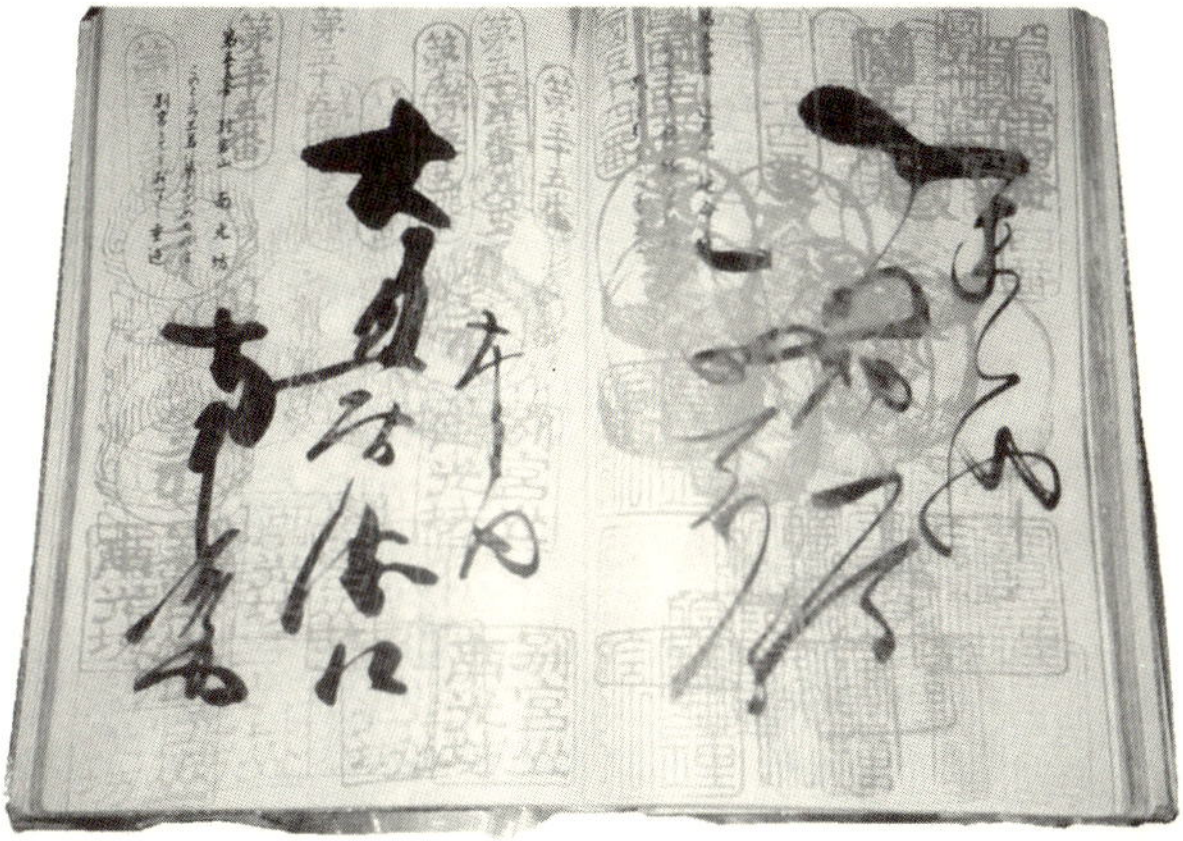

図２－28　「重ね印」

これによると、享和年代において四国霊場を数回廻る人々がいることが判明するとともに、二回目の遍路の納札には青色の札が使われていることが記されている。更に「四国道中手引案内」の項では、

二度めゟ木火土金水と札を打なり、青札を木とす、方角ニ取てハ東方に備ふ心、三度め赤札を火とす、南方に献ず心、四度め黄色を土とす、中央天地奉る心、五度め白札を金とす、西方に□□心、六度目黒札を水とす、北方に納む心、是を五行相応と云て如斯致し候ハバ何望にても叶ふ事奇妙也、四国八十八ヶ所故本堂へ八十八枚大師堂へ八十八枚、宿札と云て泊りたる所へ一枚づつ凡五十枚、接待札凡七十枚、都合三百枚程入、右修行の方ハ五色の納札壱人前二千五百枚づつ施し申候[6]、

とあり、回数毎に納札の色の違いを述べている。すなわち、二回目は青札、三回目は赤札、四回目は黄札、五回目は白札、六回目は黒札としている。その上で、善根宿（「宿札」）や接待（「接待札」）にも納札を渡す習俗があり、納札は三〇〇枚ほどを用意することが記されている。喜代吉栄徳氏は色別けについて、土御門神道の五行思想が関係しているのではないか[7]、と述べている。

ただ、回数によって納札の色が変わることに関しては、その後度々変化しているので時代によって変遷があった。その基準は不明であるが、それを整理する次のようになる。

「四国遍路道中雑誌」（天保七年）
（文字の書いてある白札）初回
赤札　七回
青札　一四回
黄札　一八回
文字なしの白札　二一回以上

「巡礼」〔『風俗画報』（明治三十九年）〕
四九回まで赤札
五〇回にて銀札
七〇回にて金札

『四国遍路たより』（昭和九年）
無字の白札　七回
赤札　二一回
銀札　三〇回か四〇回
金札　五〇回以上

『遍路絵図』（昭和十五年）
（普通は白札）
赤札　七～二〇回まで
銀札　四九回まで
金札　五〇回以上

平成期
白札　一～四回
青札（緑）　五回以上
赤札　七回以上
銀札　二五回以上
金札　五〇回以上

錦札	一〇〇回以上

なお、金札や錦札は多くの回数を重ねたことから貴重な札として、それを接待や善根宿などで授かった人は大切に保存している。遍路の中には納札箱からその札を探し出し、持ち帰る心ない人まで出てきている。

三　遍路屋・通夜堂・木賃宿

西国巡礼では宿泊施設として、寺院での通夜や善根宿以外の宿泊としては、一般の旅籠が利用されていた。旅籠は一般の旅人が利用する宿で、食事を調え、寝具を提供する。『西国三十三所名所図会』には、第二番札所・紀三井寺の手前の田辺宿で旅籠屋に入る巡礼姿が描かれている。西国巡礼は経済的に豊かな階層が行楽を兼ねて行われたことから、宿泊は旅籠を利用していた。それに木賃（木銭）と米代を分離した木賃宿もあり、予算に応じて使い分けていた。

それに対して、四国遍路では旅籠が一般客に配慮し、遍路を断った。そのため遍路は接待としての善根宿や遍路屋、木賃宿が遍路の宿泊に多く利用された。遍路屋は真念が遍路たちの宿泊施設として建立し、無料宿所として利用された。それが「真念庵」と呼ばれた。また、無住の庵や観音堂、地蔵堂が遍路屋とされた。堂内には煮炊きする囲炉裏があり、地元の人が接待に野菜などを供した。弘法大師の尊像安置されていたところから「大師堂」とも呼ばれた。

無料宿泊施設として四国霊場には今一つ「通夜堂」があった。下層の遍路や病気や借財を抱えて故郷を追われた遍路たちは接待で命をながらえ、宿泊する場所にも困窮した。その人たちの宿泊施設として各霊場には通夜堂があった。弘法大師の尊像を安置し、煮炊きする囲炉裏やカマドがあり、板張りや畳の上で横になった。しかし、

図２－29※　通夜堂Ｉ（昭和40年代）

図２－30※　大師を祀り、「遍照堂」と名付けられた通夜堂２（昭和40年代）

遍路の中には通夜堂にも泊まれない遍路もあった。ハンセン病患者や肺結核を患った遍路は伝染するのを恐れられて一般の遍路から嫌われ、通夜堂から追い出された。その通夜堂も昭和四十年代になると、近隣の若い男女の密会の場所となったり、職業遍路が住み着くなどで風紀上の批難が高まり、取り壊された(8)。西国巡礼では既述のように、札所の回廊や軒下、時には堂内での通夜は行われたが、通夜堂としての建物は存在しなかった。

四国遍路の宿泊として最も多く利用されたのは木賃宿であった。木賃宿とは、米を持ち込み、炊飯の薪代を支払う宿であった。米を持参しない場合は米代を支払った。木賃宿では寝布団もないこともあり、あっても汚れた煎餅布団であった。遍路には国元を追われた人や下層階層の人が多く、木賃宿は遍路の一般的な宿泊施設であった。しかし、風呂や便所も汚れ、蚤《のみ》も湧くなど不衛生であった。大正七年に伊東老人と遍路した高群逸枝女史は遍路宿について次のように述べている(9)。

図2－31　泰山寺の宿坊「同行会館」

遍路宿は、泊まりが最低八銭で、よいのが二十五銭、御飯は何合といって炊いて貰う。おかずは無料で、お汁に梅干がつきものである。夜はお櫃を枕元において眠り、朝は冷飯を食べ、残りを梅干とともにべんとうに詰める。私達は、いつも六合ずつ炊いて貰ったようである。

昭和十四年に二度目の遍路を体験した放浪俳人・種田山頭火も『四国遍路日記』で遍路宿の様子について次のように述べている。(10)

安宿で困るのは、便所のきたなさ、食器のきたなさ、夜具のきたなさ、虱《ムシ》のきたなさ、等々であろう。安宿に泊まる人はたいがい真裸（大部分はそうである）である。虱がとりつくのを避けるためである。

そして、食事については、例えば牟岐・長尾屋の夕食は御飯に「菜葉、芋、塩鰯、唐辛佃煮」、朝食は「味噌汁、唐辛佃煮、菜漬」とあり、唐辛佃煮は昼の弁当に入れている。また、別の宿では夕食は御飯のほかに「莢豆と芋との煮付、南瓜の煮付、大根浅漬」で、朝食は「味噌汁二杯、大根漬」と粗食であったことがわかる。(11)

他方、遍路宿を営む側は遍路への功徳として安い値段で宿を提供するとともに、農家の副業として営まれてきた。しかし、昭和四十年代頃から経済成長に伴って所得が上昇したことで新築された宿坊や民宿、旅館などの施設で宿泊するのが主流となり、従来の遍路宿は衰退していった。

四　遍路墓

遍路道の端には道中で命を落とした遍路の墓が残されている。遍路の途中で病気や、体力の限界で命を落とす人は少なくなかった。また、何らかの事情を抱えて国元を追われた人々は一生遍路を続け、いつかは死を迎えることになる。

遍路ばかりではなく、巡礼者の行き倒れ、病死は度々あった。秩父巡礼では病死した巡礼者の届け状や、送り状の記録が残されている。武州忍藩秩父領割元（後に「割役」に改称）を務めた松本家の御用日記にはその書状が書き記されている。例えば、文化二年六月一日の「順礼死亡につき御届」では、江戸からの巡礼者が病気で倒れ、医師に診せたが「昨日廿九日夜五ッ時分相果候」とある。文化八年四月十八日にも「順礼病臥届」では相州の三右ェ門という巡礼者が病気になり、医師に診せたが「今晩七ッ時相果候」[12]とある。行政側は巡礼者に対しては医師の診断や投薬などをするよう鄭重に対処することを開帳毎に「触」を出していた。

四国遍路の死亡者は他の巡礼に比べるとはるかに多かった。その背景は病気を抱えた遍路や下層民が多く、しかも国元を追われた遍路は四国を死に場所としたことから、死亡確率が高かったからである。江戸時代の文政二年に土佐国安芸郡奈半利（安芸郡北川村）の新井頼助は奉公人と思われる彦兵衛を伴い四国遍路に出た。その途中、阿波で度々遍路の死に遭遇し、「心細い」と述べている。[13]遍路の死を村人は憐れみと同情の念で手厚く弔い、供養した。それは遍路墓を建立してあげることであった。墓の建立は接待の一種でもあった。遍路墓は難所に多く、例えば、土佐の遍路道は長く厳しく、三十七番岩本寺、足摺岬の三十八番金剛福寺、三十九番延光寺などの道端や、伊予の四十五番の岩屋寺、六十番の横峰寺、そして最後の八十八番大窪寺へ向かう道中にも遍路墓は多い。しかし、命を落とした遍路が全員遍路墓を建立された訳ではない。遍路墓や過去帳が残されている遍路はそれなりに金銭を所持していたからである。名もない遍路の多くは土盛の粗末な墓であった。高群逸枝女史は『お遍路』の中で、「遍路墓で殊にあわれなのは、道々、あるいは岡辺、あるいは渚辺の土饅頭の上に、ただ笠杖などの差し置かれてあるのをみることであった[14]」と感想を述べている。また、時には度々の遍路の死に閉口した住民たちは死体を厄介ものとして扱った。前田卓博士は古老からの聴き取り調査で次のような事例を述べている[15]。

図2－32※　遍路墓

夜に遍路の行き倒れを発見すると、四、五人の村人が出て、その死体をこっそりと隣の村境へ運んでいた。また、溺死した遍路を見つけると、自分の村の側に着かぬように、そっと棒で押して下流に流した、ということであった。村人は遍路の死体を手厚く遇する念と、他方度々死亡者の墓穴掘りや墓の建立の負担で板挟みでもあった。村人たちが墓穴を掘って埋葬し、墓を建立した慣習や、遍路墓の多さは四国遍路の習俗の特徴でもあった。

五　番外札所

西国巡礼の霊場は三十三ヵ所、四国霊場は八十八ヵ所で構成されている。観音巡礼の三十三ヵ所は『観世音菩薩普門品』で観世音菩薩が三十三の姿に化身して衆生を済度するところから出た発想である。但し、秩父巡礼は例外的に三十四ヵ所となっている。その理由については第一章第二節で触れた。それに対して、四国霊場の八十八ヵ所には諸説があるが、決定的な説は見当たらない。

正規の札所以外の霊場は「番外」「番外札所」と呼ばれてきた。西国札所では三ヵ寺の札所が番外とされている。長谷寺の開山で西国巡礼の創始者と伝えられる徳道上人を祀る奈良県桜井市の法起院と、西国巡礼を中興したとされる花山法皇が皇位を退位して出家した京都・山科の元慶寺、及び法皇の隠棲地・播磨の花山院菩提寺である。徳道上人と花山法皇とは西国巡礼に深く関わったという伝説、縁起から番外として加えられたものと思われる。

しかし、番外としてこの三ヵ寺が加えられ、それが定着したのは必ずしも古くはないと考えられる。創設期の重要な文献である行尊の「観音霊所三十三所巡礼記」(『寺門高僧記』巻四)や覚忠の「応保元年正月三十三所巡礼則記之」(『寺門高僧記』巻六)には記されていないほか、江戸時代の案内書である道中記や絵図、巡拝記である道中日記にも三ヵ寺の番外は記されていない。道中記や道中日記には札所以外の名所旧跡が記され、そこを参拝した記述が出てくる。道中日記には奈良、大阪、京都で案内人を雇って名所を参拝、見学しているにもかかわらず、法起院や元慶寺に参詣した記述は殆どない。筆者の手元にある享和元年(一八〇一)の願主・妙喜の納経帳にも番外の宝印は見当たらない。

明治二十年代に西国巡礼をした天田鉄眼師や白井達太郎の日記でも三カ所の番外に参拝した記述は見られない。明治四十三年の中村浅吉による『西国三十三所観音霊場記』には谷汲山・華厳寺の後の末尾に、善光寺、くまの、弘法大師、やなぎ谷、同奥の院、二月堂、阿弥陀如来の御詠歌が記されている。しかし「番外」の用語はない。大正十一年の稲村修道『巡礼歌の宗教』は御詠歌の解説書で六二〇頁に及ぶものであるが、ここにも「番外」は出てこない。大正十四年の中沢弘光『西国三十三所巡礼画巻』では三十三ヵ所の絵が描かれ、番外には札所と無縁な加賀国・那谷寺が出てくる。そこには法起寺、元慶寺、花山院の三ヵ所の絵は描かれていない。大正十五年八月に西国第十六番札所・音羽山清水寺から発行された折りたたみ式の『西国三十三霊場納経帳』がある。その納経帳には札所番号と寺院名、御詠歌が書かれ、宝印（朱印）を押すスペースは空欄になっている。その巻頭に「花山院　摂津国有馬郡東光山　御本尊薬師如来」と書かれ、その横に御詠歌が綴られている。それ以外の寺院として紀伊国妙法山阿弥陀寺、高野山金剛峰寺、伊勢国多気郡無量山千福寺、東大寺二月堂の四カ寺が記されている。しかし、「番外」という用語はない。後藤道明『西国三十三所御詠歌』（昭和四年、改正再版）には、「巡礼開山花山院　真言宗東光山菩提寺」と出てくるが、法起院、元慶寺は記されていない。昭和初期に巡礼、遍路を知らしめ、国語の教科書まで取り上げられた俳人・荻原井泉水『遍路と巡礼』（昭和九年）には西国札所の番外は記載されていない。

昭和十年三月十日から三十三日に亘って西国札所の総出開帳が阪急沿線の数カ寺で開催された。その時、中山寺には十番札所から二十五番札所の本尊が祀られたが、「番外花山院」も参加している。昭和十二年に電車、自動車などで西国札所を参拝した梅原忠治郎の『西国巡拝通誌』では、「花山元慶寺を訪づれて」（上巻）と題した一節が出てくる。花山院についても「摂北花山院」として、「凡そ西国三十三所巡拝を志すものは、花山法皇への巡拝報恩の為に此霊場を番外の札所として訪ふの要がある」（下巻、傍点は引用者が付す）と記されている。ここに「番外」という用語が出てくる。しかし、法起院については記されていない。昭和十五年の案内書である清水谷恭順『観音の札所と伝説』では、目次で「番外　東光山菩提寺」とあって、花山院だけが番外とされ、本文の説明の冒頭には「巡礼開山花山院　真言宗　東光山　菩提寺」となっている。しかし、元慶寺と法起院は記されていない。昭和四十年の白洲正子『巡礼の旅　西国三十三カ所』（淡交新社）では、巻末の「みちしるべ」で、「徳道上人廟　豊山法起院、花山聖跡　華頂山元慶寺、花山院廟　東光山花山院」と三カ所を取り上げている。そして本文中の最後に、「番外　花山院について」と題して法皇の生い立ちと元慶寺、花山院への交通案内を述べている。昭和四十二年の平幡良雄『西国三十三カ所』では三カ寺が番外として紹介され、法起院については、「その廟所・法起院は、まったく人影もなく、庫裡に留守居の婦人がいて、納経を受けてくれるだけである」と、訪れる人も少ないことが述べられている。

これらの文献から推測すると、現在の三ヵ寺の番外は、江戸期、明治期には見当たらず、昭和期に入ってからの発想と思われる。花山法皇の隠棲した「巡礼開山花山院」は注目され、昭和十年頃から「番外」として扱われ始めている。しかし、法起院についての記述は新しく、三ヵ寺が番外とされるのは戦後になってからではないかと思われる。

四国霊場における「番外」は複雑な様相を示している。「番外」という用語が出始めるのは比較的新しく、江戸時代の文献や納経帳などには見られない。江戸時代の四国遍路では八十八ヵ所以外の寺院、神社なども参拝していた。澄禅の『四国遍路日記』には札所以外に、二十一番の奥の院・慈眼寺を参拝している。それを「八月朔日寺ヲ立テ、奥院岩屋ナルヲ巡礼スヘシトテ、同行衆八人云合テ[16]」と述べている。それ以外にも新田ノ五社、稲荷ノ社（仏木寺の手前）、月山（観自在寺の奥の院）を廻っている。真念の『四国邊路道指南』では八十八ヵ所以外に六ヵ所を加え九十四ヵ所を廻っている。そして真念は四十番観自在寺の後に満願寺という寺を廻っている。それを「この寺八十八カの中にあらすといへとも、大師草創の梵宮にて、そのかミハ大がらんなりしかば[17]」と述べている。そして、「往古ハ、横堂のこりなくおがミめぐり給ひ[18]」（傍点は引用者が付す）と述べて、八十八ヵ所以外の寺院、堂宇も参拝していた。

江戸時代の納経帳をみても札所以外の寺院に写経を奉納した様子がわかる。宝永七年から翌年にかけて廻った空性法師の納経帳では八十八ヵ所に加え、慈眼寺を始め十四ヵ所（取星寺＝二回目、慈眼寺、月光院、願成寺、出石寺、大林寺、千秋禅寺、遍照院法然院、光明三昧院、祥雲寺、法林寺、仙龍寺、仏生山法然寺、雲芝寺、白鳥神社）の寺院の宝印（朱印）が残されている[19]。また、文化二年（一八〇二）に土州土佐郡朝倉村の西本兼太郎の巡拝日記『四国中道筋日記』では金毘羅以外に願成寺、生木地蔵＝正善寺、三角寺奥の院仙龍寺、仏生山法然寺、白鳥神社、太龍寺奥の院龍の窟屋の六ヵ所を廻っている[20]。兼太郎は三十二日間とハイスピードで廻ったにもかかわらず、八十八ヵ所以外の寺院も参拝していた。松浦武四郎は天保七年(一八三六)に四国遍路を行い、弘化元年(一八四四)に「四国遍路道中雑誌」を著している。その内容は緻密なものであり、イラストも載せられ、札所の番号を付し、奥の院への参拝もしている。例えば、「金光山遍照院仙龍寺」は「三角寺奥院と云」と述べているが、「番外」という用語は出てこない。幕末の嘉永三年(一八五〇)の納経帳が四国霊場七十三番出釈迦寺に保存されている。そこには札所以外に五番地蔵寺の五百羅漢、右衛門三郎の杖杉庵、二十一番太龍寺の太龍窟、伊予・篠山権現、六十五番三角寺の奥の院・仙龍寺の五ヵ所の納経の印が残されている。[21]

明治十年に高知県汗見村の河村氏おまきが四国遍路と高野山へ参拝した納経帳が残されている。そこには八坂山鯖大師堂や道安寺、仙龍寺、海岸寺、龍の窟、そして西国札所の紀三井寺、粉河寺、高野山奥の院の印が見られる。[22]しかし、「番外」という用語はない。明治三十年に沢田文栄堂から発行された案内書『四国編路八十八ヵ所道志る辺』では八十八ヵ所だけの案内である。明治四十年に丹生屋東嶽師と二人で遍路した小林雨峯師の『四国巡礼記』でも箸蔵寺で感銘した尊像を譲り受け、「箸蔵寺由来略記」を記しているが、箸蔵寺を「番外札所」という内容のことは書かれていない。大正七年に娘遍路を体験した高群逸枝女史の『娘巡礼記』や『お遍路』にも「番外」という用語は出てこない。『お遍路』では、「奥の院」として第二十一番大龍寺へ向かうところで「奥の院は、龍ノ窟といい、大師が悪龍を封じたり、捨身の行をしたりしたところという。鍾乳洞である[23]」と記しているに留まっている。

これらのことから、江戸時代から八十八ヵ所の霊場以外に札所の奥の院や弘法大師と由縁のあった堂宇なども廻っていたことがわかる。しかし、これらの文献や資料では札所の番号は記されているが、「番外」という用語は見られない。現在では八十八ヵ所以外を「番外」という用語が用いられているが、それは後世になってからの使用と思われる。例えば、札始大師堂を復旧し、堂番を務めた武藤恵真師が昭和四年に第二版として発行した『四国霊場礼讃』では、「番外札所　温泉郡荏原村字小村　本尊御自作大師　札始大師堂」として、番外札所という用語が出てくる。そして、「番外札所は充分選択して二十カ所を記入す、八十八に二十を加えると百八、即ち百八煩悩消滅を意味し、礼讃者をして他日遺憾無からしめん為めなり」[24]と述べている。そこに挙げられた番外札所は次の通りである。[25]

柳水庵、岩屋山星谷寺、八阪山鯖生大師堂（以上阿波）、二ッ石大善寺、真念庵、於笹権現歓喜光寺（以上土佐）、仏陀懸寺、金山出石寺、十夜ヶ橋永徳寺、札始大師堂、義安寺、法仏山遍照院、世田山栴檀寺出張所、生木山正善寺、千枚通本坊いざり松延命寺、椿堂常福寺（以上伊予）、箸蔵山箸蔵寺、納経山海岸寺、仙遊ヶ原地蔵堂、高野山讃岐別院（以上讃岐）

その上で、奥の院を十二カ所挙げている。この番外札所や奥の院の選定には多少恣意的な要素が含まれているが、「番外札所」という用語が出始めたことに注目される。その後、昭和五年の島浪男『札所と名所　四国遍路』（昭和三年から五年にかけて雑誌『旅』に連載）では一部の番外が取り上げられている。例えば「番外遍照院」とか「番外正善寺と生木の地蔵」などである。そして「番外十夜ヶ橋」では集印した色紙を写真掲載している。昭和九年の安達忠一『同行二人　四国遍路たより』では一挙に五十八カ所もの番外を挙げている。そこには各札所の奥の院を始め、大師との由縁な個所、そして高野山の別院も挙げられている。例えば今治別院は「明治十六年三月の創立で本尊は高野山から遷奉されたものです」とあり、讃岐別院では「明治十二年高野山からの出張であります」と説明されている。度々踏査した著者は読者に懇切丁寧に説明しようとしたことから多数の番外を載せたものと考えられる。昭和十七年の高橋始の論文「四国八十八箇所展相」では、徳島県七カ寺、高知県一カ寺、愛媛県五カ寺、香川県四カ寺の十七カ寺を番外として記している。[26]昭和期に入り「番外」が出てくる背景には、大正末期から昭和初期にかけては交通機関も普及し、旅としての遍路が出始める。そこでこれまでは札所に入っていない寺院側が新しい時代の遍路を視野に入れた試みがあったのではないかと思われる。その一つの表れに大正末には四国八十八ヵ所の「四国霊場会」という組織ができて、大正十三年には「規定」として「納経料　金五銭也」とか寄付の強要を禁じる通達が出されている。[27] そこに四国霊場会とそれ以外の寺院との思惑が出始めたものと思われる。

戦後の文献では昭和三十九年の西端さかえ『四国八十八札所遍路記』（昭和三十三年十月から三十七年四月まで『大法輪』に連載）では十一ヵ所の番外が記され、五ヵ所の奥の院（東林院、五百羅漢、慈眼寺、太龍窟、龍光院）を挙げている。昭和四十四年の武田明『巡礼の民俗』では、「余りにも近世になっての作為的なものはこれを省略した」[28] として十六ヵ所の番外を挙げている。中尾堯編『古寺巡礼辞典』（昭和四十八年）では十五ヵ寺の番外が載せられている。昭和五十年の斎藤昭俊『仏教巡礼集』でも番外は十五ヵ所となっている。宮崎忍勝師の『四国遍路―歴史とこころ』（昭和六十年）では十九ヵ所の番外が挙げられている。これらの文献によると番外の数やその寺院、堂宇などにバラツキが見られ、必ずしも一定の基準で選定されたものとは考え難い（表2－1を参照）。その著者が縁起、伝説を根拠に、しかもそれらの番外が庶民にどの程度知れ渡っているかなどを参考に恣意的に選定したものと思われる。その上で、八十八ヵ所の札所に準じたいと思う札所以外の寺院側の意図もあったと思われる。その例に、昭和四十三年に「四国別格二十ヵ所霊場会」が発足した。そこにはそれまでに番外札所と呼ばれてきた寺院が多く含まれている。それは次の寺院で構成されている。

第一番大山寺、第二番童学寺、第三番慈眼寺、第四番八坂寺（鯖大師堂）、第五番高野山大善寺、第六番龍光院、第七番出石寺、第八番十夜ヶ橋永徳寺、第九番文殊院徳盛寺、第十番興隆寺、第十一番正善寺、第十二番延命寺、第十三番仙龍寺、第十四番常福地（椿堂）、第十五番箸蔵寺、第十六番萩原寺、第十七番神野寺（満濃池）、第十八番海岸寺、第十九番香西寺、第二十番大瀧寺

これらの別格二十ヵ所霊場がどのような基準で選定され、その数は何故に二十ヵ寺であったのかは判明しない。但し、二十ヵ寺に関しては八十八ヵ所に二十ヵ所の札所を加えて百八ヵ所とすることで煩悩の数の百八となる、という説が有力である。四国別格二十ヵ所霊場会が発足した後、八十八ヵ所と二十ヵ所を併せた納経帳や掛軸も出回ったが、四国霊場会は昭和五十九年十月に別格霊場と併せた掛軸、納経帳に宝印を捺印することを拒否している。そのために百八ヵ所の納経帳などは見られなくなった。

西国札所でも番外札所は新しい発想であったが、番外の霊場は花山法皇と縁の深い花山院と元慶寺、そして徳道上人を祀る法起院と限定されていた。但し、番外的性格をもった寺院は幾つかあった。それは江戸時代に東国の人たちが谷汲山で結願した後に信州の善光寺を詣ったことや、途中高野山金剛峰寺に立ち寄ったこと、更には第一番那智山に詣でる前に伊勢の千福寺の「順礼手引観音」を参拝したことである[29]。しかし、これらは西国巡礼

表2－1　四国霊場の番外札所

番　地名	①	②	③	④	⑤
東林院・種蒔大師		○	○	○	○
五百羅漢		○	○	○	
柳　水　庵	○	○	○	○	○
一本杉庵	○	○	○	○	○
杖　杉　庵	○	○	○	○	○
取　星　寺		○	○	○	
星　谷　寺		○	○	○	
慈　眼　寺		○	○	○	○
鯖瀬大師堂	○		○	○	○
安　楽　寺					○
龍　光　院			○	○	○
出　石　寺					○
永　徳　寺	○	○	○	○	○
徳　盛　寺	○		○	○	○
日　輪　寺		○			
正　善　寺					○
延　命　寺	○	○	○	○	○
常　福　寺	○	○	○	○	○
仙　龍　寺		○			
箸　蔵　寺		○			
神　野　寺					○
七　仏　寺	○	○	○	○	○
仙遊ヶ原地蔵堂	○				○
海　岸　寺	○	○			
高野山奥の院					○

①西端さかえ『四国八十八札所遍路記』、②武田明『巡礼の民俗』、③中尾堯『古寺巡礼辞典』、④斎藤昭俊『仏教巡礼集』、⑤宮崎忍勝『四国遍路—歴史とこころ』

に付随して巡礼者が参拝したとしても、番外札所としては扱われなかった。

それに対して、四国遍路では江戸時代から八十八カ所以外に札所の奥の院や大師と縁の深い寺院、堂宇、或いは伝説に基づく庵などが人々によって参拝されていた。しかし、番外の用語は比較的新しく、昭和初期頃から使われ始めている。しかも、その数は多く、西国札所をはるかに上回る特異性がある。それには大師との由縁の寺院や右衛門三郎などの遍路伝説との関連によるものである。その上、番外という用語が用いられてからも番外札所は固定されずにその数も一定ではなく、流動的であった点に独自性がある。

以上、四国遍路の独自な習俗として大師伝説や多度多拝による徳を積む信仰が強く残っている。病気や借財を背負い国元を追われた人や不治の病などを抱えた下層民の救済を願う遍路には、廉価な宿泊施設としての木賃宿が普及することになった。また、途中で命を落とした遍路に対しては地元住民が遍路墓を建立して手厚く供養した。

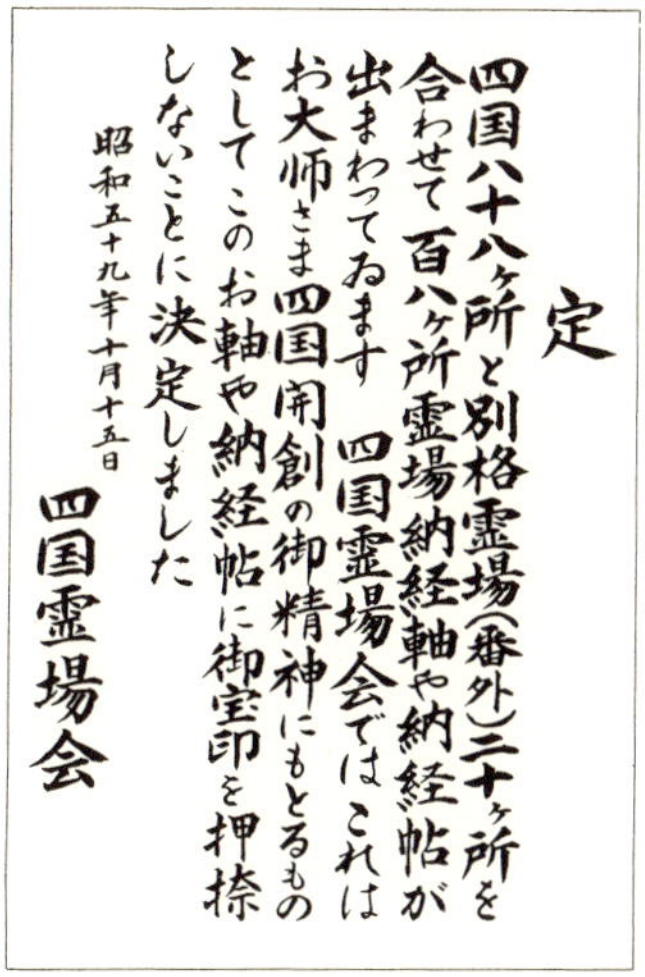
定

四国八十八ヶ所と別格霊場(番外)二十ヶ所を合わせて百八ヶ所霊場納経軸や納経帖が出まわってゐます　四国霊場会ではこれはお大師さま四国開創の御精神にもとるものとしてこのお軸や納経帖に御宝印を押捺しないことに決定しました

昭和五十九年十月十五日

四国霊場会

図２－33　「百八ケ所霊場」の納経帖、軸への宝印押捺拒否の「定」(『同行新聞』昭和59年10月21日付)

四国遍路でも昭和五十年代に自動車の普及で個人による接待が衰退したが、平成期に入り、歩き遍路が見直されてその数も増加すると接待も復活した。善根宿も信心の篤い人によって続けられている。接待の習俗は古くは西国、坂東巡礼にも見られたが、今では遍路にしか残っていない。接待講は遍路に欠かせない独自な習俗でもある。このような習俗が今なお受け継がれている背景には、遍路を弘法大師とみなし、功徳を積む「生きた信仰」が四国の人々に脈々と流れているからである。

第三章　出版物と巡礼・遍路の動向

平成期に入り四国遍路の人数は大幅に増加した。それに比例するかのように遍路に関する出版物も増え始めた。その背景には「歩き遍路」を体験した人々がその思いや感動を多くの人に伝えたいという願望が強く働き、体験記の出版が増加していることにある。併せて増加する遍路向けに商業出版としてのガイドブックも後を絶たずに発行されていることである。

それに対して、巡礼の原型で最も古い西国巡礼に関する出版物はさほど多くはない。西国巡礼の出版物は案内書が殆どで、自ら巡拝した経験を記した体験記は非常に少ない。しかしながら、西国巡礼が盛んであった江戸時代には道中記や御詠歌本、絵図が非常に多く出版されていた。本章では西国巡礼と四国遍路に関する出版物の発行状況について江戸時代から現代までに亘って捉え、西国巡礼と遍路の出版物の違いを比較する。その上で、出版物と巡礼者や遍路の動向との関係を見てみることにする。

最初に、西国巡礼と四国遍路に関する出版物（一部は手記、写本）の発行状況の概略を述べておくことにする。図3-1は江戸時代から平成期までの西国巡礼と四国遍路の出版物を年代的に分類し、図式化したものである。西国巡礼では江戸時代に年代不明を含めて二七四件と非常に多い。明治期に入ると初期は殆ど出版されなかったが、明治十年代から増え始め、この時期では四二件を数える。しかし、大正時代から昭和初期には低調になる。

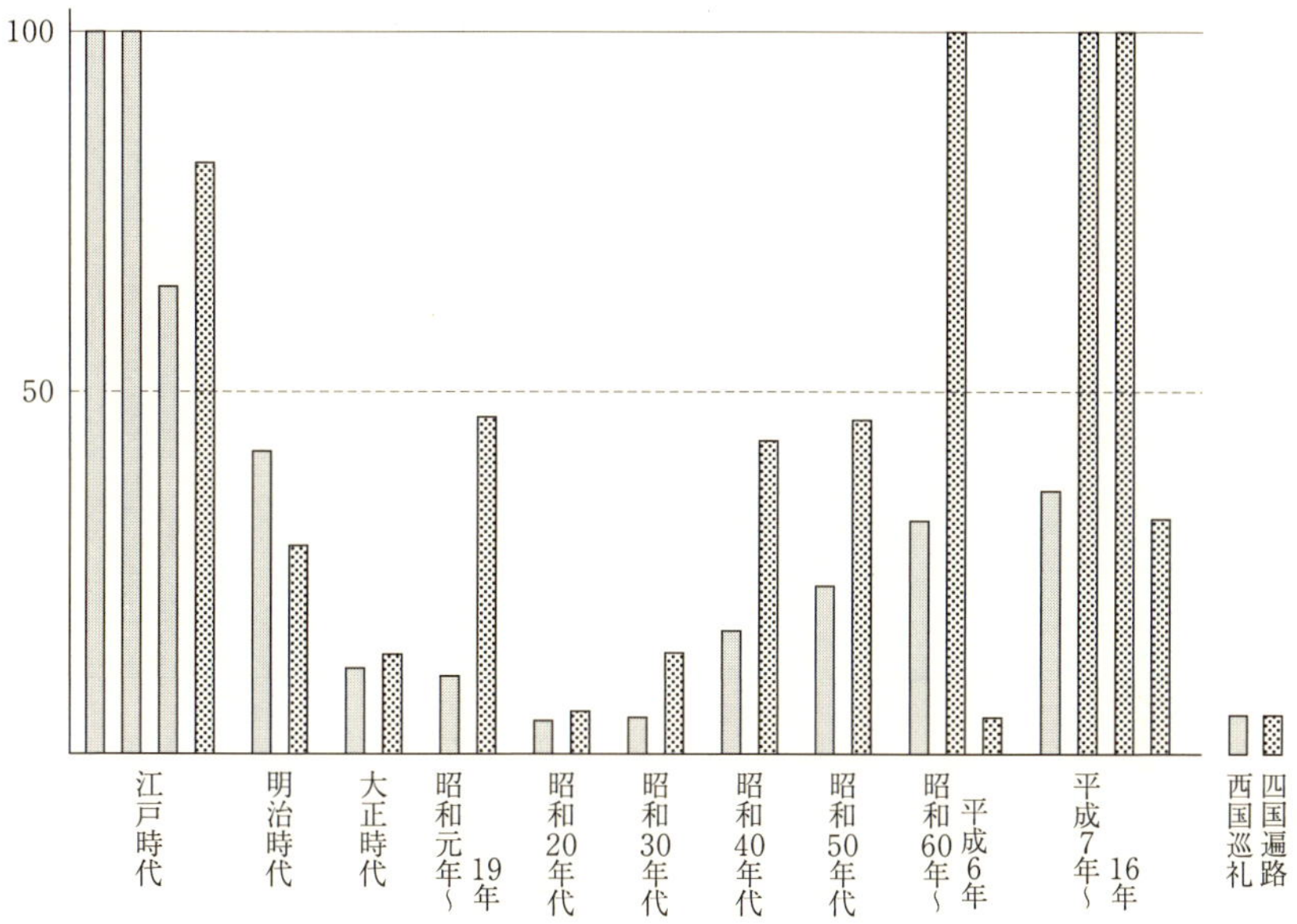

図３－１　西国巡礼と四国遍路の出版物の比較

戦後も昭和二十年代、三十年代は不振でその数も数件に留まっている。昭和四十年代頃から徐々に増え出し、昭和後期から平成期には更に増える。平成期では年間平均三件まで増加し、平成七年から十六年までの十年間で三六件となった。しかし、その増加の傾向は緩やかである。

それに対して、四国遍路では江戸時代には年代不明を含めて八七件で、西国巡礼のそれに比べて三分の一と少ない。しかし、大正後期から昭和初期には出版物は増え始める。戦後は昭和四十年代から急激に増え出す。それがその後も続く。昭和六十年から平成六年までは年間平均一〇件となる。そして、平成七年から十六年までの十年間では二三一件と年間二〇件と飛躍的に増加した。この十年間の四国遍路の出版物は西国巡礼の出版物の六・五倍にもなる。

このように江戸時代から現在までの約三五〇年間に西国巡礼と四国遍路の出版物には歴史的に大きな変化が見られることがわかる。その詳しいことは各節で考察する。

第一節　西国巡礼の出版物と巡礼者の動向

西国巡礼に関する記述は天台宗の寺門派の『寺門高僧記』や、鎌倉、室町期には五山文学の慧鳳の『竹居清事』や龍沢『天陰語録』などに出てくる。しかし、その詳しい状況は江戸時代に入ってからでないとわからない。泰平の世になると農民たちの遠隔地への参詣が増え出し、それに伴って、案内記としての道中記や地図の出版が出始める。人々はそれを持参して旅に出た。特に東国から伊勢神宮への参拝や、西国巡礼、金毘羅山に出向く人々への道程、宿泊地など記した案内書の発行が盛んになる。そこで、江戸時代から現在までの西国巡礼に関する出版物の状況を把握し、その上で巡礼者の動向との関連を考察する。

一　出版物の種類

江戸時代から現代までの西国巡礼に関する出版物の発行状況は後に詳しく述べるとして、それに先立ちどのような内容の出版物が発行されていたのか、その概略を述べておく。出版技術の発達や社会のニーズなどによって出版物の発行には変化は見られるが、巡礼に関する出版物を分類すると、（1）縁起・霊場記・霊験記、（2）道中記（案内記）・道中日記（巡拝記）、（3）御詠歌集及びその評釈書、（4）絵図・地図、（5）写真集、（6）研究書、などである。

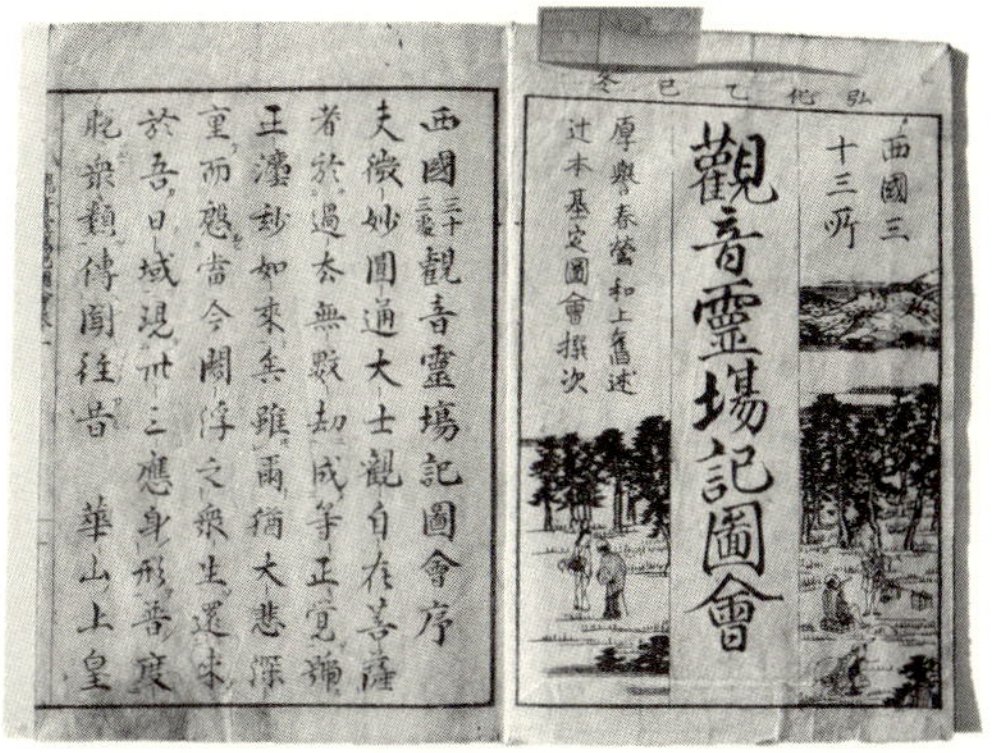

図3－2　『西国三十三所観音霊場記図会』（関西大学図書館蔵）

一　縁起・霊場記・霊験記

巡礼は聖地、霊場を廻る宗教的行為で、当初は僧侶の修行であった。西国巡礼は観世音菩薩を祀る寺院を巡拝する本尊巡礼である。そこで巡礼の意義、及び巡礼の起源、巡拝する寺院・霊場の由来縁起、本尊の縁起などに関する著述が発行される。いわば「縁起」「霊場記」などが最も基本的な出版物であった。それに加えて、観世音菩薩の霊験による救済・済度に関する霊験記、功徳談も宣教には重要な要素となった。従って、出版物の初期には西国巡礼の「縁起」や「霊験記」を主題にした種類のものが多く出された。その上で、各札所の本尊や霊験談、御詠歌などを解説する記述になっている。その代表が享保十一年（一七二六）に厚誉春鴬によって著された『西国三十三所観音霊場記』（全十巻）である。それに絵図を挿入した『西国三十三所観音霊場記図会』が享和三年（一八〇三）に発行される。その著述は学識の深かった僧侶の手でなされ、それらは版元（板元）を変えるなどして度々版を重ねている。厚誉春鴬の『西国三十三所観音霊場記図会』には、「西国三十三所観音霊場記図会序」に続き、各札所の本尊図が描かれ、「西国三十三所順礼の由来」「花山院御順礼」が記され、一番札所の冒頭は次のように述べられている。(1)

○一番　紀州室郡那智山観世音

裸形上人の開基なり。頃は人皇十六代仁徳天皇の御宇にして

　高き家に登りて見れば煙たつ

民のかまどはにぎはひにけり

と御詠吟遊ばせしおん慈悲ふかき聖王の御代なり。その心は仏法いまだ日本へ渡らざるの時なるに、裸形と申せしなり。はだかの身に衣ばかり着て居ませり。かるがゆへに、はだかの形とかきて裸形上人とは世の人申せしなり。（後略）

と開基の裸形上人の縁起に触れ、霊験談が述べられている。そして御詠歌が紹介され、その説明が付け加えられている。

巡礼に関する出版物の基本は宗教的行為を高揚させる巡礼の意義、その起源、及び功徳などを宣教することにあった。しかし、その内容は伝説などに依拠して宗教的権威を強調し、同質的で類似したものが多い。

2　道中記（案内書）・道中日記（巡拝記）

次に、巡礼を実践するための手引き書が出版され始める。江戸時代には農民層も豊かになり、遠隔地への参詣が盛んになる。特に東国からの西国巡礼が増加する。そこで、巡礼者への便宜のために道程や宿泊、旅行心得や注意、医薬品などを記した「道中案内記」、体験した折りの備忘のために記した「道中日記」や紀行文が発行される。その中で多いのは「道中案内記」である。例えば「道中記」「旅すゞめ」や「細見記」「案内」「手引草」「手鑑」などの表題として出回る。体験記の刊行には費用もかかり、その件数は少ない。その中で有名なのは、文化年間の十返舎一九『方言修行金草鞋』であるが、これは体験を基にしたものではなく、情報を集めての記述であった。(2) 西国巡礼は上方を中心として名所が多く含まれ、その目的も行楽的要素が強まり、案内書は好評であった。道中記などの案内書は幾つかの版元から出版され、その後改訂、増補されるなど版を重ねている。道中記は絵図と並んで最も多い出版物でもあった。

それに対して、道中日記は個人的に記されたもので、出版物としては殆ど出回らなかった。しかし、東国や越後、遠江などから西国巡礼を行った記録は残されている。明治期には天田鉄眼師が西国巡礼の体験を『順礼日記』として出版している。昭和初期には鉄道、バスを利用した巡礼も出始める。交通機関を利用した巡拝記に、梅原忠治郎による自費出版『西国巡拝通誌』(上・中・下、昭和十二年)がある。

現代では、作家や芸術家、僧侶などによる巡礼体験を踏まえたガイドブックが根強く出版されている。その代表が佐和隆研『西国巡礼』である。同書は戦後の西国巡礼の啓蒙的な案内書である。その内容は西国巡礼の由来を解説し、札所の縁起、尊像の解説など専門的であるが、交通機関や札所の行事、略図などを記した「巡礼案内」も付け加えられた好著である。白洲正子『巡礼の旅　西国三十三カ所』も好評で版元を変えながら出版されている。平幡良雄『西国三十三カ所』は自ら歩いて書かれたコンパクトな案内書でもある。

なお、四国遍路では明治以降に僧侶や作家、画家などに加え一般の人が遍路体験した体験記が多く出され今も盛んであるが、西国巡礼ではそれがなくなり、商業出版を目的にした「歩き巡拝記」にとどまる。その一因は西国巡礼では徒歩巡礼が全く衰退したことに加え、巡礼体験の感動が薄いことも関係している。

3　御詠歌集及び評釈書

仏の教えを説き、法悦を感得するために、札所には巡礼歌(御詠歌)がある。巡礼者は札所でそれを唱える。御詠歌は巡礼途上の苦労を和らげる効果もあった。(3) 御詠歌は古くからあり、平安時代末期の創設期に三井寺の僧・覚忠が美濃の谷汲山と穴太寺で詠ったものがある。各札所に個別にあった御詠歌が室町期には集大成されたと考えられる。それが江戸時代に入ると、案内記にも御詠歌が記され、巡礼の習俗とされるようになる。御詠歌は霊験記や霊験記図会、案内記に付随して記されていたものが、やがて御詠歌のみを取り出してコンパクトにした御詠歌本も出版される。更に、御詠歌の意味や解釈を記した評釈書も発行される。例えば「順礼歌諺註」や

「奥義鈔」「要解」「円解」などの書籍は御詠歌の解説書である。

4　絵図・地図

江戸時代の一般庶民には文字を読めない人も多く「縁起」「霊場記」「御詠歌」の評釈などは知識層にしか受け入れられなかった。それに対して、旅に欠かすことのができない必需品は地図であった。西国三十三ヵ所の札所を一枚（一帖）の地図に表し、それを折り畳んで懐に入れて持ち歩いた。それが「道中図」や「絵図」と呼ばれ、江戸時代には数多く発行されている。四国遍路においては地図の発行は遅れ、初めての出版は宝暦十三年（一七六三）であった。その出版趣旨を細田周英敬豊は次のように述べている。(4)

（前略）周英延享四年の春、真念の道しるべを手鏡として大師の道蹤を巡拝せしに、西国卅三所順礼には絵図あれとも、四国偏礼には無き事を惜しんて略図となし、…一枚の細見図となし普く偏礼の手引きになれかしと願ふものぞかし。宝暦十三ひつし春

但陰

細田周英敬豊

細田周英は西国巡礼では当時流行していた絵図を倣って四国遍路の地図を出版したと述べている。巻末附録表によれば、西国巡礼では宝暦以前に多くの絵図が発行されている。

しかし、現代に入ると西国巡礼では交通機関の発達によって、徒歩巡拝が急激に減少し、バスや自家用を使った巡礼が起こると、巡礼に関する地図の需要はなくなって行く。しかし、四国遍路では道程も長く、札所も険しい山岳や海辺など辺鄙な所にあるため、道に迷うことも多いことから、地図は欠かすことができなかった。江戸

時代にも多くの地図が発行されたが、現在でも徒歩、ドライブ用の地図（地図帳）の人気は衰えていない。

5　写真集

現代に入ると、西国札所の本尊、寺宝や伽藍などを集めた写真集が発行されるようになる。札所のもつ寺宝で価値の高いのは言うまでもなく本尊の観世音菩薩像である。加えて、西国札所には著名な名刹が多く含まれ、数々の寺宝が保存されている。これらはかつて出版事情がさほど良くなかった時代にはコンパクトなガイドブックに白黒写真で紹介されたきたが、今ではそれを独立させた刊行物も出始めた。著名なカメラマンによるカラー写真の美麗な仏像や荘厳な伽藍、道中の写真などは愛好家や読者を魅了する。いわば仏像や建造物の美術・芸術性に対する関心が高まったことにある。併せて、札所の文化財を特別に公開展示する催しも人気がある。このように尊像などの文化財を紹介する商業出版の分野が新たに開かれた。

6　研究書

西国巡礼に関する研究書は多いとは言えない。西国巡礼に関する研究は大正時代末期から昭和初期にかけて国史学などの分野で始まる。その内容は西国巡礼の起源やその変遷を中心としたものであった。それらは研究雑誌に掲載され、単行本としての発行には至らなかった。その代表例は岡田希雄の「西国三十三所観音巡拝巧続貂」で、昭和三年に『歴史と地理』に六回に亘って掲載された。

巡礼、遍路など全般に関する研究書としては昭和三十九年に発行された新城常三博士の『社寺参詣の社会経済史的研究』が不朽の名著とされる。それに増補版として昭和五十七年には『新稿　社寺参詣の社会経済史的研究』が出版されている。また、前田卓博士による『巡礼の社会学』は社会学的視点で江戸時代の納札を調べ、当時の巡礼者の出身地を考察するとともに、昭和四十年代の巡礼者の実態を把握したものである。筆者の『遍路と巡礼の社会学』では江戸時代の巡礼の動向を分析し、昭和五十年代から平成期までの動向を考察したものである。それ以外には、五来重博士の『遊行と巡礼』『西国巡礼の寺』、浅野清編『西国三十三所霊場寺院の総合的研究』や小嶋博巳編『西国三十三度行者の研究』、田中智彦『聖地を巡る人と道』などは宗教民俗学、地理学、建築学、美術学などの専門分野からの数少ない貴重な研究書である。

なお、四国遍路でも様々な出版物が発行されているが、西国巡礼に見られない分野として二つある。その一つは画集・俳句集・詩集である。今一つは随筆、回想録である。画集・俳句集・詩集はそれぞれの分野に興味を抱く人が遍路を体験し、その感動を特技として表現したものである。また、随筆や回想録も過去の体験や思い出を書き著したもので、四国遍路に対する余韻が心に残されているからである。ところが、西国巡礼ではこの分野の出版物は殆どない。その理由は西国巡礼では徒歩巡拝が殆どなく、参拝した時や道中での感動が湧かないことも一因である。

二　江戸時代の出版状況

江戸時代に入ると農民層も経済的に豊かになり、治安の改善や宿泊施設の整備で遠隔地へ参詣する人々が増加するようになる。特に東国からの伊勢参宮や西国巡礼に出かける人が多くなる。そこには単に宗教的な行為としての社寺への参詣にとどまらず、異国の見聞や旅の楽しみなどの行楽の要素が加わってくる。西国巡礼では京・大阪における祭りや芝居見物が含まれ、これを「中入り」と称していた。江戸時代は西国巡礼が盛況な一時期でもあった。巡礼者の増加に伴い、道案内の手引き書としての出版物が多く発行されるようになる。携帯に便利な道程を記した和綴じの案内書や折り畳み用の絵図に人気があった。そこで、江戸時代から現代までの西国巡礼に関する書物、地図などの出版物の一覧が巻末附録表である。江戸時代の書目に関しては、清水谷孝尚師が昭和四十六年に著した『観音巡礼―坂東札所めぐり―』で紹介されている（その後、真野俊和編『講座　日本の巡礼』第1巻「本尊巡礼」にも加筆され再録）。巻末附録表は清水谷孝尚師の書目を基に江戸時代の古文書、絵図を所蔵する施設の資料や出版目録などを参照して作成したものである。

江戸時代の出版物（一部未刊のものも含む）は総計二七四件に上るが、その中には年代が不明なのが五五件含まれている。その数は元和三年（一六一七）から慶応三年（一八六七）までの二五〇年間で年間一冊の割合で発行されたことになる。但し、出版物の発行状況については後に詳しく述べるが、年代によって変化があり、江戸時代初期は極めて少なく、中期から後期にかけて増え出す。なお、江戸時代には四国遍路も盛んであったが、遍路に関する出版物は、年代不明の四〇件を含めて八七件であった（巻末附録表）。それに比べると西国巡礼に関する出版物ははるかに多いことが理解できる。

出版物の内容は、縁起・霊場記や道中記、御詠歌及び評釈書、絵図が中心である。しかもそれらは再版や改訂版が多く発行されていることに特徴がある。ちなみに、版を重ねたり、改訂された出版物を見てみると次のようになる（一部は明治以降も含む）。

①　西国順礼道中図　南都・ゑづ屋庄八　宝暦四年→安永九年→文化九年→天保十四年→嘉永二年
　　西国順礼絵図　南都・ゑづ屋庄八　寛政三年→寛政十二年
　　西国順礼図　南都・ゑづ屋庄八　寛政三年→文化九年
　　西国順礼細見絵図　南都・ゑづ屋庄八　寛政三年→文化六年
②　西国順礼たびすゞめ　藤屋伊兵衛　元文三年→文化元年
③　西国順礼旅すゞめ　辻本定次郎　宝暦四年→天保七年→嘉永二年
④　西国順礼道中記　南紀・大坂屋長三郎　寛政二年→寛政三年→文化三年

西国道中記　粉河・大坂屋長三郎　享和二年→文化四年
西国順礼道中絵図　紀州・大坂屋長三郎　宝暦九年→寛政六年→文化年間→年代不明
⑤　西国道中記　いと屋市兵衛　寛保二年→年代不明（「西国道中記新板増補」）
⑥　西国順礼手引草　京都・菊屋喜兵衛　安永四年→寛政三年
⑦　西国三十三所順礼図　小西与惣次板　文化四年→安政年間
⑧　西国順礼道知る辺　養流軒一箪子　京・平野屋茂兵衛　元禄三年→明和八年（改正）→嘉永二年（補正）
⑨　（西国）順礼道知る辺　藤屋長兵衛　元禄三年→安永三年→安政三年
⑩　（西国）順礼道志るべ　京都・菊屋喜兵衛
元禄三年→明和年間（「明和再校」）→安永年間（「安永改正」）→寛政三年
⑪　西国三十三所観音霊場記　厚誉春鴬　享保十一年→天保四年→明治二十六年（中村浅吉編）→明治四十四年
⑫　西国三十三所観音霊場記図会　厚誉春鴬　辻本基定撰図
享和三年→天保四年→弘化二年→明治十九年→明治二十年→明治二十六年→明治三十九年→昭和二年
⑬　西国三十三所名所図会　暁鐘成編輯　嘉永元年→嘉永六年→平成三年
⑭　西国順礼細見大全　保野通尚　文政八年→天保十一年（「天保新増」）→嘉永二年→明治二十八年
⑮　西国順礼細見記　西川某・下河辺拾水画　安永五年→寛政三年→安政五年
⑯　西国順礼大和七大寺道中細見　増補指図記　絵図屋庄八　安政六年→明治十二年
⑰　西国順礼三十三所普陀落伝記　寛延二年→年代不明
⑱　西国順礼歌円解　霊注　寛永年間→寛政二年
⑲　西国じゅんれいうた　京都・吉野屋勘兵衛　天明六年→寛政十一年→文化八年→文政十年
⑳　西国巡礼歌諺註　厚誉春鴬　享保十一年→嘉永元年（画入り）→平成四年

㉑　西国三十三所巡礼歌要解　愍誉知寛　宝暦五年→宝暦十一年→安永八年
㉒　西国順礼歌奥義鈔　愍誉知寛　宝暦五年→明和二年
㉓　西国順礼歌円解　東嶺　寛政二年→寛政八年
㉔　西国三十三所御詠歌仮名鈔　松荷庵（小関泰法）　安政五年→明治二十年→平成四年（影印）
㉕　西国秩父坂東百番御詠歌　江戸・山城屋清八　天保十三年→明治元年
㉖　順礼ひとり案内　左楽斎不越著　大坂屋青木長三郎　寛政三年→文化四年

以上のように、版を重ねた書物や改訂や増補するなど類似する出版物が多数挙げられる。更に年代が不明なものや、版木の売買によって版元が変更されてたもの、「相版」として複数の版元（書肆）から発行されたものには、内容が同一なものもあることは十分に考えられる。従って、内容の異なる出版物の件数はリストアップしたものよりも少なくなるとみられる。

ここで注目すべき点として二、三挙げられる。その第一は、霊場記や霊場記図会などは厚誉春鴬が享保十一年に発行した後、再版されたり、図会を挿入するなど嗜好を変えながら発行されていることである。享保十一年に初版が出され、その後享和、天保、弘化、明治年間には霊場記図会が度々発行されている。暁鐘成編輯・松川半山画書・浦川公左画図『西国三十三所名所図会』も同様である。同書は嘉永元年に中川勘助によって初版が出され、嘉永六年には全十巻が須原屋茂兵衛によって発行され、同じ年に全八巻が大坂・河内屋政七によって出版されている。安永二年に出版された『西国略打順礼記』は文政十一年に暁鐘成によって補閲されて『西国順礼略打大全』として

図3-3『順礼歌要解』（関西大学図書館蔵）

図3－4『西国順礼略打大全』

発行されている。

嘉永元年の暁鐘成編輯『西国三十三所名所図会』は伊勢から書き始まり、道々の細かい記述と図会（イラスト）を挿入し、大和の第八番長谷寺までの未完になっている。その内容は表題とは裏腹に歴史、有職、物語、和歌、地理、詩文などの多方面からの引用があり、その数は二百数十書に及んでいる。[5] これらの書籍は内容も優れ、図会も見応えがあったことから人気が高く、需要があったものと思われる。

第二に、御詠歌の評釈においても、特定の著者による出版物の影響があることである。『西国三十三所観音霊場記』の著者である厚誉春鴬は御詠歌に関しても『西国順礼歌諺註』（享保十一年）や、『西国三十三所霊験縁起　観音三十三所歌註』（享保十四年）、『西国順礼歌管註』（年代不明）を出版している。更に『西国順礼歌諺註』に碓井一磨が補遺と画を加えたのが『西国順礼歌諺註図会』（嘉永元年）であった。御詠歌の評釈に関しては沙門愍誉知覚の著作も広く出回っている。愍誉知覚は宝暦五年に『西国順礼歌奥義鈔』を著した。また『三十三所順礼歌要解』[6]も刊行されるが、本文の内容は『西国順礼歌奥義鈔』と同じである。『西国順礼歌奥義鈔』を下敷きに書かれたのが水野霊牛『西国三十三観音霊場御詠歌説教』（明治三十四年）や、金近豊彦『西国三十三観音霊場御詠歌講話』（大正十四年）であった。従って、愍誉知覚の影響力が大きかったことを物語っている。更に、東嶺（円通山主）による評釈書『西国巡礼歌円解』（寛政二年、八年）は沙門泰法の『西国三十三所御詠歌仮名鈔』に多く引用され、その影響が伺われる。そして、『西国三十三所御詠歌仮名鈔』は明治十九年に沙門桜井寛宗師編集の『御詠歌仮名鈔』として改訂されて刊行されている。[7]

第三に、道中記、図会の出版は数多く、度々版を重ねたり、改訂版が多数発行されていることである。案内記としての道中記は元禄三年に『順礼道しるべ』（菊屋喜兵衛）『順礼道知る辺』（藤原長兵衛）『西国三十三所道志流遍』（養流軒一箪子）が発行されて以来、『西国順礼道中記』『西国順礼旅すゞめ』『西国順礼道志る辺』『西国順礼独案内』『西国順礼手鑑』『西国順礼手引草』『西国順礼細見記』『西国順礼略打大全』『西国順礼指南車』『西国順礼道芝』などと表題はいろいろあり、そのタイプは六十種類に及ぶといわれる。(8) その上で、改訂版や増補版が出されるなど人気が高かった。それらは携帯に便利なように、よこ一五～六センチ、たて六～一〇センチの和綴じのもので、現代の新書版サイズであった。

道中図も人気が高く、南都大仏前の「ゑづ屋庄八」の版元からは『西国順礼道中図』『西国順礼絵図』『西国順

図３－５　『西国順礼手引案内』（関西大学図書館蔵）

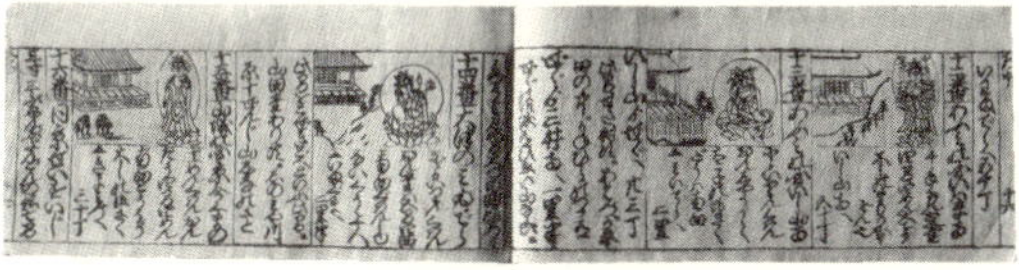
図３－６　『西国順礼手引案内』の一節

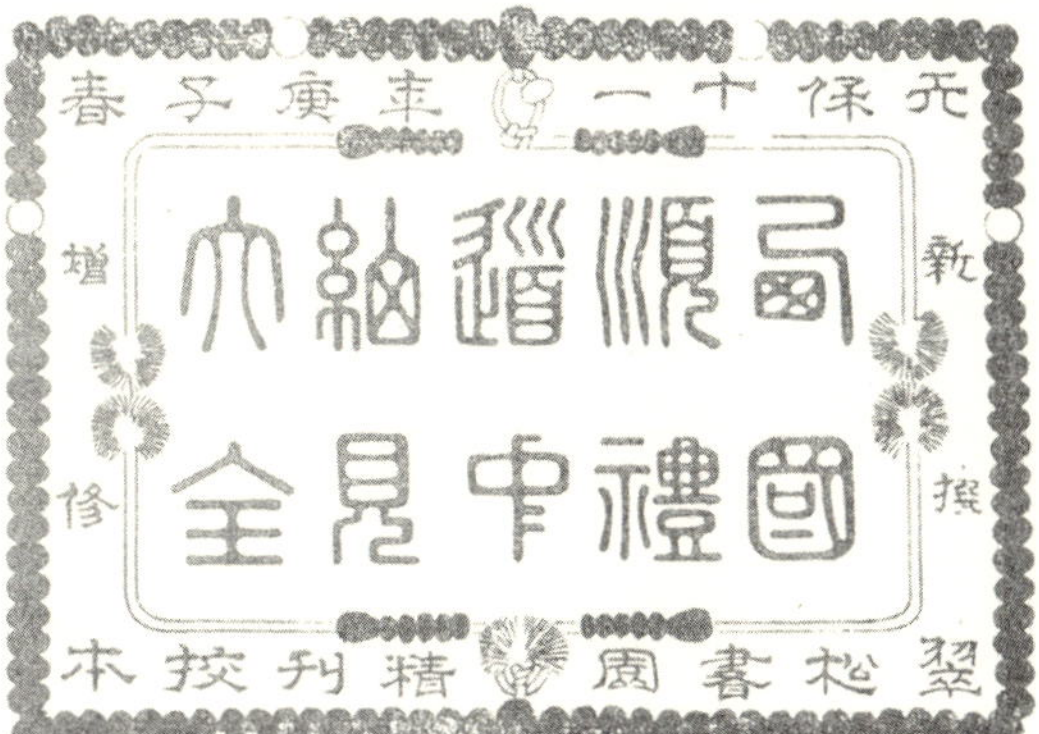
図３－７　『西国順礼道中細見大全』

礼図』『西国順礼細見絵図』『西国三十三ヵ所のめぐり絵図』などの幾つかの地図が発行されている。その絵図は殆どが類似している。版元が同じであることでそのようになった。それ以外に紀州、大阪、京都の版元からも「順礼図」や「順礼絵図」が幾種類か発行されている。

三　出版状況と巡礼者の動向

江戸時代の出版物の多さは、それなりの需要があったから発行されたものである。とりわけ案内記や地図は見知らぬ土地を旅する人にとっては必需品でもあった。そこで、江戸時代の巡礼者の動向と出版物との間には何らかの相関関係があるのではないかと考えられる。江戸時代の西国巡礼の動向を考察した前田卓博士は両者の関係について、「ただ西国巡礼に関する書物が出版されたことと、巡礼の盛行は必ずしも相関関係があるとは言えないまでも、決して無関係であったとは思えない」と述べ、天和年間から安永年間までの三六冊の書籍を列挙している。(9) しかし、それを更に掘り下げて期間を拡大して出版物を追加して検討すると、両者にはある程度の相関性が考えられる。この点を次に検討してみることにする。

江戸時代の西国巡礼の動向は短期間においては信憑性の高い記録によって判明する。それは『熊野年代記』に記された享和元年（一八〇一）から文政十年（一八二七）までの二十七年間の巡礼者数である。(10) それによると享和元年が最も多く三万人を数え、享和年間は年間二万五〇〇〇人を上回っていた。文化・文政年間には多少の増減はあるが、一万一〇〇〇人から一万五〇〇〇人程度となっている。しかし、この期間を除くそれ以前やそれ以降の正確な人数は不明である。江戸時代二〇〇年余りの巡礼者の動向に関しては、前田卓博士の納札を手懸かりにした論考が重要となる。その概略は次のようになる。西国第二十六番札所・一乗寺の納札などを手懸かりにすると巡礼者の動向には三つのピークがあった。その第一は貞享、元禄時代であり、第二のピークは宝暦、明和、安永年間であり、最後のピークは文化、文政時代であった[11]。そのピークの時期に年間どれほどの人数があったかは正確にはわからないが、第一のピークの元禄年間は一万人をはるかに上回ると推定している。第二のピークの安永年間には、木津浦から第三十番札所・宝厳寺のある竹生島に渡る巡礼者の数が『高島郡誌』に記され[12]、その数は三〇〇〇人余りから一万人余りであった。当時今津浦からも渡っていたので、その二倍以上と考えられ、全体で一万人から二万人程度と見なされている。第三のピークは既述の文化、文政年間で、一万五〇〇〇人から二万人以上となる。

次に、江戸時代の出版物の一覧を記した巻末附録表を図式化したのが図3-8（年代不明を除く）である。図3-8を巡礼者の動向と照合すると次のようなことが指摘できる。第一に、巡礼者の第二のピークにあたる宝暦、明和、安永年間には出版物も多く出されていることである。また、巡礼者の第三のピークの文化、文政期には出版物は最も多いことである。第二に、幕末の嘉永、安政年間には一乗寺の納札は少なくなり、巡礼者の盛行とみなされていなかったが、出版物は比較的多く出されている点である。第三は、巡礼者の第一のピークにあたる貞享、元禄年間には出版物はさほど多くない。第四に、三大飢饉の一つの天明年間は巡礼者も出版物も共に少ない点である。そこで、今少しそれらの点について検討してみることにする。

巡礼者の第二のピークにあたる宝暦、明和、安永年間や、第三のピークになる文化、文政年間には共に出版物は増加している。いわば巡礼者数と出版物件数の両者には相関性が認められることになる。特に文化期から天保中期までは江戸時代の出版件数の中で最も多い。その背景には、当時の国内の産業は広範囲に発達し、経済力が向上したことである。その上で、十八世紀末以降、出版の大量化の時代に入り、出版の作品数も非常に多くなっている。居ながらに楽しむことのできる小説や絵画、俳諧などの出版物が多数出回った。その一例に、滑稽挿絵小説であった黄表紙は安永四年（一七七五）から文化三年（一八〇六）までの三十年間で二〇〇〇種以上も出版されるほどであった[13]。文化、文政の化政期は情報化社会の幕開けとも呼ばれ、商店や商品の宣伝も盛んになり、

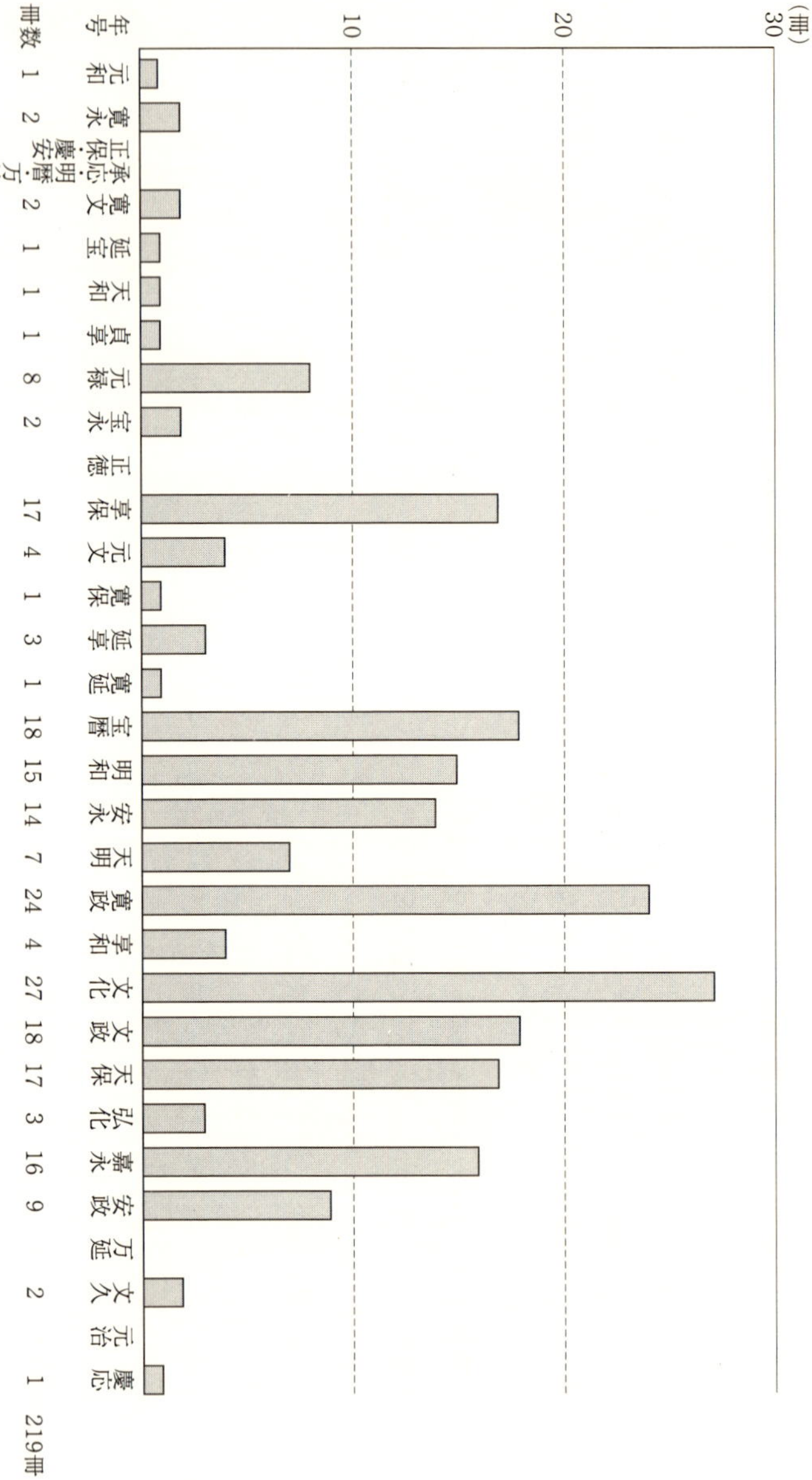

図3-8 江戸時代における西国巡礼に関する書目

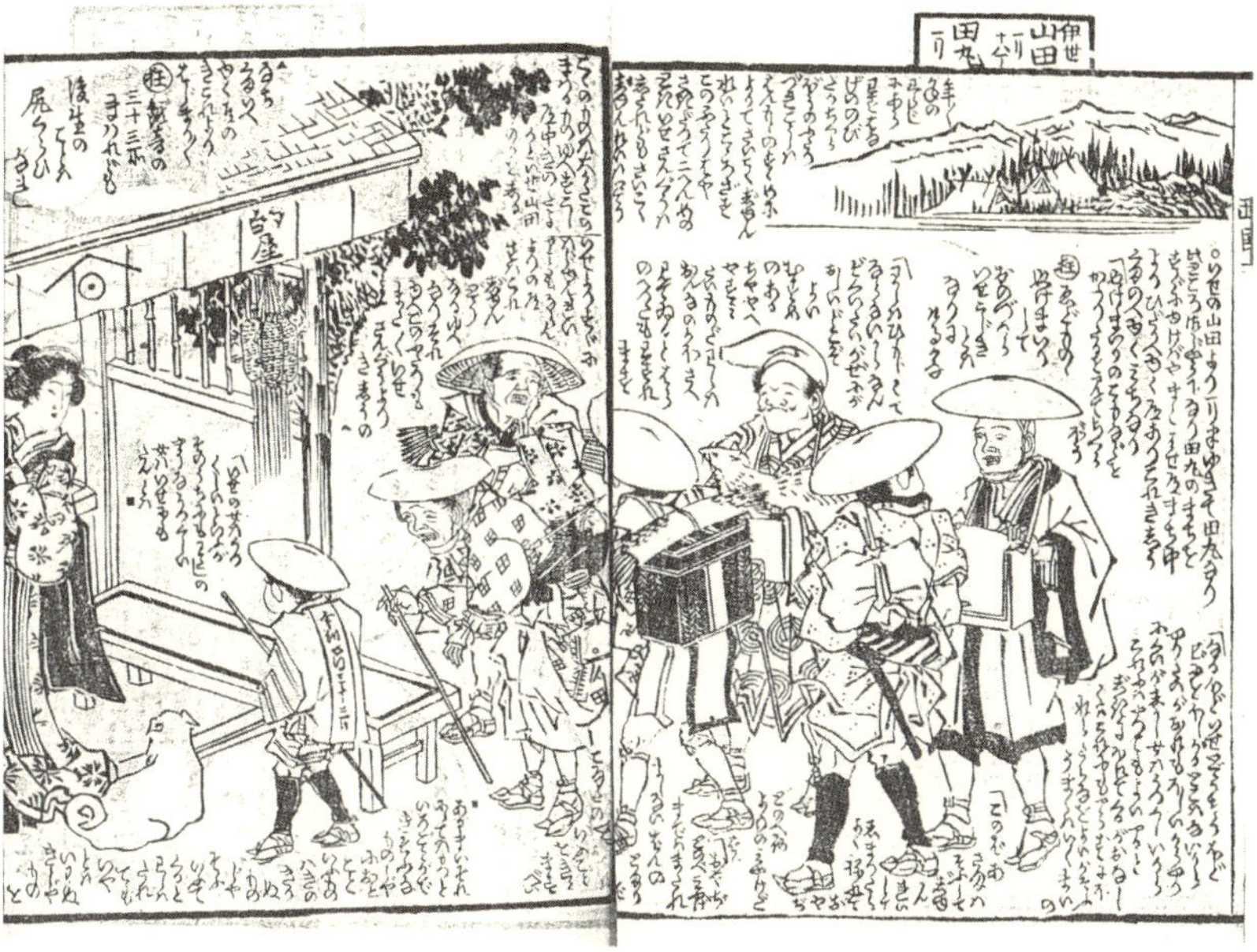

図３－９　十返舎一九『金草鞋』九編

文政七年（一八二四）には『江戸買物独案内』なども出版された[14]。当時の旅に関する出版として有名なのは十返舎一九の『東海道中膝栗毛』で当時のベストセラーともなった。初編は享和二年に出され、文化、文政年間に続編が度々出された。そして巡礼道中記としては『諸国道中金草鞋』（二十四編）が書かれ、「九編　西国順礼」、「十編　坂東順礼」、「十一編　秩父道中記」は文化、文政年間に発行されている。そのような出版状況を背景に巡礼に関する出版物も多数発行されたと考えられる。そこには巡礼者の増加で需要が増えたことから出版物も多く発行されたと言える。文化、文政、天保の四十年間で巡礼に関する出版物は六二件あり、そのうち一三件が再版、増補版であり、需要があったことを物語っている。江戸時代の文化の最盛期は元禄時代といわれてきたが、それにも増して化政期は都市の中下層や地方の人々が生活に密着した文化を創造し、その後の日本文化を代表するものを作り上げた時代でもあった[15]。それが巡礼の盛行と出版の活況にも見ることができる。

巡礼者の第二のピークは宝暦、明和、安永年間であった。当時の巡礼者数は既述のように竹生島に渡る人の記録から一万人から二万人余りと予測されている。今一つ注目されることは、納札において、それまでは一乗寺だけの札であったのに加え、第二十番札所・善峰寺や第二十一番札所・穴太寺にも発見されるようになったことである。これは巡礼者の増加を意味する証左でもある。

次に、幕末の弘化年間以降は一乗寺の納札は少なくなり、嘉永年間は三〇枚、安政年間では三四枚にとどまっている。そのために、それ以前の三つのピークに比較して巡礼者は衰退ぎみに思われがちであった。しかし、嘉永、安政年間の出版物は比較的多い時期にあたる。その関係を解く手懸かりは次の点にある。前田卓博士は一乗寺以外の第三番札所・粉河寺の納札に注目し、詳細な調査の結果、「天保から弘化、嘉永と割合に巡礼者数の多いことがわかった(16)」と述べている。粉河寺の札は全部で一三三四枚残され、天保以降の札が中心になっているが、嘉永年間では三五九枚、安政年間では三五三枚と最も多く、この期間で半数以上を占めている(17)。このことからもこの時期の巡礼者も多く、出版物の多さとも符号し、相関性があることになる。

それに対して、元禄時代は巡礼者の第一のピークでありながらも、出版物ではさほど多いとは言えない点が気がかりとなる。この点については出版事情の影響が関係しているものと思われる。元禄時代は泰平の世になり、庶民の生活も豊かになり、文化も開花し、近松門左衛門や井原西鶴が活躍し、『曽根崎心中』『日本永代蔵』『世間胸算用』など著名な作品を残した。松尾芭蕉は元禄二年(一六八九)に陸奥、出羽、北陸を旅し、同七年にその紀行『奥の細道』を出版している。しかしながら、巡礼に関する出版物はまだ発達途上であったようである。三井高陽氏によると、一般に道中記が刊行され始めるのは明暦の頃からであったが、それが盛んに出回るのは享保以降と見られる、と指摘している。そして、宝暦時代より多数の類書の出現を見るようになり、それまでの江戸を中心として京へ向かう東海道物から、街道別の単行本が多数現れ、信仰による交通路、例えば善光寺、金毘羅、日光等の道中記が増え出す(18)。図3-8によれば、西国巡礼の出版物では元和から宝永までは極めて少なく、享保年間になると増え出している。その後の元文、寛保、延享、寛延(一七三六—一七五〇)は三、四年で改元するなど世相が安定せず、巡礼者、出版物とも停滞する。しかし、宝暦年間になると再び巡礼者も増え、それに伴うように出版物も増加に転じ、巡礼の第二のピークと符号することになる。

巡礼者の動向は世情との関わりによって増減する傾向がある。その典型例は飢饉であった。江戸時代には享保、天明、天保の三大飢饉が有名であるが、その中でも打撃の大きかったのは天明の飢饉であった。凶作飢饉が度々襲い、米価の高騰に苦しむ町民の打ち壊しや騒動が多発した。天明三年には浅間山の噴火に伴う凶作、打ち壊しも起きている。巡礼の納札を見ると、天明の八年間で一乗寺には二四五枚残されているが、元年と五年には共に八一枚である。この年の記録は『高島郡誌』にも記され、九〇〇七人、三五七二人となっている。しかし、同三年、四年、七年には一枚もない。穴太寺では三七枚、善峰寺ではこの期間は一枚も残されていない。そして天明年間の出版物は六件と少ない。天保の飢饉では同五年から八年にかけてが深刻で、餓死者が多数出ている。納札では同五年には一乗寺、穴太寺、善峰寺、粉河寺ともに一枚も残されていない。同八年も穴太寺に一三枚が残されているだけである。それに対して、出版物は天保年間で一七件あるが、同四年以前と十一年以後に発行されたものが殆どで、五年から十年の六年間では二件にすぎない。

このように巡礼者の数と出版物の発行にはある程度の相関性が指摘できる。但し、両者には若干のズレも見られる。その一つに、寛政期には巡礼者が多いとは言えないが、出版物は十二年間で二四件も発行されている。その逆に、寛政期の次の享和年間は既述のように巡礼者は二万五〇〇〇人から三万人と多かったが、出版物は僅か四件にとどまっている。享和年間の出版物の少なさは享和期が三年間と短いことも一因と考えられる。他方、享和年間の巡礼者の増加が次の文化年間の出版物の増加を誘発したとみることも可能である。文化元年から四年間で同時期の半分以上の一五件の刊行があった。同じような傾向は、弘化年間にも見られる。弘化年間は納札では巡礼者は少ないとは言えず、弘化三年には粉河寺では二二六枚の納札が残されているほどである。しかし、出版物は三件にとどまっている。弘化期は四年間と短かったことの影響とも考えられる。それが次の嘉永期には出版物は増加することから、弘化年間も期間が長ければ、それ相当の出版物が予想できた。従って、享保年間と弘化年間の出版物の少なさは年数の短さによる影響が強い。

以上のように、ミクロ的な視点では巡礼者数と出版件数との関係には若干のズレは見られるが、マクロ的視点では巡礼者の動向と出版物の発行状況との間には相関性が認めることができると考えられる。

四　明治期以降から現代までの出版状況

明治時代に入ると政府の宗教政策が大きく変わり、神仏分離令に伴う廃仏毀釈運動が起こり、札所寺院も打撃を受ける。それによって巡礼者も減少を余儀なくされ、停滞期に入る。その中にあって、熱心な観音信仰者たちは集団で参拝している。それは札所に残された納札に連名で記されていることから判明する。しかし、江戸時代の盛況とは異なり明治期から昭和初期は巡礼者が減少する時期であった。そこで明治以降から現代までの西国巡礼に関する出版物の状況について見てみる。

1　明治期から敗戦まで

図3-10は明治以降から平成期までの西国巡礼に関する出版物の発行状況を図式化したものである。それによれば、明治期から大正期、そして敗戦までの昭和期の出版件数は、多いとも少ないとも断定しかねるところがある。しかし、江戸時代には年一件の割合で出版物が発行されていたことを考えると、この時期は低調気味である。明治期においては四二件、大正期には一二件、敗戦までの昭和期は一二件である。明治期の出版は同十年代から二十年代にかけて集中する傾向があり、この時期に二八件発行され、全体の四分の三を占めている。その原因は、

明治初期の廃仏毀釈の影響と、明治二十七、八年の日清戦争と、明治三十七、八年の日露戦争が関わっているものと考えられる。関東地方の秩父巡礼では日清、日露戦争時には一時的に盛況であった。その理由は、出征兵士の武運長久や戦死者の追悼供養を目的とした巡礼が増えたことであった[19]。しかしながら、秩父巡礼と西国巡礼とは行程の長さや立地条件が異なり、秩父巡礼を参考にするには無理がある。残念ながら、当時の西国巡礼の動向を知る資料が残されておらず、その実態は不明である。

大正期から敗戦までの昭和初期の巡礼の実態もよくわからない。出版物の件数も多いとは言い難い。むしろ世相は経済不況と軍事的な緊張の中で、宗教的関心は抑圧される傾向にあったとも言える。しかしながら、この時期において四国遍路への関心や出版物が増えていることが注目される。四国遍路では明治十年代から江戸時代の出版物の再版や案内記に加え、僧侶による体験記が発行され出し、昭和初期にはジャーナリストたちが四国遍路を体験し、案内書を発行する風潮が出始めている。特に大正末期から昭和初期にはその数が増え出す。例えば雑誌『旅』の記者であった島浪男氏の『札所と名所　四国遍路』（昭和五年）や安達忠一『同行二人　四国遍路たより』（昭和九年）、大正期に『九州日日新聞』に「娘巡礼記」として連載されて好評であった高群逸枝『お遍路』（昭和十三年）『遍路と人生』（昭和十四年）、異色の俳人・種田山頭火の『四国遍路日記』（昭和十四年）、荒井とみ三『遍路図会』（昭和十五

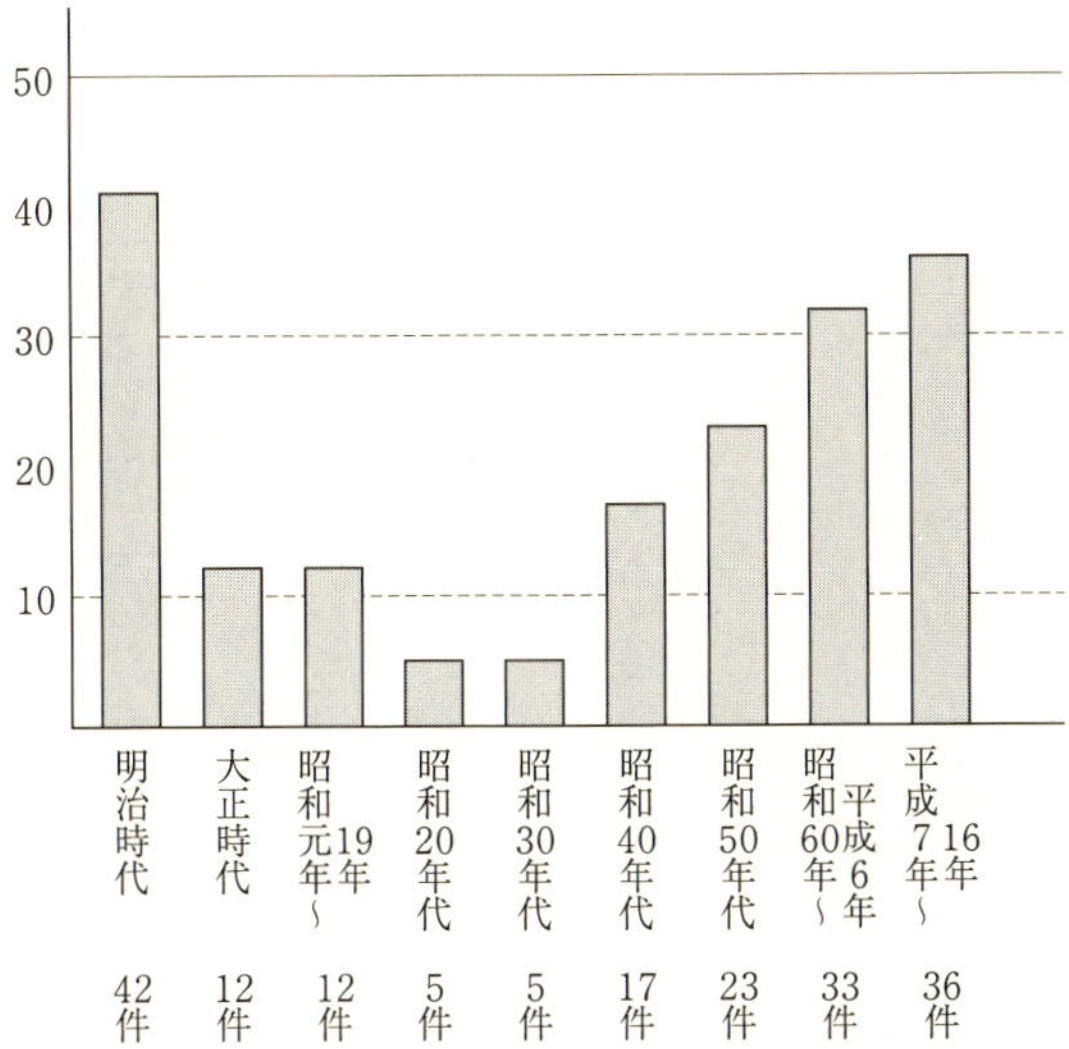

図3-10　明治時代から現代までの西国巡礼の出版物

年）などは体験記、案内書であった。このように体験記、案内記が多く出された背景には、鉄道やバスなどの交通機関が発達して便利になり、遍路は僧侶による修行から庶民の身近な旅として捉え出されたことであった。島浪男氏は同書の目的を、

今まで一部の信仰本位の旅行者だけにしか為《な》されてゐなかつたこの旅行課目を一般の遊覧本位、観光本位の旅行者のために開拓しやうと言ふのにある。

と述べ[20]、新しい時代の遍路の普及を目指しての刊行であった。実際に島氏は交通機関としての鉄道、タクシーを利用しながら遍路宿ではなく、旅館に宿泊しての遍路体験であった。同書では四国の名所の紹介も丁寧に解説し、写真も掲載するなどガイドブックの体裁をとっている。

大正末期から昭和初期にかけて四国遍路の出版物が増えるのに対して、西国巡礼に関する出版物はさほど多くはなく、内容も新たなるものではなく、江戸時代に発行されたものの再版や編集の仕直しが多い。例えば、厚誉春鶯の『西国三十三所観音霊場記』、及び『西国三十三所観音霊場記図会』は幾つかの出版元から度々発行されている。御詠歌本も江戸時代の原典を改訂、編集を仕直したものである。従って、明治期から敗戦までの西国巡礼に関する出版物の内容は、江戸時代からのものを受け継いだといっても過言ではない。

2　敗戦から平成期

第二次大戦の敗戦で日本社会は大きな打撃を受け、ゼロからの出発であった。従って、復興するまではその日の生活に追われる有様であった。そのため、昭和二十年代の西国巡礼に関する出版は少なく、五件にとどまっている。三十年代には経済も急成長を始めるが、巡礼への関心は薄かったと考えられる。やがて、昭和四十年代に

入ると徐々に出版物も増え始める。巡礼者も増え出し、前田卓博士の調査では昭和四十年代初めには二万四六八〇人であったものが同四十四年には三万四一二人と三万人を上回るようになる。[21] この頃には、ガイドブックや体験記に加え、研究書も出始める。体験記としては白洲正子『巡礼の旅 西国三十三カ所』や杉本苑子『西国巡拝記』などが挙げられる。白洲正子氏の『巡礼の旅』は『西国巡礼』と改題されその後も度々版を重ねている。ガイドブックとしては平幡良雄『西国三十三カ所』や三浦美佐子・小川光三『巡礼の寺』、佐和隆研『西国巡礼』なども刊行される。研究書も発行され出し、新城常三『社寺参詣の社会経済史的研究』を始め速水侑『観音信仰』、前田卓『巡礼の社会学』などが出版される。昭和四十年代には様々な出版物が発行され、巡礼に対する関心が高まる端緒となったとも言える。

その延長線上に昭和五十年代、六十年代が続くことになる。特に昭和六十年代は僅か四年間にもかかわらず、一四件の出版物が発行されている。平成期に入っても年間平均三件の出版とその状況は維持されている。その中でガイドブックへの根強い人気が特徴でもある。時代の反映としては豪華なカラー写真集も徐々に出版されるようになった。それに加えて、件数は少ないが専門的な領域における研究書や、江戸時代の原典を復刻する出版も注目される。例えば、暁鐘成『西国三十三所名所図会』（平成三年）や厚誉春鴬『西国巡礼歌諺註』（平成四年）、同『西国坂東観音霊場記』（金指正三校注、昭和四十八年）などである。

図３－11　佐和隆研『西国巡礼』

ところで、現代の西国巡礼の動向については筆者は『遍路と巡礼の社会学』で昭和五十年から平成十四年までの約三十年間に亘って詳しく考察した。[22] それによると昭和五十年代は年間の巡礼者が八万人を超えるなど最も盛行であった。そして二、三年毎に増減する「波打ち現象」が特徴で、年間平均七万人前後の巡礼者で安定していた。しかし、平成七年の「阪神淡路大震災」の災害や平成期のバブル経済の崩壊後の不況で平成十年以降は減少傾向が続き、年間五、六万人と落ち込んでいる。西国巡礼に関する出版物は巻末附録表を参照すると、昭和四十年代以降増え出す。同四十年代は一七件、同五十年代は二三件、昭和六十年から平成六年では三三件、平成七年から十六年までは三六件である。従って、昭和後期には年間平均二件程度であった出版が平成期には年間平均三件に増えている。

そこで、巡礼者の動向と出版物の件数とを比較して相関性を試みた。しかし、巡礼者は「波打ち現象」や減少傾向に対して、出版物は多くはないものの一定の量数が発行されている。その結果、両者には相関性は見られない。その理由には幾つかの要素が考えられる。その一つに、案内書や写真集は件数が多くはないが、コンスタントに発売されている。それに対して、体験記の出版が極めて少ないことである。後に詳しく述べるが、四国遍路では遍路の増加と出版物の件数が比例するように増加する傾向がある。その背景には遍路体験をした人による出版が大きく影響している。しかし、西国巡礼では徒歩巡拝は殆どなく、バス、自家用車による巡礼になった。しかも数ヵ寺に分割しての「区切り巡拝」が主流になった。それは集団のバス巡拝や個人巡拝でも同様な形態である。従って、体験記で語られる苦労や失敗は軽減され、巡礼を終えた後の印象は薄らぐ。併せて、西国巡礼は京都、奈良などの行楽地に立地する札所が多く、しかも名刹で有名な寺院である。従って、行楽的要素が強くなることで案内書でも札所の伽藍や寺宝の紹介を中心とするものになりがちである。このような西国巡礼の巡拝形式や目的、及び札所の立地条件などが体験記の少なさや、案内書の編集内容に影響を与えている。

それに対して、四国遍路では出版物の発行は西国巡礼を大幅に上回るとともに、遍路人数との間にある程度の相関性が認められる。その詳しいことは次節で述べるとして、その概略は次のようになる。遍路の年間の総数は昭和五十三年に一万九二八五人から徐々に増加し、同六十一年には四万三三六一人となる。その後、平成期に入っても微増して同二年には五万人を超える。そして、同三年には六万人を超え、以後増減の「波打ち現象」を示すが、平成十年には六万七〇四八人、翌年には七万人、同十四年には八万人を上回るほど増加した。遍路増加の原因には幾つかの要因が挙げられ、既に『遍路と巡礼の社会学』で指摘した。[23] それにはテレビ、新聞などのマスコミ報道の影響や、瀬戸大橋や明石海峡大橋の開通などの交通網の整備により遍路が便利になったことである。併せて、今も残される素朴な四国の自然や歩き遍路が見直され、遍路への関心が高まったことである。

遍路の出版物も増える傾向にある。昭和三十年代は一四件であったのが、四十年代には四三件と三倍に増え、五十年代は六四件、昭和六十年から平成六年までは一挙に一〇四件まで急増する。そして平成七年から十六年まででは二三一件と二倍以上になっている。

このように遍路の出版物が急激に増えた大きな理由は、遍路を体験した人が自らの体験を出版するようになったことである。遍路は約一四〇〇キロの道程で、徒歩巡拝では四、五十日間かかる。その間、肉体的苦痛や精神的不安と孤独との戦い、はたまた予期せぬ失敗、そして地元住民からの温かい接待に感激するなど幾多の体験をする。明治期から昭和初期までにも僧侶たちが遍路を行い、その体験を記した体験記は幾つかある。例えば、後に真言宗豊山派管長を務める富田斅純『四国遍路』（大正十五年）や、明治期と昭和期に二回遍路を体験し、後に東福寺派管長になった尾関行応『四国霊場巡拝日誌』（昭和十一年）などがある。それらは発行部数も少なく、限定された出版であった。戦後も熱心な大師信仰者による遍路体験記や作家、芸術家などの体験記も出版されている。しかし、昭和後期から平成期にかけての急激な出版件数の増加は、僧侶や作家、芸術家、写真家以外の一般の人による体験記が大幅に増加したことにある。その背景には遍路体験を自分一人だけのものに留めておくのではなく、その感動を多くの人々に伝えたいという強い衝動がある。そして、その気持ちを後押しする自費出版の企画会社が登場したことである。退職記念に遍路を体験した人や中高年の夫婦二人で、はたまた女性一人での体験を綴った体験記などが多く発行されている。

今一つの要因は、遍路の増加に当て込んだガイドブックなどの商業出版が増えたことである。遍路道は入り組み、道に迷うことがしばしばである。そこで道案内を掲載し、宿泊施設の案内、名所、料理の紹介などを掲載し

図3－12　新しく出版された歩き巡礼の書籍

たガイドブックの発行が出版各社から相次いでいる。

このように遍路に関する出版物は平成期になってブームにもなっている。それに対して、西国巡礼ではその出版物はさほど多くない。それは体験記の発行が少ないことが大きな理由でもある。しかし、年間六万人ほどの人々が巡拝していることは、名刹や文化財の鑑賞、行楽を兼ねた根強い巡礼に対する人気が衰えていないことを示している。また、近年徒歩巡礼を体験した案内書も新たに出るようになった。例えば、西国第二十九番札所・松尾寺の住職を務める松尾心空師による徒歩巡拝記『西国札所古道巡礼――「母なる道」を歩む』や、四国遍路に関する著作を数冊もつ佐藤孝子氏の『よくわかる西国三十三所徒歩巡礼ガイドブック』、加藤淳子『街道を歩く　西国三十三所』などである。また、能村力氏は二回の西国巡礼を行い、札所から次の札所までのキロ数や道中の景色、地図などをイラストで描いた『古道巡礼ひとりあるき記』を著している。それは江戸時代の道中記と絵図を合冊した構成になっている。現在は徒歩巡礼は殆ど見られない中で、これらの出版物は徒歩巡礼向けの案内書である。異色なのはニュージーランドのトレッキングガイドを勧める親日家クレイグ・マクラクラン『西国三十三か所ガイジン巡礼珍道中』である。同書は『四国八十八か所ガイジン夏遍路』に続く体験記である。その内容はさしずめ現代版十返舎一九の『金草鞋』風で興味をそそる。

西国巡礼とそれに関する出版物の関係を江戸時代から現代まで考察してきた。江戸時代の徒歩巡拝の時代には巡礼者の動向と出版物の発行状況とにはある程度の相関性が認められた。世の中が安定し、豊かになると行楽を兼ねた巡礼者が多く見られる。江戸時代には東国からの西国巡礼者が多かった。その巡礼者のもとめに応じるように案内記としての道中記や、図会・絵図の出版が多数発行された。

ところが、明治から敗戦後の復興までは巡礼も低調で出版物も多くはない。昭和後期から平成期に入ると出版物も多少増え出すが、巡礼者の動向とは必ずしも相関性は認められない。その理由は巡礼の目的や巡拝方法、巡拝の交通手段などの影響が深く関わっている。しかも、四国遍路の出版物に多く見られる巡拝記（体験記）が極めて少ないことである。また、遍路を体験して、その印象を画集や俳句集、詩集にして出版する企画は西国巡礼にはみられない。しかし、その数は多くはないが西国巡礼のガイドブックへの人気は根強いものがある。

第二節　遍路の出版物と遍路の動向

二十一世紀に入る頃から、四国遍路の人数は急激に増加した。それに伴って遍路を体験した人々による巡拝記が続々と出版され出した。定年をきっかけに歩き遍路に出かけ、その感想などを書き記した巡拝記、教師を途中で退職して遍路に出かけ、その思いをきめ細かく綴った女性の遍路記、はたまた会社訪問をする友人を尻目に大学時代に野宿しての遍路体験記、芸の行き詰まりに悩み、三味線を携えて遍路に出かけた平成の娘遍路の記、更に外国人トレッキングガイドの遍路記などがある。それらの体験記は年齢も職業も異なる普通の人々による遍路体験記である。古くから記されてきた遍路の案内記や巡拝記などをまずは年代的に辿ることで、その上で平成期に入ってからの出版物が急激に増加した背景を検討し、出版物の発行状況と遍路の動向との関連を考察する。

一　案内記と巡拝記（体験記）

江戸時代中期から庶民が四国遍路に出かけるようになった一つの大きな要因は、高野山の宥弁真念が貞享四年（一六八七）に書き記した『四国邊路道指南《みちしるべ》』の案内書の刊行であったともいわれる。遍路道は険しい山道や寂しい海辺と入り組み、道に迷うなどの困難が横たわっていた。しかし、この書は遍路道の道程や方位の指示を書き表した道案内の手引き書であった。以後『四国偏礼道指南増補大成』として増補版が度々発行される。宝暦十三年（一七六三）には細田周英による『四国偏礼絵図』も出版され、それによって道案内は便利になった。

巡拝記（体験記）としては承応二年（一六五三）に智積院の梅焉房澄禅が著した『四国遍路日記』が最も古く、且つ内容もきめ細かく記されている。近代に入ってからは大正期に二十四歳で娘遍路を体験した高群逸枝女史の「娘巡礼記」は大いに反響を呼んだ。戦後では西端さかえ『四国八十八札所遍路記』が好著として版を重ねた。やがて昭和後期から平成期にかけては多くの案内書や体験記が出版されるようになる。

四国遍路に関する出版物は質量とも様々である。その中で圧倒的に多いのは案内記と巡拝記である。しかし、それ以外に写真集や地図、そして研究書なども挙げられる。そこで取り敢えず、出版物を内容的に整理する次のように捉えることができる。

（1）霊場記・案内記（書）、（2）巡拝記（体験記）、（3）絵図・地図、（4）御詠歌、（5）画集、俳句集、詩集、（6）写真集、（7）研究書、（8）著名な遍路体験者に関する回想、随筆などである。

ここで主に取り上げるのは（1）案内記、（2）巡拝記（体験記）の範疇である。しかし、絵図・地図や御詠歌、写真集ともその目的が案内記に共通していることから、これらを案内記に含んでも問題は少ないであろう。また、画集、俳句集、詩集なども実際に体験を前提として表現されているもので、巡拝記に含むことができる。

その結果、研究書や文献案内を除くと大半は何らかの意味で案内記、体験記の範疇に含まれるであろう。そこで両者の内容について述べておく。

霊場記・案内記（書）と巡拝記（体験記）とは第一義的には、出版社と著者の目的及び記述内容によって区別されるものである。巡拝記は自身が実際に遍路を体験し、その事実経過と感想、苦労談、失敗談を記したものである。特に「通し打ち」では四、五十日間を要し、その間の肉体的苦痛と心理的変化が起り、地元の人の温かい接待や四国路の自然の眺望に心が癒される。それに対して、案内記や写真集などは遍路を広く知らしめると同時に便宜を図ることを目的としている。その上で商業的利益をも狙っている。そのために、案内記の出版では霊場や周辺の名所が取材の対象になり、それに道程や宿泊施設などを記している。その手段は必ずしも全行程の体験を必要とせず、自動車や飛行機を利用し、ホテルに宿泊するなど、独自な取材方法で行われる。

このように巡拝記と案内記とは形式上は区別されるが、今少し内容を検討すると必ずしも明確に両者を区分することは難しいことがわかる。記述内容においては体験記であるが、道程や所要時間、宿泊、費用などを細かく記載した場合には案内記の要件を満たすことになる。逆に交通機関や宿泊施設、道程などを記した案内書でも感想や地元の人々との会話、遍路からの聴き取りなどを紹介して内容を補強すれば体験記ともなり得る場合もある。例えば、島浪男『札所と名所　四国遍路』や西端さかえ『四国八十八札所遍路記』などは、最初は雑誌『旅』、『大法輪』に連載されたもので、当初の目的は雑誌掲載の取材であった。そこでは遍路宿に宿泊しないで、普通の旅館や自動車などを利用している。従って、歩き遍路の巡拝記とは目的を異にしている。しかしながら、それが内容的には全行程を廻り、地元の人や一時同行した遍路との交流、札所住職の談話なども書き記され、体験記の内容にもなっている。

他方、明治十九年に十八歳で遍路に出かけ、合計八回の巡拝をした安田寛明師の『四国遍路のすすめ』は昭和六年に私家版として出版されている。大師信仰に篤かった安田師の体験から、遍路に出かける準備、心得、参拝の作法などを指示し、道中の交通機関の利用など庶民向けのきめの細かいアドバイスを記している。また、昭和九年に刊行された安達忠一『同行二人　四国遍路たより』は体験調査を幾度も重ねているが、内容は自己の感想を極力抑え、忠実な案内書の形式をとっている。そこには歩き遍路向けの道程を記しながらも、鉄道、自動車を利用した場合の駅名、所用時間と費用も載せられている。

その結果、体験記は記述内容にも左右されるが、後の人に参考となり案内記に通じるところがある。それに対して、案内記は単なる案内を記したものと、体験内容を記述したものが混在するので、案内記が必ずしも体験記になるとは限らない。しかしながら、案内記と巡拝記両方とも遍路への誘い、手引き書の役割を果たしている点では共通している。

二　時代別にみた出版物

既述のように江戸時代に庶民が遍路で出かけるようになった要因は、農民層が経済的に豊かになったことと、案内地図が発行されたことが大きい。特に元禄年間以降に多くの案内書が発行されている。例えば、元禄十年に曳尾子（寂本の別名）の『四国徧礼手鑑』、宝暦二年には田原平兵衛の『四国霊場記』、寛政八年には下村宮吉の『四国八十八箇所道中記』、享和二年に橘義陳の『四国八拾八箇所納経一部』、文化十一年に佐々井治郎右衛門『四国遍路御詠歌道案内』などが発行されている。また、文政二年に土佐藩の商人・新井頼助が奉公人を伴って見聞を広める目的で遍路に出かけた記録が『四国順拝日記』（仮称）として残されている。江戸時代には遍路は年間二万人前後と多かったことから版木で刷られた案内書や絵図が多数発行された時期でもあったと言える。

ところで、江戸時代から現代まで案内記や巡拝記は多数発行されている。しかも巡拝記はその多くは私家版・自費出版として発行されるので、市販はもとより図書館などに所蔵されることは少ない。従って、その全てを網羅することは到底不可能である。そのような状況の中で、筆者は四国四県の県立図書館と大阪府立中央・中之島図書館、京都府立図書館、神戸市立博物館、愛媛県歴史文化博物館、関西大学図書館に所蔵される蔵書、絵図・地図、及び「四国霊場関係文献」(『大法輪』昭和五十四年四月号)、愛媛県生涯学習センター編『四国遍路のあゆみ』などを手懸かりに、研究書を除く案内記、巡拝記(体験記)、絵図・地図、写真集、画集・句集・詩集などを整理した(一部は、未刊行の手記をも含んでいる)。管見による蒐集が巻末附録表である。それを基に出版状況を時代別に見て行くことにする。

江戸時代

巻末附録表を簡略化して年代別に表したのが図3-13である。江戸時代には年代や著者の判明するものは四七件(五二冊・帖)、年代が不明のものが四〇件で、合計すると八七件となる。約二百年余りの期間で八七件である。江戸時代の西国巡礼の出版物が二七四件であるのに比べると、四国遍路の出版物は約三割とはるかに少ない。四国遍路の出版物が少ない理由に、前田卓博士は西国巡礼者は武士、町人や上層農民でかなりの知識があったが、四国遍路には女性や下層民が多く、文盲者も多かった点を挙げている。[1] しかし、元禄以降の遍路が年間二万人程度であったことから、[2] 遍路の携帯用に案内書、地図は利用された。文政二年(一八一九)に土佐国安芸郡奈半利の新井頼助は彦兵衛と二人で遍路に出た。頼助は富裕階層であったので、「出足用意ノ品」の書物類に「季集一冊、道中記一冊」と記している。[3] この時期の出版物は多くはないが、出版物が出回った第一期である。江戸時代の四国遍路の出版物(一部は手記)で年代が判明するのは四七件と少ないが、年代的には文化年間が一二件と最も多い。次いで天保年間が六件、寛政年間が五件、宝暦、文政年間が各々四件となる。西国巡礼の出版物でも文化、文政、天保年間は最も多い時期でもある。従って、出版物が発行された量が多い年代は四国遍路と西国巡礼では同じ傾向を示している。

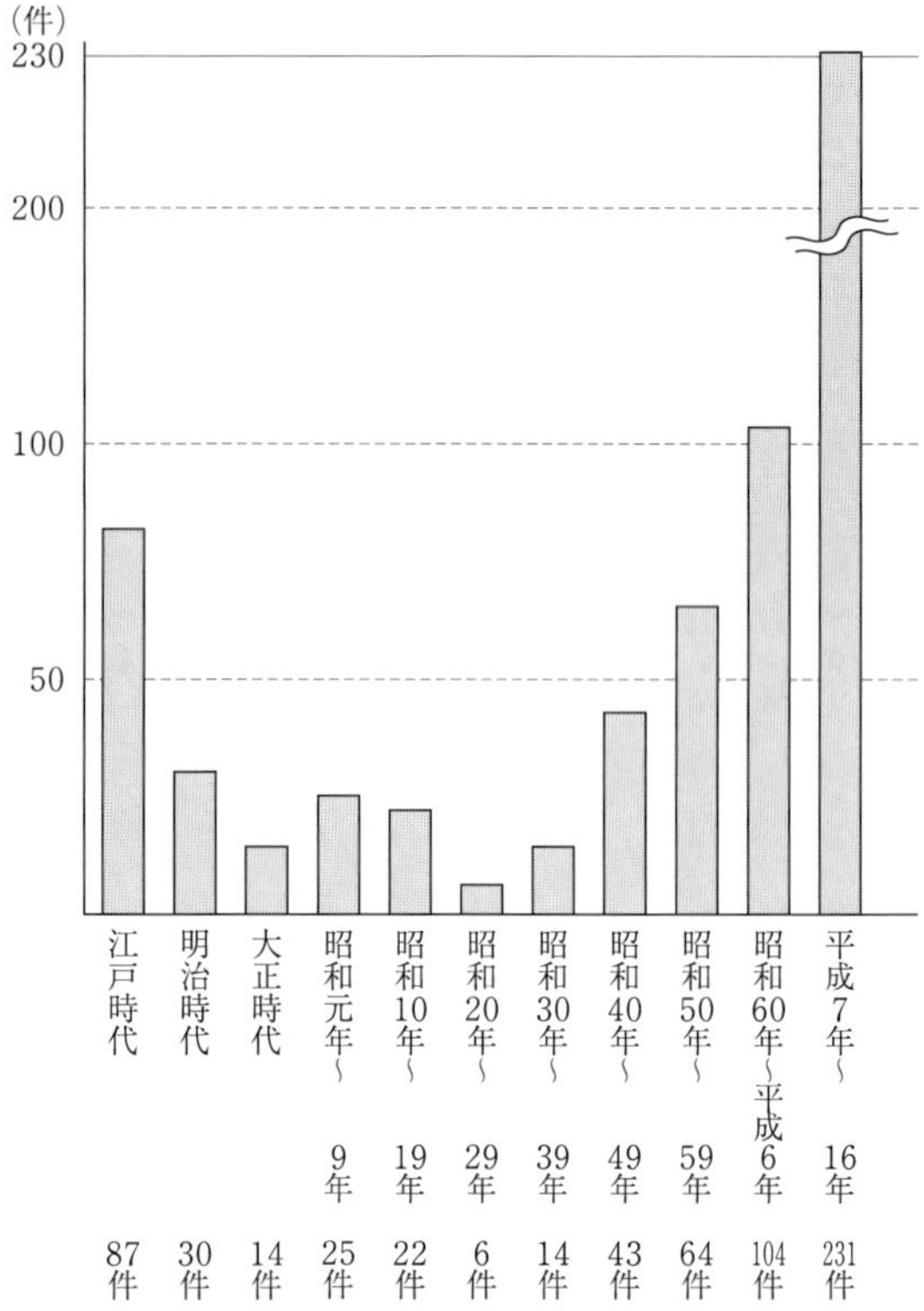

図3－13　四国遍路の出版物の状況

江戸時代の遍路に関する出版物は、案内記と絵図が主流であり、巡拝記は僧侶や探検家、及び富裕者の見聞録であり、その数は少ない。当時、主流であった案内記は大阪や京都、地元四国などの版元で刷られ、携帯に便利な和綴じの案内書であった。そこには各札所の本尊名や御詠歌が書かれ、道程が簡略に記されている。特に時代も古く、四国遍路の案内書の原型ともなり、度々版を重ねたのが真念の『四国邊路道指南』である。同書は貞享四年（一六八七）に出版され、以後増補され明和四年、文化十年、十二年などに『四国偏礼道指南増補大成』として発行されている。そのことは案内記の内容が殆ど進歩しなかったことを意味するものであった。(4) 絵図も細田周英が宝暦十三年（一七六三）に『四国偏礼絵図』を出版して以後、それを基本とした幾種類かの絵図が刷られるようになる。その中でも『四国偏礼』や『四国八十八箇所順拝略図』はサイズの異なるものが多数発行されている。遍路は一枚（帖）の絵図を折り畳み、それを携帯して歩いた。

それに対して、体験記は極めて少ないが、その中で注目されるのは澄禅の『四国遍路日記』である。四国霊場に関する重要な著述であり、霊場の建物の荒廃状況や住職の在・不在、道程や舟渡しなど、著者の観察のきめ細かさが特徴である。同書は昭和四十年頃、近藤喜博氏によって塩竈神社に所蔵されていた写本が発見され、四国遍路研究で注目されることになる。塩竈神社に残されたものは「徳田氏」によって、正徳四年に写本されたものである。[5] 従って、当時は写本として有識者に読まれたものと考えられる。今一つは、幕末の天保七年（一八三六）に遍路体験をした松浦武四郎の「四国遍路道中雑誌」（弘化元年に記す）である。[6] 松浦武四郎は探検家として知られ、四国遍路にも関心を抱き、札所の本尊名、そのサイズを記し、境内の伽藍にも触れている。その上で道程を書き、四国路の風情や人情を巧みに表現し、町並みや生業、特産物など社会状況も観察している。絵心があり、霊場の全景などをイラストで描いている。

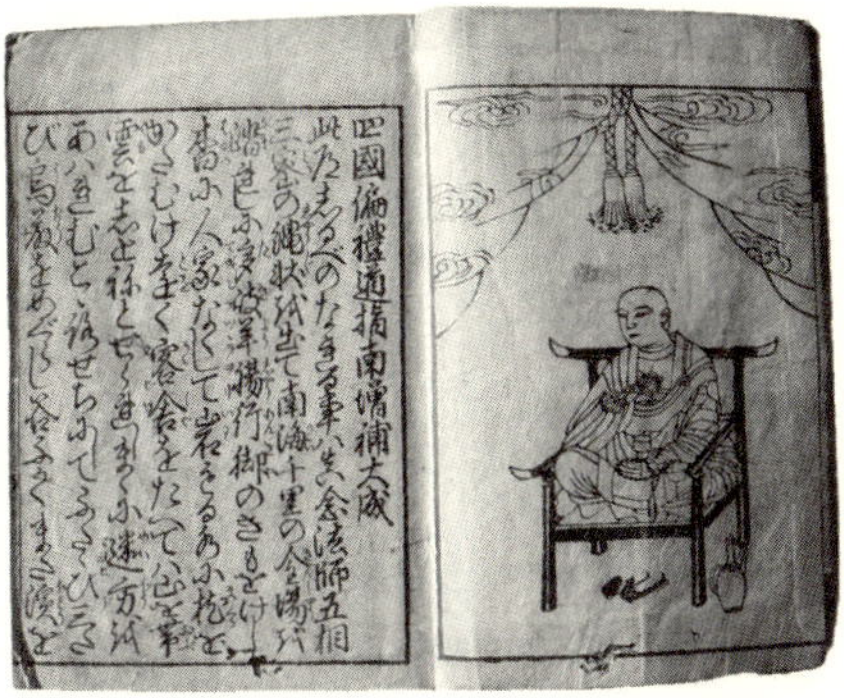

図３－14　『四国徧礼道指南増補大成』（関西大学図書館蔵）

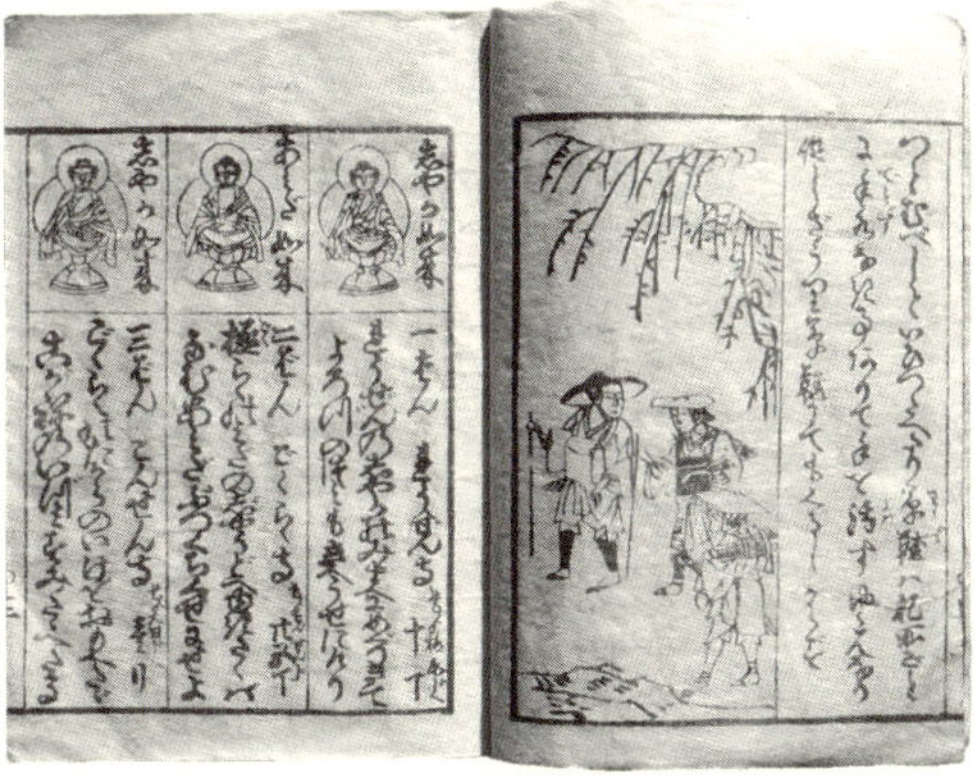

図３－15　『四国編路御詠哥道案内』（関西大学図書館蔵）

そのほかにも寛政七年（一七九五）に伊予上野村の庄屋・玉井元之進の「四国中諸日記」や、文化二年（一八〇五）の土佐朝倉村の西本兼太郎による「四国中道筋日記」、文政二年の新井頼助の記録などが残されている。しかし、巡拝記は出版されて一般に出回った訳ではなく、遍路の手引き書にはなり得なかったと言える。従って、庶民の間に出回ったのは和綴じの案内記と絵図、略図であり、それが携帯されて利用されていた。

明治期から大正期

明治初期には廃仏毀釈で四国霊場の荒廃と混乱が深刻になる。それを示すように明治初期には出版物は殆ど発行されていない。それが明治十年代に入ると案内記が徐々に出始める。しかし、その時期の案内記は江戸時代に作られた版木による簡単な道程に御詠歌を記したものや絵図であった。いわば過去の版木の再版や改訂版が中心であった。その数は多いとは言えない。そのような状況にあって明治期には僧侶が遍路に出かけるようになる。安田寛明師や尾関行応師、小林雨峯師、丹生屋東嶽師などである。しかしながら、その巡拝記は出版事情の影響によるものかすぐには発行されず、昭和初期にずれ込んでいる。

巡拝記で有名になったのは大正七年に『九州日日新聞』に連載された高群逸枝女史の「娘巡礼記」であった。女史が二十四歳の時、恋愛の苦悩を抱え故郷の熊本を出立し、伊東老人と二人で逆打ちで六カ月にわたる遍路を体験した。その原稿が同新聞に掲載された。嫁入り前の娘が一人で遍路に出かけるという事情と、その記事の内容が読者に感動を与え、当時大いに反響を呼んだ。

その当時、年間の遍路数がどれほどあったかは不明である。老僧からの聴き取りでは、明治二十五年頃には三月から五月までには多く、日に五百人の遍路があったといわれ、大正期には一日千人に上ることもあった[7]。別の老僧の述懐では、大正十四年頃の春秋の遍路時期には、一日五、六百人の遍路があり、夏や冬の季節は身体に障害をもった人や国元に帰れない人が遍路をしていた[8]、といわれる。これらの話からして、最盛期の春秋の季節はもちろんのことオフシーズンでも事情を抱えた遍路が相当数あったと考えられる。

大正後期になると巡拝記は徐々に出始める。それはやがて昭和初期への弾みにもなる。その背景を星野英紀氏は、大正後期にはバス事業を始める業者が続出し、交通手段の改善、旅行ブーム到来と時期を一にしている[9]、と指摘している。それが昭和初期の出版物の増加に拍車をかけることになる。

昭和初期から敗戦まで

昭和期に入ると、遍路に関する出版物は急激に増加する。昭和元年から九年までは二五件、同十年代は二二件となる。その背景には四国の交通網の発達が影響している。四国の交通網は、昭和二年に予讃線の高松―松山間が、土讃線の高松―高知間と高徳線の高松―徳島間は昭和十年に開通している。鉄道の開通は直接的には遍路に影響を与えるものではなかったが、鉄道の開通に合わせて乗合自動車（バス）やハイヤー、タクシーなども昭和初期に四国に普及し始めた。その費用は高価で遍路の利用に結びつくとは言い切れないが、旅行ブームを呼び込む一因になった。旅行雑誌『旅』は大正十三年に創刊され、旅行者の増加を念頭に入れたものである。雑誌『旅』では鉄道省に勤める島浪男氏（ペンネームで本名は飯島実）が昭和三年から四年にかけて遍路を体験し、その記事を連載した。それが昭和五年に単行本として出版している。その中で、島氏は「今まで一部の信仰本位の旅行者だけにしか為されるなかつたこの旅行課目を一般の遊覧本位、観光本位の旅行者のためにしやうと言ふのにある」[10]と目的を述べ、できるだけ交通機関を利用し、日数を切りつめ、遍路宿を避けて短期間で廻っている。島氏は博識家であり、札所にまつわる伝説や四国の生んだ偉人の業績、名所、旧跡の紹介にもスペースを割き、旅行者の関心を誘う記述になっている。当時、混乱を引き起こしていた第三十番札所・善楽寺と安楽寺にも触れ、善楽寺の再興を志す地元の有力者・山本成之氏の見解も「追稿」として詳しく述べている。また、その頃は珍しかった写真も挿入されている。

昭和初期には交通機関が発達し、従来のような徒歩で苦行する遍路からの転換期であった。その結果、背広姿で札所を廻った下村海南・飯島曼史はその体験を新聞に連載し、後に『遍路』として出版した。漫画家で知られた宮尾しげを『画と文　四国遍路』には、彼の才能を生かしたイラストが多く挿入されている。単行本にはなら

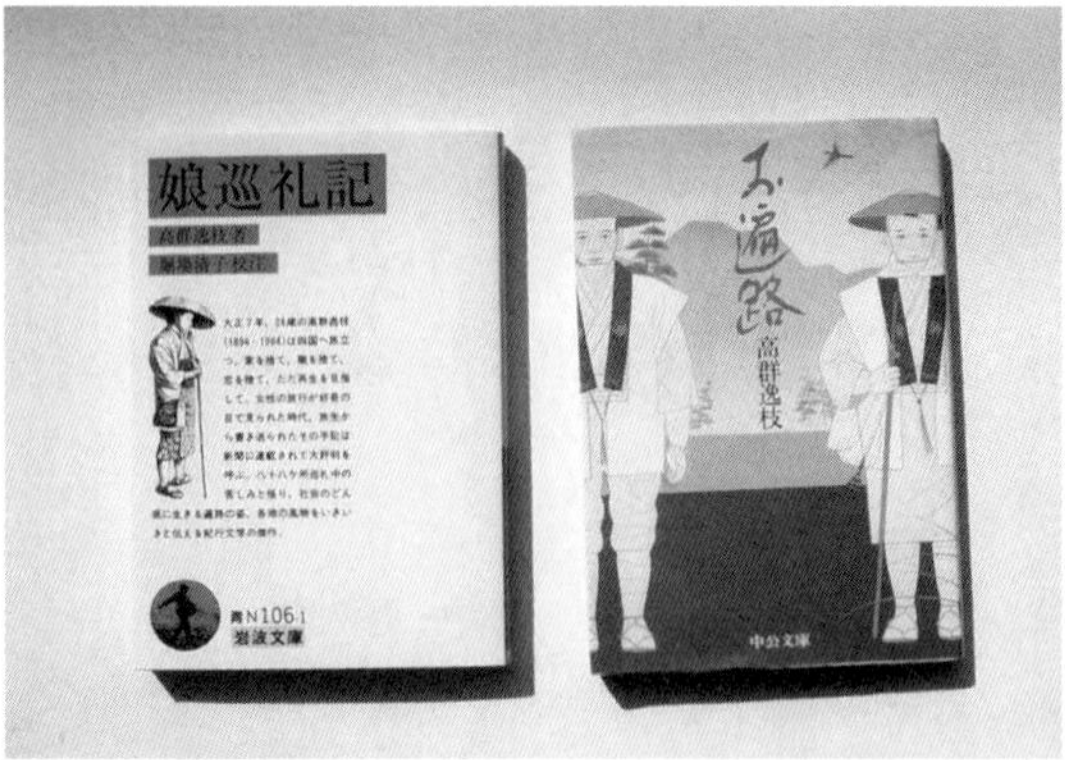

図3－16　高群逸枝『娘巡礼記』と『お遍路』

なかったが、多木伸氏の「四国遍路の手記」は、昭和十年に五十二日の巡拝を成し遂げ、印象に残った阿波一国巡拝の間に起こった体験を小説風に記したもので、「週刊朝日」（昭和十三年六月一日夏特別号）の懸賞募集に当選したものである。また、雑誌『旅』では四国遍路に関する記事が昭和十一年五月号で悦田喜和雄「遍路」、十二年三月号では下村千秋「四国遍路礼讃」などを掲載している。

　これまでは信仰心を抱き、徒歩で苦しみながらの遍路であったものが、交通機関の発達で一般の人々にも遍路に出かけやすい環境が整い始めた。そこで旅行・行楽としての要素を持ち始めたことで、その案内書が出始めるようなった。この時期に注目すべき案内書として昭和九年の安達忠一『同行二人　四国遍路たより』が挙げられる。安達は「はしがき」で「正確な道中案内の乏しいのを知り」と触れ、「一般旅行者の益々増えることを思ひまして、そうした方々の便をも考へ出来るだけ名所古跡、車馬交通を記しておきました(11)」と述べている。その内容は一定の様式に従って記述されている。それは札所番号、山号、院号、宗派、住所、御詠歌、本尊、順路、車馬（運賃）の順で書かれ、徒歩を原則としているが、バス、汽車の便も丁寧に記している。江戸時代の真念の案内書以来の詳しい案内書とも言える。

　従って、島氏と安達氏の著作は明らかに「旅行者」を念頭にした遍路の案内記、体験記になっている。それはこれまでの一途な信仰心による遍路向けの案内記とは趣を異にした内容になっている。

　また、遍路への関心が高まることにより、かつて体験したことを巡拝記として出版するケースも出てくる。小林雨峯師は明治四十年の遍路体験を二十五年後の昭和七年に出版している。東福寺派の管長を務めた尾関行応師は明治三十四年に三十二日間で飛脚の如く足速く廻り、昭和九年には二回目の遍路を体験し、それをもとに昭和十一年に『四国霊場巡拝日誌』を出版している。尾関師は「あとがき」で明治期と昭和期の二回の遍路体験からその違いに触れ、その一つに交通の発達を挙げている。実際に二回目は一宗派の管長であったことからタクシー、人力車を多用している。安田寛明師も明治十九年に遍路を行い、以後八回体験し、昭和六年に『四国遍路のすゝめ』を出版している。高群逸枝女史の昭和十三年の『お遍路』は、大正期に体験した遍路に今一度出かけようとしたが実現できずに、かつて新聞に連載した「娘巡礼記」を推敲して発行したものである。

今一つこの時期の体験記として注目されるのは、漂泊俳人・種田山頭火の『四国遍路日記』である。山頭火は荻原井泉水の門下であったが、身持ちの悪い生活破綻者であった。山頭火の最初の遍路は昭和二年から三年にかけてであったが、その記録は自身の手で焼却された。昭和十四年の二回目の記録が同書である。その遍路は途中松山で終わっているが、常に行乞であり、宿は飯米を用意し、それを炊くための薪代を支払う「木賃宿」であった。しかも彼の性格をよく表し、飲酒しながらの破天荒の遍路であった。同書はその後全集に収録され、度々出版されている。

このように昭和初期の案内書、体験記が多く発行された背景には、一つには交通事情の改善で遍路に出向きやすい環境が整い、一般旅行者向けの案内書が出たことである。今一つは遍路への関心が高まったことで、かつて巡拝した体験を公表しようとする気運が出てきたものと考えられる。しかし、当時どれほどの遍路があったのかは、その詳しいことは分からない。既述のような大正期の延長線に徐々に増加していったと想像できる。それは断片的な資料によって多少の状況が捉えられる。星野英紀氏の宿帳記録調査によると、(12) 昭和十年には二〇九七人、十一年には二〇六一人と比較的多かった。しかし、日中戦争勃発(昭和十二年七月)後は戦時統制経済で耐乏生活を強いられ、その影響が遍路にも現れる。十二年には一七七二人、十三年には一六四六人、十六年には一〇八〇人となり、第二次大戦が開始された翌年の十七年には八〇七人と激減している。日中戦争や第二次大戦の影響が遍路数にも影響を与えているが、遍路の出版物にも多少影響を与えている。昭和十八年までの出版物は四七件あるが、昭和十二年までの数が三〇件と多く、その後は少ない傾向を示している。

なお、昭和十二年五月五日から六月十六日までの四十三日間にわたり、大阪・南海沿線の二ヵ所で四国八十八ヵ所の出開帳が開催されている。これは「空前絶後」と称され、四国霊場の総出開帳であり、期間中約二〇万の参詣者で賑わった。その盛況は四国遍路への関心が高かったことを示す一例である。しかし、その後世相は戦時下に突入し、その気運は廃れることになる。

昭和六年には東京中野の宝仙寺の住職であった富田斅純師が主宰する「遍路同行会」から月刊『遍路』が発刊され、昭和十九年まで続いている。月刊『遍路』は大師信仰の布教、実践を目指す性格のものであった。この時期に同雑誌が発行されたのは遍路への関心が高まっていた証左とも言える。その意味で、大正後期から昭和初期は出版活動が活発化した第二期と位置付けられる。

昭和二十年代から三十年代

昭和二十年代は敗戦の荒廃と生活苦から遍路に出かける社会背景ではなかった。そのため、案内書、体験記は極端に少ない。しかし、昭和三十年代に入ると経済状況も徐々に好転し、社会復興も進んでいった。その中で遍路の案内書や体験記も復活し始めた。

昭和三十年には前年に四国遍路をした真言宗の僧侶・荒木哲信師の体験記『遍路秋色』が出版された。後に奈良市長を務める鍵田忠三郎氏は得度して、当時四つの企業を統括する事業家の身であったが、病気の回復と信仰心から遍路に出た。遍路は通常は接待を受けるが、鍵田氏は自身が寺院の復興や貧者に喜捨をしての遍路であった。それを綴ったのが『遍路日記　乞食行脚三百里』であった。また、同三十一年には岩波書店編集部による写真集の霊場案内書が発行される。いわば、案内書と体験記の両方が復活の兆しを見せ始めてきた。しかし、その数はまだ少ない。その中で注目されるのは、西端さかえ『四国八十八札所遍路記』である。同書は当初、雑誌『大法輪』に掲載された遍路の体験記であり、それが昭和三十九年に単行本として発行される。その出版形式は戦前に島浪男氏が雑誌『旅』に連載し、後に『札所と名所　四国遍路』を発行したケースと同じである。しかし、島氏の著作は旅行者向けのガイドブックであるのに対して、西端氏のは信仰面を重視した内容になっている。西端さかえ氏は事前に遍路体験者の助言を受け、周到に準備をして遍路に出かけている。札所の記述は緻密で、寺院の由来、縁起、歴史的変遷などを住職に直接尋ね、且つ境内の伽藍の配置や建物の由来をきめ細かく記している。また、札所にまつわる伝説や霊験記を収録し、出会った遍路にも取材し、病気が治りその御礼詣りをしている話などを紹介している。更に著名人の遍路体験をも紹介し、内容に深みがある。その上、自身が作務と乞行の

図 3 - 17　西端さかえ『四国八十八札所遍路記』

図 3 - 18※　昭和四十年に盛んになったバス巡拝

修行体験をしたことが記されている。内容的に江戸時代の寂本・真念による『四国偏礼功徳記』の現代版のようで、信仰面を強調した性格になっている。同書は雑誌記事の取材であることから、交通機関の利用、旅館での宿泊も含まれ、道程の記述や個人の感想や自然の描写などは省かれ、札所の案内記の体裁をとっている。その意味で、その後に発行される案内書、体験記の原型ともなった名著である。

昭和四十年代から五十年代

昭和四十年代に入ると、日本の経済は急激に成長する。それによってゆとりもでき始め、団体で参拝する遍路が主流になり出す。当時の年間の遍路数は前田卓博士の研究で判明する。昭和四十四年には一万四二五七人と昭和三十年後期の約二倍に増えている。(13) その七割が団体バスの利用であった。(14) 遍路の出版物も四十年代では四二件で昭和三十年代の約三倍と大幅に増えた。その多くは後半期に発行されている。五十年代には更に増えて六四件となる。

この時期の特徴は、地図を含む案内書が多く出版されていることである。その一例として、大山正幸編『へんろ道―自動車で巡拝する人のために―』や四国八十八ヶ所霊場会編『四国八十八ヶ所霊場記―最新ドライブ地図付き―』は、既にこの頃に自家用車を使った遍路が出始めていたことを示すものである。

ガイドブックとしては、その後版を重ねる平幡良雄『四国八十八カ所』は自身が歩き遍路を重ね、札所の紹介と簡約な地図を付し、新書版サイズの携帯に便利なものである。同書は昭和四十三年、四十七年、五十四年、五十九年と度々出版されている。西村望『四国遍路―八十八カ所霊場めぐり―』は写真を多用したカラーブックで昭和四十三年に発行され、五十七年に新訂版が出されている。佐和隆研・芥川善行・浜川博司『カラー遍路の旅』も昭和四十六年と五十一年に発行されている。首藤一『四国遍路八十八カ所』は昭和五十三年に発行され、五十九年に改訂版が出版されている。汲田栄功氏の写真集も昭和五十六年と五十九年の二回発行されている。門脇俊一氏の版画集も四十年代と五十年代に二回発行されている。いわばこの時期の出版物は案内書や版画、画集、写真集が中心となっている。それには遍路の数も増加し、そのための案内書の需要や、その関連の出版物に人気が集まったことが背景にある。従って、再版や改訂版が出るのもその一例でもある。

その中にあって、体験記としては、地元高知県の作家・土佐文雄『同行二人―四国霊場へんろ記―』は、著述業として職業柄文章も巧みで、内容も寺院の由来、縁起、伽藍の配置、霊験談、同行した遍路との交流なども描かれ、充実している。それに対して、昭和四十六年に三人で大八車を曳き、当時各地で失われかけていた小屋掛け芝居を興業し、テント生活をしながら遍路を達成した笹原茂朱『巡礼記―四国から津軽へ』は異色の遍路体験記でもある。

商業用の案内書や画家、作家などの体験記に混じって、昭和五十年代から一般の人の体験記が少しずつ発行され出す。山脇福一郎『四国遍路五十年の今昔』は、昭和五十一年に八十歳になって過去の遍路体験を振り返って私家版として発行したものである。伊藤延一『四国へんろ記』は特定郵便局の局長の退職を機に、亡き妻の菩提を弔うために二回に分けて位牌を背負い巡拝した記録である。今井美沙子『親子遍路旅日記』は親子三人で第三十一番札所・竹林寺まで遍路した日記である。上田雅一『愚眼遍路』は映画カメラマンとして遍路を撮影しながら、『同行新聞』に「愚眼連想」と題して昭和五十四年十月から八十八回にわたって連載された随筆である。この時期になると、写真家や画家、著述業以外にも一般の人がその体験記を出版するようになる。その傾向が次の時期へのステップとなる。雑誌『旅』は昭和四十六年四月号で、アメリカ人ジャーナリスト、オリバー・スタットラーの記事「青い眼でみた四国遍路」を掲載している。併せて、巡拝バスを利用する場合の案内記事を記している。なお、昭和五十二年からは第五十六番札所・泰山寺の先代住職・故大本祐章師によって『同行新聞』が発行され、その紙面には札所、奥の院の紹介や縁起、体験談などが掲載され、昭和六十二年まで続いた。

昭和六十年代から平成十六年

昭和六十年から平成六年までの十年間の出版物は一〇四件、一〇六冊とそれまでの十年毎の数を大きく上回る。そして、平成七年から十六年までの十年間ではその数は急激に増加し、昭和六十年から平成六年までの十年間の約二倍に相当することになる。この時期の出版物の増加の要因は、遍路数の増加とも関連し、且つ一般の人の体験記の大幅な増え方とも関係する。その詳しい考察は項を改めて述べることにする。

三　昭和後期から平成期の出版物

図3-13でわかるように、昭和六十年代から平成期にかけて四国遍路に関する出版物は大幅に増加する。この時期は遍路が徐々に増加する時期でもあり、両者の傾向は符合する。その関係は後述することにして、この時期の出版物に関して便宜上、十年毎に分けて分析する。

昭和六十年から平成六年

昭和六十年から平成六年までの十年間の出版物は一〇四件、一〇六冊で年間平均約一〇件となる。その出版物の内容の特徴は、一つにはこれまでの案内書や写真集などが依然と多いことである。例えば、平幡良雄『四国遍路』は、これまでの版を更に重ね、昭和六十一年、平成四年、平成六年にも改訂され発行されている。種田山頭火の『四国遍路日記』は昭和十四年の再版である。西村望氏は前作に加え『西村望の四国遍路の旅』を出版している。宮崎忍勝『四国遍路―歴史とこころ―』も再版である。小林茂『四国88ヵ所巡拝道しるべ』は昭和六十二年に発行され、平成六年に再版されている。

この時期には同一著者による新たなる企画も出てくる。写真家・汲田栄功氏はそれ以前に二冊の写真集を発行し、平成三年には『お大師さん四国霊場番外編』を出版している。宮崎忍勝師は写真家・原田是宏氏との共著で『四国八十八所遍路』（二冊）を出版している。原田是宏氏はその後『四国霊場の心』を発行している。また、写真家・溝縁ひろし氏は平成四年に『花へんろ』、六年には『四国西国巡礼ポケット図鑑』を、地元四国出身の作家・早坂暁氏は『巡礼』（『日本の名随筆』別巻21）『四国と出会う「人浪漫」全43話』『遍路往還記』を発行している。へんろ道保存協力会代表の宮崎建樹氏は『四国遍路ひとり歩き同行二人』を皮切りに、『四国霊場先達』『68歳からの同行二人』を、地元四国の遍路研究者・喜代吉栄徳氏は『中務茂兵衛と真念法師のへんろ標石並びに金倉寺中司文書』『奥の院仙龍寺と遍路日記』『四国の辺路石と道守り』を、鎌大師堂の庵主を務めた手束妙絹師は『人生は路上にあり』『お遍路でめぐりあった人びと』『花へんろ一番札所から』を出版している。その他にも三木文夫氏の「絵行脚」、浜田泰介の水彩画や小松庸佑氏の仏画、岸上正氏の影絵画集などの芸術家が遍路を体験し、それぞれの才能を生かし、遍路の紹介書を出版している。

この時期において注目されることは、一般の人の巡拝記が増加するようになったことである。森本直生『旅路と抱擁　四国遍路綺行』は、昭和四十四年以降度々遍路を体験し、その記録を昭和六十年に私家版で発行したものである。樫野和弘『巡礼ツーリング』はバイクで遍路体験した日記である。喜久本朝正『四国歩き遍路記―法衣を白衣に替えて』は、裁判官の職にあった著者が二度の休暇を利用し、遍路体験をした記録である。また、この時期には女性の遍路体験記も出始める。西岡寿美子『四国おんな遍路記』や藤井ヨシコ『お大師さまへの道一期一会』、田崎笙子『娘遍路』、時実新子『時実新子のじぐざぐ遍路』などがある。

その中にあって、特筆すべき出版物が一、二挙げられる。その一つは、へんろ道保存協力会代表の宮崎建樹氏が平成二年に『四国遍路ひとり歩き同行二人』を発行したことである。同書は歩き遍路用のガイドブックであり、四部構成から成り立っている。一部は「へんろの取組ガイド」と題し、十二項目を挙げて、遍路に出かける計画から作法、費用・予算、所持品、心得、戒め、宿泊の選定、施設別の宿泊料金、へんろ道の歩き方のノウハウな

図3－19　へんろみち保存協力会編『四国遍路ひとり歩き同行二人』

ど、歩き遍路の基本的な事項を丁寧に記している。その上で、「歩くへんろにとっては、一番の関心事は、寝ること、食べること、排せつの三つである」と述べ、それに必要な宿泊施設の一覧を巻末（第四部）にリストアップしている。

同書の真髄は、第二部の歩き遍路向けの地図である。地図は二つ描かれ、一つは国土地理院の縮尺図に道路と札所、奥の院、番外札所、及び役場、郵便局、ガソリンスタンド、旅館・民宿、食堂などが分かりやすく書き込まれている。今一つの地図は、略図を添付し、途中の距離数を正確に記載している。それに加えてバスの時刻表を掲載している。第三部は霊場案内で、簡略に本尊、開基、宗派、縁起・由来などを記している。

同書はこれまでの案内書とは大きく異なり、地図を主体として宿泊施設、食堂など歩き遍路に対する懇切丁寧な内容になっている。過去の文献（真念『四国邊路道指南』、安達忠一『同行二人　四国遍路たより』）も参照し、且つ地元の古老、住民から聴き取り、距離の測量なども正確である。同書の発行で歩き遍路が体験する道に迷うこと、宿探しに苦労することが緩和され、歩き遍路の増加に大いに貢献したとも言える。

今一つ注目すべきものは、ある体験記である。それは平成二年に発行された小林淳宏『定年からは同行二人　四国歩き遍路に何を見た』である。著者は時事通信社の特派員をしていたが、定年退職した昭和六十三年に六十三歳で遍路体験をした。その記録が同書である。

著者はそれまでは遍路とは無縁に近く、定年を機に遍路に出かけ、道中での様々な体験を巧妙な文章で綴り、読者を魅了するとともに遍路に出かけようとする人への教訓を与えている。先ず、初めての接待にお茶を頂き、以後お金や食べ物、飲み物の接待を受けて感激する。宿探しに苦労し、今治市では「最も苦しんだのは宿探しである」と述べている。また、歩き遍路の宿命として、天候に苦しめられ、肉体的苦痛が語られている。七月の遍路であり、夏の炎熱に苦労し、雨にもたたられ、「これで全身がずぶぬれ」「小降りと大降りの連続に苦しめられた」と述べている。肉体的苦痛は一層際立っている。足にマメができて潰れたり、尻がすれた痛み、疲労の蓄積など、歩き遍路では誰もが経験する肉体的苦痛が巧みに述べられている。

また、一人歩きで起きる様々な失敗談も教訓となり、興味をそそる。例えば、納経帳を置き忘れて取りに戻ったり、メガネを置き忘れて買い求めたり、道に迷い岩屋寺の旧道での遭難騒ぎ、紛らわしい道路標識で前進しているのではなく、周辺をうろうろ廻った失敗などが描かれている。更に、自動車による遍路が増えるに連れて民宿や旅館の閉鎖、舗装された道の肉体への負担、トンネルでの騒音や排気ガス、犬に吠えられるなど現代の歩き遍路の悩みも綴られている。遍路体験も終わりに近づくと、「オレは悟りの境地に近づいてきた」と思ったが、独断であり、それを反省し、「謙虚で敬虔な心境になった」と述べ、結願して「法悦に浸った」と結んでいる。

図3－20　結願寺の大窪寺山門

著者は特派員として記事を書く職業柄、取材技術も上手で、しかも文章も読み手を意識して巧みである。同書は好評で版を重ねた。この書物に触発されて遍路に出かけたケースも少なくない。その一人に平成九年に海上保安官を退職して遍路を体験し、その記録を著した西川阿羅漢『歩く四国遍路千二百キロ』がある。

以上のように、歩き遍路用の新たなるガイドブックの発行と、遍路に縁のなかった人が退職後に実践した体験記は、これから遍路に出かけようとする人に勇気を与え、後押しする効果をもつことになった。

ところで、平成期に入ってからは遍路が一層増加する時期でもある。図3-21によれば、昭和六十年代は年間約四万五〇〇〇人程度であったが、平成二年には五万二〇〇〇人、三年には六万七〇〇〇人と大幅に増加する。以後六万人台で推移する。この大幅な遍路の増加については、筆者はこれまで幾つかの点を挙げて考察してきた(15)。それを簡略に述べると、昭和六十三年の瀬戸大橋の開通や四国内の交通網の整備、マスコミによる遍路報道(NHKによる昭和六十年から六十三年にかけてのドラマ「花へんろ」、平成二年のスペシャル番組「聖路」)、及び平成二年の朝日新聞社主催「空海のみちウォーク」が企画・開催されたことで、遍路の増加となった。増加する遍路にあわせて商業出版も増加した。それは以前の再版や改訂版であったり、新たに企画された出版などが相次いでいる。その上で、歩き遍路を体験した人の巡拝記も増加するようになった。この時期は歩き遍路を再認識する頃でもあった。昭和四十年頃から主流になったバス遍路がやがて昭和五十年代には自家用車による遍路へと変化して行く。そのような時流の中で、歩き遍路に注目が浴びるようになった。その一つは朝日新聞社などが主催する「空海のみちウォーク」(一部区間はバス利用)でもあった。平成四年からは一年で一周する目標で定期的に歩く「へんろみち一緒に歩こう会」(へんろみち保存協力会主催)の活動も起こった。

また、昭和五十九年七月には伊予鉄観光開発から月刊『へんろ』の小冊が発行された。同冊子は霊場の紹介や諸行事に関する記事に、遍路の体験談や遍路体験による「歌檀」「詩檀」「句檀」などを掲載したもので、遍路同士の交流、情報交換を促進するメディアとなっている。

平成七年から平成十六年

平成七年から十六年までの十年間では出版物が更に増加し、二三一件、二四五冊を数える。特に平成九年以降は年間約二〇冊以上が発行されるほど活発になる。平成七年には阪神淡路大震災が起こり、大惨事になった。その影響は一、二年続く。しかし、平成十年にはNHKが著名人やタレントを起用して四国霊場を二年間に亘って

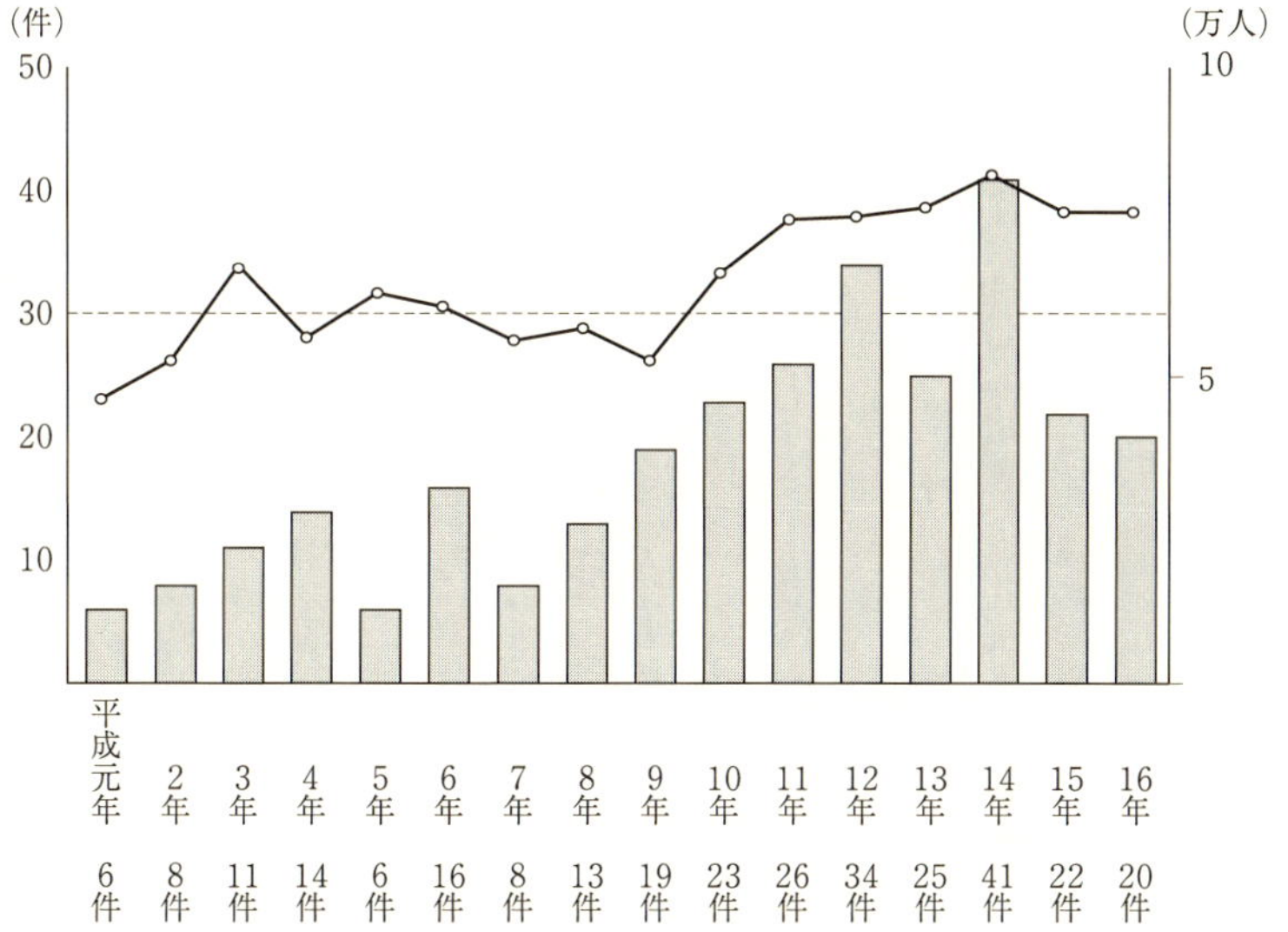

図3-21　平成期における遍路動向と出版件数

総合テレビとハイビジョンで放映したこともあり、遍路が急激に増加する。それに比例するように出版物も増加した。両者の傾向を表したのは図3-21である。マスコミの影響で遍路が増加し、その遍路をターゲットにしたガイドブックの商業出版も増加した。併せて遍路を体験した人の自費出版も増え始める。この時期の出版状況について内容を整理し、検討してみる。

その一つはそれ以前から続く、同一著者による出版物の発行である。写真家・溝縁ひろし氏はそれ以前にも数冊の写真集を出しているが、この時期にも平成九年に『四国八十八ヵ所花遍路』、十年には『四国へんろ花巡り』、十三年に『四国八十八ヵ所物語―溝縁ひろし写真集―』、そして十五年には『四国八十八霊場四季の花』の四冊を出版している。川端龍子氏は昭和五十四年の『四国遍路』に次いで平成十四年に『四国遍路―詠んで描いて―』を発行している。喜代吉栄徳氏もそれ以前からの作品に加え、『へんろ列伝　行基菩薩より中務茂兵衛まで』（平成十一年）、『遍路の大先達　中務茂兵衛』（平成十二年）を出版している。教師生活を突然辞めて遍路を体験した佐藤孝子氏は、平成八年に『情け嬉や　お遍路ワールド』を皮切りに、『お遍路

に咲く花　通る風』（平成九年）『四国お遍路ガイドブック―よくわかるすぐ行ける―』（平成十二年）『四国遍路を歩く―もう一人の自分に出会う心の旅―』（平成十四年）の四冊を出版している。写真家・横山良一氏も『四国遍路』1～4に加え、『山頭火と四国遍路』を発行している。高田京子氏は平成七年に『四国八十八ヵ所めぐり』、十二年には『ある日突然、お遍路さん』を著している。

また、再版も起きている。白木利幸『こころ癒す巡礼参拝用語辞典』は平成六年に文庫本で再版されている。対尾準三郎『四国霊場立地の謎』は平成十年に発行され、十四年に増補版が出されている。原田伸夫『還暦のにわかおへんろ』は平成三年に出版され、同十一年には再版されている。昭和六年に発行された安田寛明『四国遍路のすすめ』は平成十二年に孫にあたる安田一雄氏によって復刊されている。

図3－22　巡拝記のいろいろ

この時期の出版において注目すべきことは、それ以前から続く体験記の多さである。その中で、内容的に興味を誘うものとして二、三挙げられる。その一つは、辰濃和男『四国遍路』である。著者は朝日新聞社の記者、論説委員を経て、「天声人語」のコラムを長い間担当した著述家である。昭和四十九年に一度遍路を体験し、二十四年後の平成十年から三年かけて「区切り巡拝」をした記録が同書である。著者は遍路の目的を「半分は書くという目的のためだったが、あとの半分は、ちょっと立ち止まって自分の生き方に向き合いたいという気持ち」と説明している。その内容は長年の著述体験が構成や内容に遺憾なく発揮され、読者を魅了している。寺院の紹介などは省き、遍路途上で体験したことを奥深く追求し、出会った人々や札所の住職との会話から得た事柄を丁寧に噛み砕くように解説している。二十四年前の体験や、今回新たに自身が挑戦した滝行、座禅の体験も興味を誘う。内容的には宗教の本質を遍路体験でつかみ取ろうとするものであるが、現代の日本社会の矛盾や問題点、日本人が見失ったものの発見など、現代文明に対する批判も含まれている。新聞記者としての取材経験や論説、コラムニストとしての蓄積された知識と読者の心をつかむ文章表現が随所に見られる。

月岡祐紀子『平成娘巡礼記　四国八十八ヵ所歩きへんろ』は、瞽女三味線を後継する二十四歳の音楽家が三味線演奏を奉納する遍路旅であった。当初新聞に連載されたのを後に単行本として発行された。著者は芸の行き詰まりからの悩みを打開するために遍路に出た。二度目は女性カメラマンと同行した記録である。若い女性の遍路であり、道中の観察も鋭く繊細な描写や心境、感動が鮮やかに記述されている。併せて、女性遍路の悩みとして生理の苦痛や、トイレの不便さが赤裸々に描かれている。三味線の芸が周りの人との交流を深め、単なる遍路体験記とは一味違っている。札所の本堂で演奏会を開いたり、老人ホームのデイケアホームでは入所者を相手に演奏し、触れ合いを深めている。道行く途上では住民と三味線で自然に溶け込むことができ、好感をもって受け入れられている。その結果、接待も他の遍路よりも多く受けている。遍路途上では様々な遍路たちとも巡り会っている。若き修行僧、精神科の医師、外国人の二人連れの女性遍路など、それらの人との交流も楽しく描かれている。

それ以外にも、学生時代に就職活動をする友人を尻目に、自分探しの旅に四国遍路をした早坂隆『僕が遍路になった理由（わけ）―野宿で行く四国霊場巡りの旅』は、若者ならではの型破りの体験記でもある。著者は卒業を控えた時期に時計も寝袋も持たずに、児童公園や町工場の倉庫、橋の下、小学校などで寝泊まりして、道中様々な遍路や地元の住民との出会い話を記述している。その他にも父親を亡くした幼い子供が祖母と車で遍路した『ちびっこ遍路　よっくんが行く』は、祖母が孫を連れて遍路した日記である。また、ニュージーランドのトレッキングガイドのクレイグ・マクラクラン『四国八十八か所ガイジン夏遍路』は、野宿を基本に、三十日間で一巡している。札所の住職に好意的に待遇されたり、道中では日本語を話す外国人の遍路として特異の目で見られたことが記されている。

四　出版物の増加の背景

出版物の件数を時代別及び昭和期、平成期では十年単位で分析してきた。江戸時代は遍路も多く、案内記、地図・絵図も発行された。大正期から昭和の初期にも交通機関の発達で旅行を目的とした案内書が出始める。戦後は三十年代までは低調であったが、昭和四十年代から出版物は増え始める。そして昭和五十年代には年平均六件、昭和六十年から平成六年では年平均一〇件、平成七年から平成十六年までは年平均約二二件と大幅に増加した。特に平成九年以降は著しい伸びになっている。その時期は遍路が大幅に増加する時でもあった。平成十年には遍路の数が六万七〇〇〇人と大きく増加し、以後七万人台、八万人台と大幅に増加する。出版件数も平成十年には年間二三件で初めて二〇件を超えた。十二年には三四件、十四年には四一件と大幅に増えた。遍路の絶対数の増加は平成十年の明石海峡大橋、十一年の西瀬戸大橋自動車道の開通で関西、中国地方からのアクセスがよくなったことや、NHKのハイビジョンテレビ放送で四国霊場が取り上げられたことに大きく作用したものである。

遍路増加の要因に出版物の増加も作用している側面もある。遍路の増加と出版物の増加とには比例する側面も見受けられるからである。遍路の出版物はガイドブックと体験記が中心であるが、平成九年以降は共に増加する。平成九年から十六年までを見ると、体験記も増えるが、ガイドブック、紹介書など商業出版が特に増え、十二年には一三冊、十四年には一五冊となり、出版物全体を押し上げている。平成十五、十六年には遍路数、出版物とも減少するが、ガイドブックも七冊、五冊と少なくなっている。ここにガイドブックや紹介書の発行数が出版物全体に影響を与えている。しかし、出版物の増加が直接的に遍路の動向に影響を与えているのか、その逆に遍路の増加が出版物の多さに作用するのかは微妙である。両方の作用が働いた結果とも考えられる。

次に、平成九年以降に出版物が急激に増加した背景を検討してみる。この時期の出版物の増加の特徴は、商業出版としての案内書の増加と体験記の多さである。特に体験記が増加したことが出版物全体の件数を押し上げているとも言える。それ以前にも体験記は様々なタイプのものが発行されてきた。それは作家や芸術家、写真家、新聞記者などによる商業目的をもったものであった。今一つは、僧侶などの自らの修行を回顧する体験記であった。それに対して、一般の人の体験記は内容や文章表現などで難点があり、商業出版には向かなかった。そのために、自費で出版する私家版にならざるを得なかった。従って、当然その発行部数も少なく、著者が友人・知人に配布する程度の部数で人目にはつかなかった。

ところが、平成期に入ると、バブル経済の崩壊で平成不況に陥った。出版業界も活字離れが進み出版不況と呼ばれ、苦境に立たされた。しかしながら、遍路に関する出版はそれとは裏腹に増加している。その背景には遍路の増加と出版社側の事情とが大きく関わっている。その第一は、これまでの遍路に関する出版物は大手出版社や仏教関係、旅行関係の出版社、新聞社によるものであった。そのために、優れた内容と商業的な利益を重視した出版であった。それが遍路の絶対数の増加で案内書の発行が各社から相次いで出版されるようになった点である。これまでの既存の出版社以外に新規に参入する業者も出てきた。更に宗教関連の雑誌や総合雑誌でも遍路を題材とした記事が増えたことである。その背景には遍路に関する出版物が市場として注目され出し、営業面で収益になると目論んだと考えられる点である。平成不況が長引き、失業率も五%を超え、先行きが見えず、自殺者も年間三万人を超えるなど、混迷と殺伐とした時代を迎えた。そのような社会状況で人々は一縷の望みを託して遍路に出ることもある。リストラで職を失った人や、目的探しの旅、挫折し自己を見つめ直す旅など様々な目的で遍路に出かけるようになった。そのような人々をターゲットにした案内書が増え出した点にある。

第二に、新しい変化は自費出版を促す業者が出始めたことである。自費出版の費用の負担は原則的に著者の負担であるが、これまでの私家版と異なるのは、広告や流通に出版社が協力するようになったことである。好評ならば出版社の企画となり、印税も入ることがある。従って、自費出版ながらも店頭に並び、市販される利点が出たことである。「近代文芸社」は自費出版を出版方針とする会社であるが、遍路関係の出版も平成六年から始め、八年に佐藤孝子『情け嬉や　お遍路ワールド』が好評となり、十四年まで八冊を出版している。「新風舎」も四冊発行している。特筆すべきは今一つの自費出版社「文芸社」による出版の多さである。同社は平成十年までは遍路関係の出版物は殆どなかった。しかし、平成十一年から年に四、五冊の割合で発行し、平成十六年までの六年間で二六冊を数えている。その数は平成十一年から六年間に出版された案内書、体験記の合計一六八件の一・五割を占め、体験記だけでは一一八件のうち二・二割に相当する。

これらの出版社以外の会社からの自費出版も数多く挙げられる。自費出版は出版社にとっては在庫処理の負担がなく、出版物の中から好評な作品が発掘される利点がある。このような出版社側の変化が遍路体験記の自費出版の増加に結びついている。

第三に、歩き遍路の増加である。それ以前から歩き遍路に対する評価は定着してきた。そのきっかけは平成二年の「空海のみちウォーク」や平成四年から始まった「へんろみち一緒に歩こう会」などにあるが、宮崎建樹『四国遍路ひとり歩き同行二人』の発行や、小林淳宏『定年からは同行二人　四国歩き遍路に何を見た』、佐藤孝子『四国お遍路ガイドブック―よくわかるすぐ行ける―』などに触発され、遍路に出ようとする人が増え始めたことである。定年退職の記念や自分探しの旅、精神的解放を求めて遍路に出かける人が多くなった。その人たちは自己の体験を公表したい欲望に駆られる。海上自衛官を退職した西川阿羅漢『歩く四国遍路千二百キロ』や、海上自衛隊の護衛艦長を歴任し喜寿の記念に遍路体験した堀之内芳郎『喜寿の遍路日記　同行二人四国八十八カ所巡礼』（同人誌に掲載後出版される）はその例である。店頭に置かれた個人の体験記を読むと、誰でもが遍路に出かけられるという勇気を与えてくれる。そこで自分自身も遍路体験をしようとする人が増えてきたことである。

第四に、自費出版の費用に対する評価も多様になり、必ずしも高価であると捉えられなくなった点である。退職金の一部を出版費用に当てたり、将来のために貯えた貯金を振り向けるなど、経済的な豊かさが自費出版を思い立たせている。遍路体験は他の人にはわからない自己の貴重な実践であり、それを広く世間に公表し後世に残せるならば、その費用が多少高額でも価値のあるもので決して高い値段とは言えない視点である。

以上のような要因が作用し、出版社側の営業戦略と自己の体験を公表しようとする人々との願望とが噛み合い、体験記の出版の多さにつながっている。

なお、昭和五十九年に伊予鉄観光開発から発行された『へんろ』はその後も継続され、そこには素朴な遍路体験談が多く掲載され、遍路の情報誌の役割を果たしている。平成十二年三月には「ふぃっつ」社（後に「シンメディア社」に改名）から月刊『へんろ』（平成十四年からは季刊）も発行され、そこにも遍路体験談が数多く掲載されている。これらの冊子の手記をみると、一人一人の遍路の貴重な体験が読み取れる。

昭和後期から平成期にかけて遍路が増加し、それに併せるかのように出版物も増え出した。この時期が出版物の第三期の活況期と言える。その出版物は商業用の案内書と体験記が大幅に増えたことである。その背景には、四国への交通のアクセスがよくなり、マスメディアによる影響、歩き遍路の再評価などによって遍路が増え、それを狙った商業用の案内書が発行されたことと、遍路をした人々による自己の貴重な体験を公表したいという願望を自費出版で発行できる風潮が生まれたことである。

本節では遍路の動向と出版物に関する全体像を捉え、且つ昭和後期から平成期にかけての出版事情を考察した。それを今一度整理すると、江戸時代の中期以降は遍路が増えるが、その背景には農民たちの経済的豊かさと、案内図の発行があった。御詠歌付きの道程を記した案内記や絵図が発行され、それを携帯して廻った。江戸時代後期が出版物の出回る第一期でもある。しかし、西国巡礼の出版物に比べるとはるかに少ない。明治期に入ると廃仏毀釈で札所が荒廃し、混乱が生じ、遍路も減少し、出版物も少ない。明治中期頃からは復興し始めるが、出版物は江戸時代から受け継がれた版木の案内書が多かった。

大正後期から昭和初期には鉄道、乗合自動車、タクシーなどが普及し、旅としての遍路が出てくる。それに合わせて案内書や体験記が発行され出す。この時期が遍路に関する出版が活発化した二期目である。しかし、やがて敗戦による荒廃で昭和二十年代、三十年代は衰退期になる。そしてそれが回復するのは昭和四十年代に入ってからである。同五十年代には加速して昭和後期から平成期には出版物は更に増加する。そして平成十年以降は年間二〇冊以上も発行され、活況を呈している。昭和後期から平成期が第三期の活況期でもある。その第三期目の出版事情は、四国へのアクセスの向上やマスメディアによる報道で遍路が大幅に増加したことがある。それを目当てに案内書が多く発売され出した。他方、歩き遍路を体験した人たちによる自費出版の体験記が多く出回るようになった点に特徴がある。

第四章　道中日記にみる巡礼と遍路の習俗

巡礼、遍路を体験した人は自らの備忘録として、あるいは後世にその記録を残すために綴った手記を残している。これが道中日記と呼ばれるものである。江戸時代には西国巡礼や四国遍路を体験した人々によって数多くの巡拝記が残されている。その初めは僧侶による巡拝記である。例えば、承応二年（一六五三）に智積院の悔焉房澄禅の『四国遍路日記』は巡拝した道程や寺院の伽藍の様子、河川の渡渉など詳しい内容になっている。やがて、庶民が巡礼、遍路に出かけるようになると、その人たちによる日記も残されるようになる。西国巡礼では東国から庶民が行楽を兼ねた旅として多く押し寄せ、その記録も残されている。昭和後期から平成期には第三章で述べたように、四国遍路の体験記が数多く発行されている。体験記の研究としては遍路では真野和俊『旅のなかの宗教』や山本和加子『四国遍路の民衆史』、星野英紀『四国遍路の宗教学的研究』、西国巡礼では田中智彦『聖地を巡る人と道』などの成果がある。本章では先人たちが扱った資料にも触れるとともに、時代の幅を広げるなど新たな資料を用い、体験記、巡拝日記を通じて江戸時代から昭和中期にかけての巡礼、遍路の習俗を捉えることにする。巡礼、遍路を実際に体験したことによってわかる当時の様子を捉えることにする。巡礼、遍路にはどのような行程でどれくらいの日数を要したのか。その費用はどれくらいかかったのか。道中での見物、行楽、地元住民との関わり、その他にも時代によって様々な習俗を垣間見ることができる。

第一節　道中日記にみる西国巡礼の習俗

江戸時代には文化の中心であった上方に東国から商人や参詣者が多く訪れた。伊勢参宮や西国巡礼、はたまた金毘羅宮など遠隔地への参詣も盛んであった。その道中を記録した道中日記も数多く残されている。その道中日記を通じて当時の巡礼の習俗を幾つか取り上げることにする。史料は江戸時代の天明六年から明治二十年代までに常陸、下野、越後、遠江、三河、山城、播磨、備後などの住人が西国巡礼を行い、その行程を綴った日記を用いる。その内容から行程と日数、同行者、それに要した費用、宿泊状況、その他にも著者が体験したことや見聞した事項などを検討する。

一　行程と日数

西国巡礼を行うにはどれだけの日数を要したであろうか。平安末期の応保元年（一一六一）に三井寺の僧覚忠は西国巡礼に七十五日を要したことが記されている。[1] 当時は道路事情も悪く、河川も整備されず、渡渉に苦労したものと思われる。江戸時代に入ると道路も整備されるので、日数も短縮されるようになる。そこで江戸時代に西国巡礼に要した日数を検討してみる。

天明六年（一七八六）に三河国宝飯郡前芝村（現在の豊橋市）の兼隣の遺稿を同行した加藤六蔵広当がまとめた「西遊紀行」がある。[2] それによると、二月四日に同朋五人と出発して、伊勢参宮した後に十四日に那智山から巡礼を始めた。高野山を参詣し、石山寺から三十二番観音正寺、三十一番長命寺と逆打ちし、京都から愛宕山を越えて亀岡に出て、穴太寺から善峰寺と逆打ちしている。中山寺まで進み、室津から四国の丸亀に渡り、金毘羅宮、善通寺にも参拝している。備中児島に上陸し、吉備津宮に参宮した後に東に向かい、書写山から巡拝を再開している。四月二日に美濃の谷汲山で結願して四月五日に帰郷している。その目的は和歌を作りながら観音巡拝と金毘羅宮への参詣であった。その日数は約二ヵ月の日程になっている。

寛政十三年（一八〇一年、二月五日享和に改元）に遠江国の舞坂宿（現在の静岡県浜名郡舞阪町）の住人五人（途中から二人加わり七人）が西国巡礼に出た記録が「享和元年西国巡礼旅日記」（仮称）として残されている。[3] 但し、

図４－１　西国一番青岸渡寺の五重塔と那智の滝

前半部が欠落して、奈良・興福寺南円堂以降の記録である。末尾に「寛政十三年酉正月晦日出立　享和元年三月晦日帰宿」と記され、二ヵ月の巡礼であった。途中で明石から四国の丸亀に渡り、讃岐の金毘羅宮、善通寺を四日間で参拝し、備前の牛窓に上陸し、再び西国巡礼を開始した。谷汲山で結願して帰着している。正確な記録は欠けているが那智山での打ち始めは二月十二日頃と思われ、一番札所から三十三番札所までは四十五日間ほどと推計できる。

遠江国の雲岩寺村（現在の静岡県浜北市）の僧侶が文化四年（一八〇七）に四人で西国巡礼を行っている。「龍泉寺州椿禅師西国順礼記」によると、[4] 八月十六日に出発し、三十日に那智山から廻り始め、高野山を参拝するなど石山寺まで進む。そして観音正寺、長命寺を先廻りし、三井寺から比叡山に登って諸伽藍を拝覧して京都に入っている。その後、愛宕山を越えて穴太寺、善峰寺を逆打ちして中山寺まで行く。相生から四国の丸亀に渡り、金毘羅宮にも足を延ばし

ている。帰路は播磨の室津に着き、書写山から巡礼を再開し、十月十六日に谷汲山で結願した。帰着は十月二十日となっている。その期間は六十七日間となる。但し、那智山から谷汲山までに要した日数は四十六日間で、四国に渡った四日間を除けば四十二日間となる。

文政五年（一八二二）に、三河国加茂村（現在の静岡県小笠郡菊川町）の住人が厳寒の一月から西国巡礼を行った記録が「西国三十三所巡礼の記録」として残されている。[5]それによると、同行者の人数は不明であるが、出発は一月十八日で、この年は閏正月があり、那智山には二日に着いている。その後、高野山を参拝し、石山寺からは長命寺、観音正寺を先廻りし、三井寺から比叡山の諸堂を参拝して京都に入る。その後、愛宕山を越えて穴太寺に詣り、中山寺まで進む。高砂から丸亀に渡って金毘羅宮に参り、備前の下津井港に戻って東に向かって進み、書写山から巡拝を再開している。谷汲山の結願は二月十六日になっている。帰郷は二十三日頃と推測される。その期間は六十四日間である。一番那智山から谷汲山までに要した日数は四十四日間で、四国へ渡った三日間を除くと四十一日間となる。

年代は不詳であるが、三河国渥美郡東植田村（現在の豊橋市植田町）の住人四人が西国巡礼を行った記録（仮称「西国三十三所巡り」）がある。[6]一行の出発は一月十二日で十一日目に那智山に参詣している。以後北上し、高野山を参詣し、石山寺からは観音正寺、長命寺、三井寺と進み、中山寺に到着する。その後、播磨の室津から丸亀に渡り、金毘羅宮、善通寺、弥谷寺などを廻り、再び室津に戻り、二十七番書写山・円教寺から西国巡礼を再開し、四十五日目の二月二十六日に結願している。三日後の二十九日に帰着している。それを「日数〆四拾八日目ニ下向致候、以上　正月十二日出立仕候、二月廿九日ニ下向致候」と記されている。但し、一番札所から三十三番札所までは四十五日間で、四国に渡るに要した日数四日を除くと四十一日間となる。

畿内の西、播州姫路からの西国巡礼の記録も残されている。その一つは、文政元年（一八一八）と推定される「西国伊勢道中巡礼日記」である。[7]五十八歳になる妙順という女性と二十六歳の善右衛門が九月一日に姫路を出発して二十七番書写山・円教寺から逆打ちで二十番善峰寺まで行き、宮津に出て成相寺から順番に廻り、九月二十二日に谷汲山に到着している。その後、二十六日に伊勢に参宮し、十月三日には那智山に着き、巡礼を再開する。十九番行願寺（革堂）まで順番に打ち進み十月二十一日で結願している。その後、大阪に出て名所見物などをして十月二十九日に帰宅している。その期間を「道法　凡三百三拾五里舟路共　日数　五十九日」と記している。その期間には谷汲山から伊勢を経由して那智山までの日数が十日、行願寺で結願してから帰宅までは八日を要しているので、それを減じた三十三ヵ所分は約四十日となる。

今一つの記録は、天保七年（一八三六）に播州姫路の「大和屋」の屋号をもつ「庄兵衛」が女性二人を含む五人（途中から三人）で西国巡礼を行っている。この巡礼には信濃の善光寺、伊勢神宮、法然上人と縁の深い二十五箇所霊場も廻るなど二百五十ヵ所に加え、諸国の名所旧跡にも足を延ばしている。この史料「天保七年順礼道中日記」は上野利夫氏によって翻刻され、解説がなされている（『天理参考館報』第十一号）(8)。それによると、出発の二月二十五日から帰着の六月朔日までの九十七日間と三ヵ月余りに及んでいる。その行程は地元の第二十六番一乗寺から始まり（第二十七番円教寺は予め参拝済み）、美濃の谷汲山を経て、信濃の善光寺に詣り、伊勢神宮に参宮している。そして熊野に辿り着き再び西国巡礼を行っている。谷汲山に着いたのは三月十六日で、那智山には四月二十二日に到着している。谷汲山から善光寺、伊勢神宮、那智山までの期間は三十五日間、中山寺から帰着までは十日間である。仮にその期間を単純に除けば、五十二日間となる。しかし、高野山を始め京都では伏見稲荷、北野天満宮、嵐山・二尊院、愛宕山などに参詣し、大阪でも天王寺、今宮戎にも足を運び多くの寺社を参詣している。この参詣は畿内の著名な神社仏閣を網羅する巡拝であった。

それ以外にも播州からの西国巡礼の記録が幾つかある。山田正雄氏による黍田村の古文書研究によると(9)、江戸時代に播州加東郡黍田村（現在の小野市黍田町）から西国巡礼に出かけた記録は六件あった。そのうちで日程や同行者が判明したものは四件である。明和六年（一七六九）に、つゆという二十二歳の女性が前年に亡くした母親の菩提を弔うために西国巡礼に出かけている。その旅は準備もなく突然出かけたもので、九月五日から十月十二日までの三十八日間で、報謝を受けての巡礼であった。享和二年（一八〇二）には六十三歳の庄左衛門が娘を含めた女性五人を連れて三十六日間の巡礼を行っている。文化元年（一八〇四）には男女五人が三十六日間をかけて、文化八年（一八一一）にも男性のみ十一人が三十四日間をかけて廻っている。黍田村は姫路の東に位置し、西国霊場の分布する範囲内にあり、便利な場所であったことから日数もかからなかった。つゆという女性は母親の供養という純粋に宗教的な巡礼であったが、それ以外の集団巡礼は行楽的要素が含まれていた。

山陽道備後国からの巡礼の道中記にも詳しい記載がある。備後国沼隈郡山手村（現在の福山市）で代々庄屋を務めた三谷嘉十郎が幾右衛門、平兵衛と三人で西国巡礼した記録「西国道中記」がある。[10]それによると文化三年（一八〇六）二月十九日に出立し、山陽道を東上し、二十七番書写山・円教寺から廻り始める。丹後に出て近江に進むが長命寺、観音正寺を飛ばし、三月一日に谷汲山に到着する。その後、善光寺、日光山に参詣、江戸まで足を延ばしている。やがて四月五日には伊勢神宮に参宮し、十一日に那智山から巡礼を再開する。高野山にも詣り、石山寺からは往路で参拝しなかった長命寺、観音正寺を廻り三井寺から京都に入る。四月二十六日に二十三番勝尾寺で終わり、中山寺への参拝は触れられていない。しかし、勝尾寺から中山寺までは近い距離であるので参拝したものと思われる。その間の日数は六十七日間となっている。結願から帰村までは数日かかったと考えられるので、全行程は約七十日間と思われる。但し、備後を出発して善光寺、日光山、そして江戸まで足を延ばしながらの約七十日間は驚異的なスピードであった。単純に三十三カ所の巡拝に要した日数は二十七番円教寺から谷汲山までは八日間、一番那智山から二十三番勝尾寺までが十六日間で、合計二十四日間となり大幅に短縮されている。

畿内・山城国の住人の巡拝記録もある。文政年間に山城国の物集女村（現在の京都府向日市）の中山新蔵が他の四人と西国巡礼をした記録が「西国道中覚帳」と「西国北国廻り道中記」である。[11]同一行は文政三年（一八二〇）の六月と、文政七年（一八二四）の七月の二回に分けて巡拝していた。それによると、文政三年六月の巡拝は出発の月日が記されていないが、物集女を出発し橋本から船で淀川を下り大阪に着き、五番葛井寺から廻り始めている。以後四番施福寺、三番粉河寺、二番紀三井寺、一番青岸渡寺と廻っている。六番壷坂寺に戻り、以後七番岡寺と順番に廻って二十一番穴太寺で一時中断している。その期間は十五日間である。残りの巡拝は四年後の文政七年の七月である。その出発の月日も記されていない。その行程は物集女を出て二十二番総持寺から始まって、ほぼ順番に廻っている。但し、竹生島から長浜に渡り、関ヶ原を通って谷汲山に詣り、その帰途に三十二

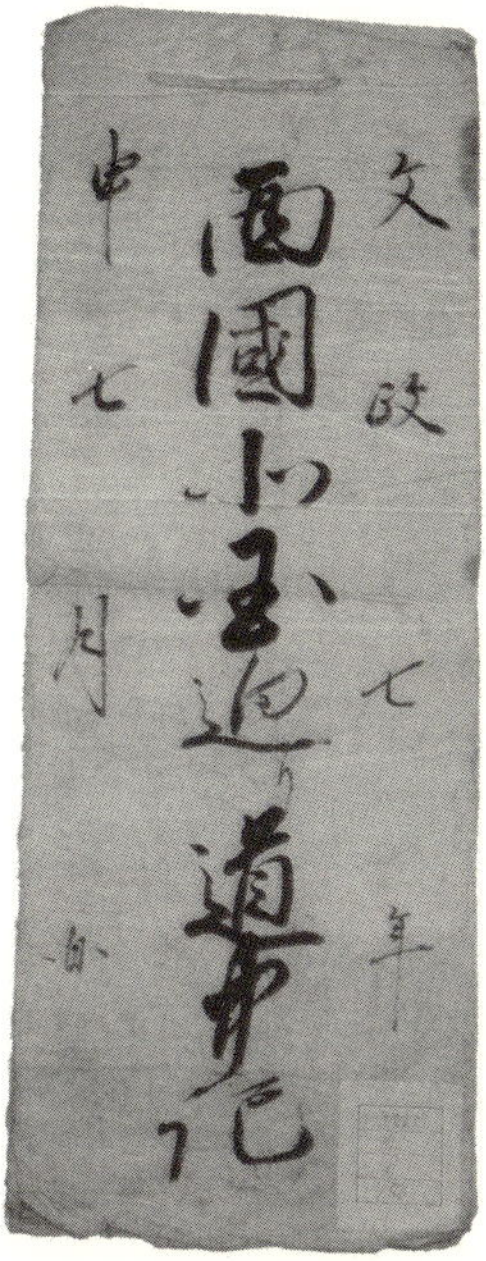
図４－２　物集女村の道中記

図４－３※　物集女村の集団巡礼（昭和40年代）

番観音正寺、三十一番長命寺で結願している。その日数は十四日間となっている。

山城国からの巡礼記録の今一つは、安政四年（一八五七）に山城国久世郡東一口村（現在の京都府久世郡久御山町）の住人九人が西国巡礼を行ったものである。『山田武司家文書』の「西国三十三所順拝日記」は『久御山町史』資料編に翻刻され、また、『久御山町史』第一巻にその概要が述べられている。[12] それによると、一行は南廻り（一番青岸渡寺から九番興福寺・南円堂まで）と北廻り（十番三室戸寺から三十三番華厳寺まで）の二回に分けて巡礼をしている。南廻りは三月十三日から二十九日までの十七日間で、一日自宅で休憩し、北廻りは四月一日から十七日までの十七日間であった。巻末には「日数南拾七日　北拾七日〆三十四日掛リ」と記されている。南廻りは一番からではなく最初は五番葛井寺から始めて南下するように廻り、途中高野山の諸堂も参拝している。純粋に西国巡礼に限定したものであったので、その行程には無駄が少ない。三十四日間のうち十四日間は雨にたたられている。石清水八幡宮に旅の安全を祈願した後、橋本から三十石船で淀川を下り、高野山から険しい山中を駆け抜け、熊野川を船下りしている。帰路にも木津川を船下りをしている。北廻りでも巨椋池の船送りを利用しているなど合理的な巡礼であったことがわかる。

江戸時代には東国からの巡礼者が多かった。当然、その人たちによる道中日記が残されている。その一つは、最も巡礼者が多かった武州の巡礼者の記録「道中日記」である。[13] 享保三年（一八〇三）に武州多摩郡日向和田村（現在の東京都青梅市）の小林儀三郎は亥正月五日に出発して、東海道を上り、伊勢に参宮した後に西国巡礼を行っている。伊勢参宮をして松阪に戻り、船で尾鷲に上陸し、再び船中二泊三日で熊野に至る。正月二十四日に那智山から打ち始め、高野山に参拝するなど十三番石山寺まで順番に廻った。その後、三十一番長命寺、三十二番観音正寺を先廻りし、十四番三井寺へと進み京都に入る。そして、壬正月十四日に二十四番中山寺を詣った後に高砂に出て、四国の丸亀へ渡り、金毘羅山に参拝している。二十一日に備前の牛窓に戻り、東上して二十三日に二十七番円教寺から巡礼を再開している。壬正月二十九日には江州今津に泊まり、翌日竹生島の宝厳寺に詣り、米原に出て最後は二月二日に美濃の谷汲山で結願している。以後は二月六日に木曽福島に着き、翌七日と思われるが「セば　中食　ミ乃や」とあり、洗馬で終わっている。そして「是より中仙道善光寺道追分あり善光寺江廿里程信州うすいとうけまて廿三里程」と記されているだけで、その後の詳細は不明である。小林儀三郎の行程は出発から谷汲山までは五十七日間となる。谷汲山から帰村までを含めると六十日以上となる。但し、那智山から谷汲山までは金毘羅山参詣を含めて三十九日間で、四国への往復を除けば約三十日間となる。

文化九年（一八一二）に、常陸国久慈郡高柴村（現在の茨城県久慈郡大子町《だいご》）の農民・益子廣三郎ら四人が西国巡礼をした旅日記が「西国順礼道中記」である。[14] 益子らの旅は江戸に出て、東海道を上り、伊勢に参宮した後、西国巡礼を開始し、途中で讃岐の金毘羅宮に足を延ばし、谷汲山で結願した。その後、中仙道で帰路につき、信州善光寺に詣り、更に軽井沢、高崎を経て日光山の東照宮大権現を参拝している。旅の出発は一月六日で、伊勢神宮の参拝は二十九日、那智山到着は二月五日となっている。谷汲山での結願は三月十六日である。そして帰村は四月四日である。その道程は七三六里余りで、日数は八十八日間と三ヵ月に及ぶ長旅であった。四国へ渡った日数を除き、一番札所から三十三番札所までは三十五日間となる。当然、旅に要した費用も高額であった。その費用の詳しいことは後述する。

常陸国高柴村の益子廣三郎ら一行と同じような巡拝が今一つある。下野国那須郡小船渡村（現在の栃木県湯津上村）の金塚兵吾は文政二年（一八一九）正月九日に仲間と連れ立って西国巡礼に出発している。その日記の表題は「伊勢　熊野　金ぴら　道中記」と記されているが、[15] 内容は西国巡礼が中心である。金塚兵吾一行は江戸に出て諸寺院を参詣した後、東海道を通り正月二十九日に伊勢に参宮した。そこで国元へ帰る人と西国巡礼に向かう人に分かれる。西国巡礼の一行は二月八日に那智山に到達した。そこから順に打ち始め、「高野廻り」「吉野廻り」をして石山寺に着く。ここから観音正寺、長命寺と廻り、大津まで渡船に乗っている。三井寺から比叡山を越えて京都に至る。京都から愛宕山を越えて亀岡で泊まっている。二月三十日中山寺で巡礼を中断し、高砂から

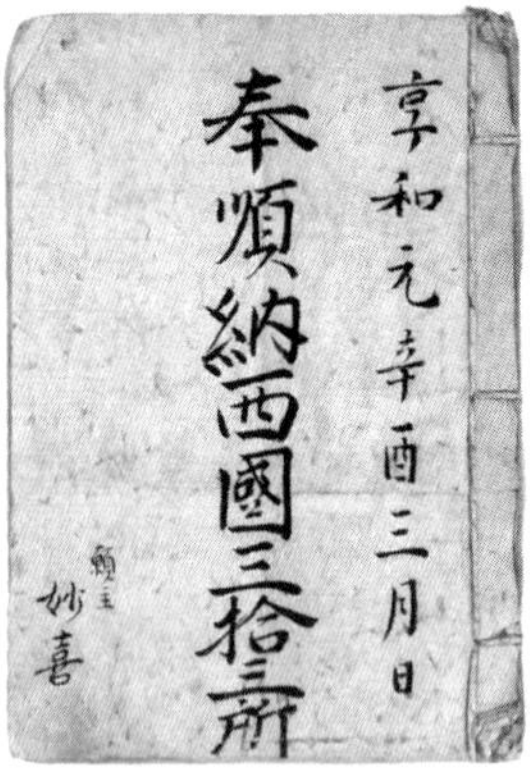

図4－4　享和元年の西国巡礼の納経帳

図4－5　白井達太郎の道中日記『西遊紀行』

四国・丸亀へと渡り、金毘羅山に参詣する。四国からの帰路は丸亀から備前・牛窓に上陸し、西国街道を上り、三月十日に書写山・円教寺に詣り、巡礼を再開する。谷汲山には三月十七日に参詣している。その後、三月二十三日には善光寺に参拝し、帰村したのは四月一日である。その間の日数は八十一日間となる。那智山から金毘羅詣りを含め、谷汲山までに要した日数は三十九日間となる。四国に渡るなどに要した日数が九日間となるので、三十三ヵ所巡拝に要した日数は三十日間となる。

東国からの巡拝記には、それ以外にも寛政十二年（一八〇〇）に安房の山口杉庵一行五人が舟で相州に渡り、富士山にも登り、伊勢参宮と西国巡礼、金毘羅山を一〇四日間かけて廻った記録も残されている。(16)

以上、江戸時代の巡拝記録を見てきたが、それに加えて明治時代の巡拝記録も見てみることにする。その一つは、明治二十年に越後の三島郡岩田村（現在の新潟県長岡市岩田）の白井達太郎を始め八人が西国巡礼を行った記録が『西遊紀行』(17)である。一行は二十歳代が二人、四十歳代が三人、五十歳代が二人、六十歳代が一人の男性たちであった。三月十日に越後を出発して五月十八日に帰宅するまでの日数は六十八日間である。一行はまず信濃の善光寺に詣り、伊勢神宮に参拝し、那智山に着いたのが三月三十日である。途中大阪から四国の多度津に渡り、金毘羅山に参詣している。谷汲山で結願したのが五月七日である。帰途は越前の永平寺にも立ち寄っている。一番から三十三番までに廻るに要した日数は三十八日間である。そこには四国の金毘羅宮への参拝が二日含まれている。それを除けば三十六日間となる。

天田鉄眼師は明治二十六年に伊勢神宮への参宮と西国巡礼を行っている。同師『巡礼日記』[18]や松尾心空師の『歌僧天田愚庵【巡礼日記】を読む』[19]などによると、天田鉄眼師は九月二十一日に京都の清水寺の庵を発ち、伊勢神宮には二十六日に参拝している。伊勢から那智山までの道程は変則的で本宮（熊野速玉大社）→新宮（熊野本宮社）→那智（熊野那智大社）と廻っている。途中の請川《うけがわ》の湯之峰温泉で足の腫れで十一泊逗留している。十月十八日から巡礼を開始し、十二月十七日に谷汲山で結願している。京都に戻ったのは十二月二十一日である。その期間は九十三日間と三ヵ月を超えている。天田鉄眼師の巡礼には湯之峰温泉の長期の逗留や田辺、高野山に二泊ずつや、奈良見物で三泊、京都でも五泊とゆったりとしたペースで廻っている。その結果、一番から三十三番札所までは六十日を要することになった。

このように東国の武州や常陸、下野を始め、越後、三河、山城、西国の播州、備後などの巡礼者の記録から出発から帰着までの行程と日数についてみてきた。巡礼者の出身地の事情や西国巡礼以外に金毘羅宮、善光寺、日光東照宮などの参拝など、はたまた江戸見物や奈良見物、大阪での芝居見物など行楽的要素が入るなどで日数にバラツキが出てくる。そこで今一度それらの行程を整理すると表4-1のようになる。

その結果、（1）自宅から第一番札所那智山・青岸渡寺までの日数と谷汲山・華厳寺で結願してからの帰路の日数、（2）四国讃岐の金毘羅宮、善通寺への参拝、（3）行楽やその他の名所旧跡の見物、などの条件によって日数に変動があることがわかる。単純に西国巡礼だけの日数を見るならば、最も早いのは備後の三谷嘉十郎一行による二十四日間である。彼らは善光寺、日光山・東照宮、江戸見物を含めて約七十日間で廻るハイペースであった。次いで、二回に分割した巡礼ではあるが、山城国の物集女村の中山新蔵ら一行の二十九日間である。以下

表4－1

出典	全行程の日数（国元）	一番札所～三十三番札所までの日数	それ以外の参拝箇所
①	六十日（三河）	三十三日	伊勢・金毘羅・善光寺
②	六十日（遠江）	四十五日	伊勢・金毘羅・善光寺
③	六十七日（遠江）	四十二日	伊勢・金毘羅・善光寺
④	六十四日（三河）	四十一日	伊勢・金毘羅・善光寺
⑤	四十八日（三河）	四十一日	伊勢・金毘羅・善光寺
⑥	五十九日（播州）	四十日	伊勢
⑦	九十七日（播州）	五十二日	善光寺・伊勢・二十五箇所霊場
⑧	三十八日（播州）	三十八日	
	三十六日（播州）	三十六日	
	三十四日（播州）	三十四日	
⑨	約七十日（備後）	二十四日	善光寺・日光山・江戸
⑩	二十九日（山城）	二十九日	
⑪	三十五日（山城）	三十四日	
⑫	約六十日（武州）	三十日	箱根権現・伊勢・金毘羅・善光寺（？）
⑬	八十八日（常陸）	三十五日	江戸・伊勢・金毘羅・善光寺・日光山
⑭	八十一日（下野）	三十日	江戸・伊勢・金毘羅・善光寺
⑮	七十日（越後）	三十六日	善光寺・伊勢・金毘羅・善通寺・永平寺
⑯	九十三日（京都）	六十日	伊勢

※①「西遊紀行」、②「享和元年西国巡礼旅日記」（仮称）、③「龍泉寺州椿禅師西国順礼記」、④「西国三十三所巡礼の記録」、⑤「西国三十三所巡り（仮称）」、⑥「西国伊勢道中巡礼日記」、⑦「天保七年順礼道中日記」、⑧山田正雄『播州黍田村農民の歴史』、⑨「西国道中記」、⑩「西国道中覚帳」及び「西国北国廻り道中記」、⑪「西国三十三所順拝日記」、⑫「道中日記」、⑬「西国順礼道中記」、⑭「伊勢　熊野　金ぴら道中記」、⑮『西遊紀行』、⑯『巡礼日記』。

三十数日で廻ったケースが数例ある。その他には四十数日で廻ったケースも幾つかある。従って、三十日前後で廻るのはハイペースであり、平均日数は三十五日から四十日前後とみるのが妥当である。それに讃岐の金毘羅宮、善通寺、弥谷寺などへの参拝の往復四、五日が加算される。その上全行程としては自宅から一番札所までと、三十三番札所から帰着までの日数が必要となる。

東国からの巡礼は西国までの往復の日数がかかることから、三カ月程度を要していた。それは郷土の慣習を記した文献にも見られる。奥州磐城地方では熊野詣の後に西国巡礼を行う慣習があった。『磐城誌料 歳時民俗記』には次のように記されている。[20]

（五月）二十三日　諸人紀州熊野ヲ信仰シ、男子ハ必ズ参詣スル事ニテ、序《ついで》ニ西国三十三所観音ヲ順礼ス。出立ハ是日ヲ定日トセリ。是レハ田植終リタルノミナラズ、尾州津島祭ヲ掛ケ、盆中京都ニ至リ禁裏御燈籠見物ヲ心掛ケテナリ。道中滞リナキ時ハ、必ズ八月十三、四日ニ帰ル。

これは磐城地方の若者たちが農閑期を利用して、五月二十三日から八月十三、四日までの八十日間を熊野詣と西国巡礼にあて、途中で祭礼見物、禁裏見物していることを述べた一節である。

次に、西国巡礼の順路について触れてみる。順路は開創当初は定まっていなかったが、江戸時代に入ってから東国の人々が巡拝しやすいように変更された。東国からは東海道を上り、伊勢に参宮し熊野を詣り、そこから西国巡礼を始めた。そして美濃の谷汲山で結願して帰路についている。道中日記を見ても東国や遠江、三河などからの人は概ね一番札所から順番に廻って谷汲山で終わっている。天田鉄眼師も京都を出発して、伊勢に参宮した後に一番から順番に廻っている。しかし、必ずしも巡礼者は全てが一番から順に廻ったとは限らない。姫路の「大和屋」の庄兵衛は二十七番書写山・円教寺が近くにあることから出発前に参拝し、二十六番一乗寺から巡礼を始め、二十五番清水寺を逆打ちしている。三十一番長命寺と三十二番観音正寺の順も逆になっているが、三十三番谷汲山に行き、信州善光寺を参拝し、伊勢神宮に参宮した後、再び西国巡礼を再開する。京に入ると多少の順番は変更されるが、西国札所は二十四番中山寺で終えている。それ以外にも播磨や備後からの巡礼者は身近な二十七番書写山・円教寺から札を打ち始め、二十四番中山寺で終える経路をとっている。

山城国の東一口村の住人一行は、南廻りでは淀川を下って大阪に出て五番（葛井寺）、四番（施福寺）、一番（青岸渡寺）、二番（紀三井寺）、三番（粉河寺）と廻り、九番の興福寺南円堂で終わっている。北廻りは順路通りであるが、三十番の竹生島の宝厳寺から三十三番の谷汲山・華厳寺に行き、三十二番観音正寺、三十一番長命寺で結願して帰路についている。これと同じケースは物集女の中山新蔵一行である。中山新蔵らは南廻りを二十一番穴太寺で終え、北廻りは二十二番総持寺から始めている。分割の枠組みに違いがあるが、この地方からは最も便利な順路であったもの思われる。この二つのケースは自宅が畿内にあって、一度自宅に戻り、再開は自宅に近いところから廻り、結願も長命寺になっている。いわば最短コースで廻るために変更したものである。

なお、物集女村の巡礼者の順路に関してはそれ以外のルートもあった。(21) 南廻りでは第一番から四番まで廻り、四国の金毘羅山に詣る。その後、二十七番円教寺から東へ進んで総持寺に着き、五番葛井寺からは順に廻り、京都に入り、市内の札所を廻り帰宅した。数日後近くの善峰寺と亀岡の穴太寺を参拝し、南廻りを終えた。数年後旅費が貯まると北廻りを行ったが、これは順番に廻ることなく、二十八番成相寺、二十九番松尾寺を廻って帰宅している。残りは谷汲山から観音正寺、長命寺、竹生島の宝厳寺で終わるルートであった。

また、文化四年の三河国の州椿禅師の順路にも若干の変更がある。一番から順番に十三番石山寺まで廻り、その後三十二番観音正寺、三十一番長命寺と進み、十四番三井寺に着く。そして比叡山の根本中堂に参拝して、京に入って十九番革堂、六角堂、今熊野、清水寺、六波羅蜜寺、二十一番穴太寺、二十番善峰寺の順で廻っている。三十番竹生島の宝厳寺は順番通りに二十九番松尾寺の次に参拝しようとしたが、天候が不順で「沖も此雪天、湖も

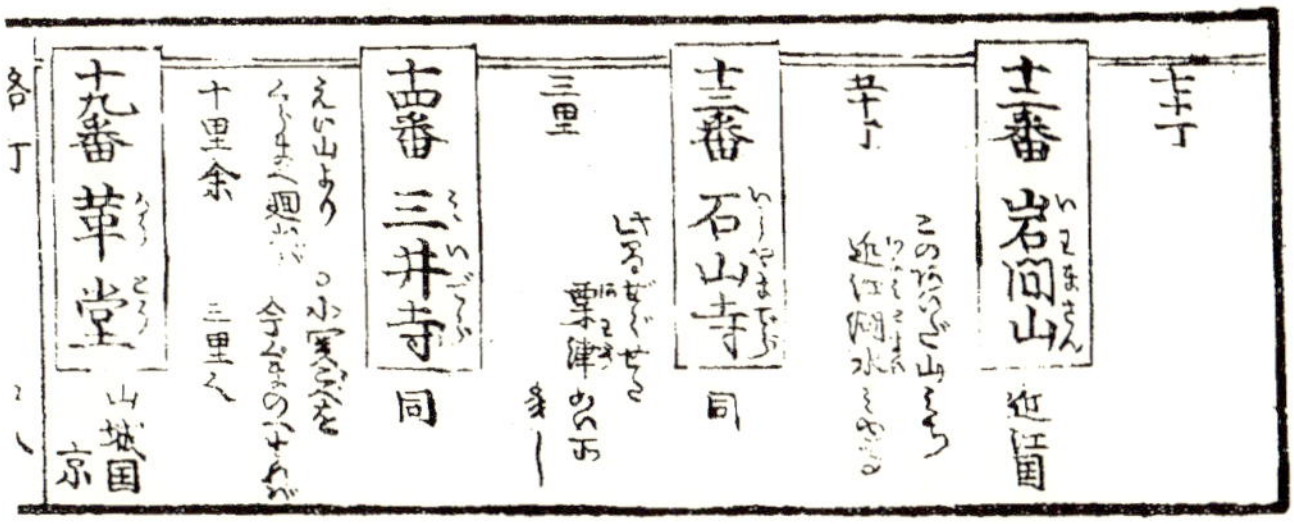

図4-6　十四番三井寺から十九番革堂へ（『西国順礼略打大全』）

穏ならねは船も出ましとむなしく札を流し伏拝ミ奉り」と記し、参拝を断念している。天明六年の兼隣や文政五年の遠江加茂村の住人も州椿禅師の順路に近い参拝をしている。石山寺から観音正寺、長命寺、三井寺と廻り、比叡山に登り、京に下りている。但し、兼隣は十五番今熊野・観音寺から十九番革堂・行願寺までは順路通りに廻っている。その後、愛宕山に登り、亀岡に下りて二十一番穴太寺から二十番善峰寺に逆打ちをしている。

明治二十年に越後から西国巡礼と金毘羅宮を詣った白井達太郎一行は、九番興福寺・南円堂を廻った後大阪に出て観劇などを楽しみ、四国の多度津に渡る。備前に戻り、書写山から巡礼を再開して二十九番松尾寺から二十一番穴太寺に辿り着く。その後二十二番、二十三番、二十四番と廻り、二十番の善峰寺から京都に入り、市内の札所を廻り、十番三室戸寺に着く。以後十一番、十二番、十三番、十四番と順に廻った後で三十一番、三十二番と巡拝した。三十番の竹生島に渡るために長浜に辿り着いたが、天候が悪く、「余等の渉《わた》る事を得ざるは命《めい》なる哉《かな》」と断念し、谷汲山に向かっている。当時は既に汽車が走っていたので、神戸から大阪の高槻まで汽車に乗り、二十番善峰寺に参っている。汽車や車を利用している所もあることから、変則的な廻り方をしている。

以上のように江戸時代から明治期にかけての道中日記を手懸かりにすると、西国札所を一巡するに要する日数は平均四十日前後である。それに讃岐の金毘羅宮、善通寺などの参拝を加えると四十五日前後となる。そして一番札所までと結願した後の帰路の日数が加算される。善光寺詣りも加わることがあった。その結果、全行程では長短の差が出るが、西国札所に比較的近い三河、遠江では六十数日、東国では八十日から九十日程度となる。なお、巡礼道の復元研究で成果を上げた田中智彦氏によると、[22]東国からの巡礼者の西国巡礼の始まりとしての「始点」は伊勢参宮後、宮川岸の川端から田丸までの間に笈摺や案内記の販売所があったことから、この地帯を巡礼準備の「漸移帯」と位置づけ、始点に当たるとし、谷汲山が終点と見なしている。

順路は安永初め頃以降は十三番石山寺から観音正寺、長命寺、三井寺と進み、京都に入るのが定着する。その理由は長命寺から竹生島へ渡る航路は危険が高かったことによる。[23]三井寺から京都に入るには比叡山に参拝し、八瀬に下って京に入るルートと、山科を経て入洛して順番に廻るルートの二つがあった。

現在の西国巡礼を一巡するに要する日数を見てみると次の通りである。四国の歩き遍路を体験し、数冊の著作をもつ佐藤孝子氏は西国巡礼を体験し、『よくわかる西国三十三所徒歩巡拝ガイドブック』を著している。それによると平成十四年に二回に分割して、日数は三十八日となっている。今一つは、四国遍路や百観音巡礼を達成した横浜市在住のS氏の手記が筆者の手元にある。それによると、S氏は二回の西国巡礼を体験している。一回目は平成十年四月十日から五月二十三日までの三十四日間となっている。そこには横浜と関西との往復も含まれている。二回目は平成十一年から十二年にかけて、四回に分割して廻っている。四回に分割してその都度自宅に帰宅したことと、二回目は京都で時代祭を見物したり、清滝から愛宕山に登り、愛宕神社に参拝して亀岡に出て穴太寺へと向かっている。二回目は多少余裕をもって廻っているので、一回目に比べて四日増えている。これらの事例から三十数日で一巡している。従って、単に札所を一巡するには江戸時代も今も三十数日で廻れ、その間休養や見物、行楽などが加わると日数は増えることになる。

二　巡礼の費用

次に、西国巡礼に要する費用は果たしてどの程度かかったであろうか。費用には日数の長短や宿泊施設の程度、駕籠、馬の利用、芝居見物やご馳走などの振る舞い、土産物の購入などによって異なる。細々した金銭の出納を記録したものは余り多くはないが、几帳面にそれを記した記録もある。それを手懸かりに、どの程度の費用がかかったのかを見てみることにする。

最初に、「享和元年西国巡礼旅日記」は寛政十三年（二月五日享和に改元〈一八〇一〉）に遠江国の舞坂宿の住人五人が六十日間かけて西国巡礼と金毘羅山を参詣した記録である。その記録は前半部が欠落して九番興福寺・南円堂以降が記されている。これを翻刻するにあたり、「解説」で宿泊・昼食、木銭、米代についての一覧が掲載されている。それに舟賃などの諸費を加えたのが表4-2である。この一行の宿泊の特徴は旅籠は二回のみで殆どが木賃宿を利用していることである。その値段には多少の差はあるが、木銭は平均的には三五文、米代は四〇文前後である。前半が欠落しているのでその総額は判明しないが、記載された金額などをもとに推定すると、次のように捉えることができる。一日の費用は宿代が木賃宿八〇文、昼食の三四文を加えて一一四文とすると五十六日間で六三八四文となる。それに三月十一日の一匁五分と三月十九日の吉田での旅籠賃一五〇文を加えて六五三四文と一匁五分となる。舟賃は記載分では二二四五文余り、その他の諸費も記載分は二一九文余りとなり、前半の欠落分を加えると三〇〇〇文は超えたものと考えられる。その結果、総合計は九〇〇〇文を上回り、一両を四〇〇〇文とすれば二両以上となる。

文政五年（一八二二）に遠江の加茂村の住人が六十四日間で西国巡礼並びに金毘羅詣りを行っている。その記録の表紙は欠落している（仮称「西国三十三所巡礼の記録」）。しかし、金銭の支出は一部を除き、詳しく記されている。それを整理したのが表4-3である。主な支出は宿泊賃である。宿泊には旅籠と木賃宿の二種類があった。旅籠は宿泊と夕食・朝食が付く上級な宿泊施設であった。それに対して、最も古い宿泊施設は木賃宿であった。木賃宿とは燃料費としての木銭を払い、自炊する宿泊施設である。米を持参した場合は木銭だけで済むが、米を

表4－2　「享和元年西国巡礼旅日記」（遠江国舞坂）

月　日	宿泊地	旅籠	木銭	米代	米価(一升)	昼食	舟賃	その他
2月27日	長池		32	45			12	
28日	笠取		32	43	114	36		36
29日	鏡宿				114			
3月1日	草津		35	44		32	50	4
2日	京都						32	
3日	京都							
4日	嵯峨野		48	48	114			
5日	外畑		35	44	114	34	3	
6日	郡山		35	55(弁)	100		26	
7日	西宮		35	55(弁)	100と2朱			
8日	明石		40	40	104			茶代7
9日	船中泊							
10日	丸亀		20	20				
11日	丸亀	片旅籠1匁5分(100文)朝40文						
12日	丸亀	船中泊	朝35					
13日	広高下		35	40				
14日	片島		40	38	94			
15日	一乗寺		48	53	93		37	
16日	市原村		40		100		6	
17日	下竹田村	35			34			
18日	宮津		35		104			
19日	塩瀬藤七屋敷での接待						6	
20日	松尾村		35	44	108		6	
21日	平野村		40	60(弁)	104		600	
22日	今津村		38	57	104		75	
23日	速水村		40	56			134	
24日	関ヶ原村		45	62(弁)			19	
25日	関ヶ原村		115				14	
26日	白石村		38		104		22	茶代14
							山銭13	笈摺代33
27日	甚目寺村		48	44	104		97	112
28日	大浜							
29日	吉田	150						

表4－3　仮称「西国三十三所巡礼の記録」（加茂村）

月　日	宿泊地	旅籠賃	木銭	米代	舟賃	その他	月　日	宿泊地	旅籠賃	木銭	米代	舟賃	その他
1月18日	掛川					64	20日	長命寺		32	41		
19日	見附	116				27	21日	守山		32	43		
20日	白須賀	116			38	78	22日	坂本		32	45	36	
21日	岡崎	116					23・24日	京都	300（木賃旅籠）				
22日	宮	150			93	50	25日	嵯峨野		35	87		
23日	追分	116				55	26日	杉山		63			
24日	雲津	116			8	50	27日	郡山		30	77		
25日	小俣					72	28日	西宮		34	80		
26日	三瀬		45	50	6		29日	兵庫		35	80		
27日	長嶋		42	41		50	2月1日	長池		34	81		
28日	尾鷲		32	51		50	2日	高砂	64（片旅篭）				
29日	曽根		35	57		50	3日	丸亀				7匁（466文）	
30日	井田		32	52			4日	船中泊					
閏1月1日	宇久井		35	45	30		5日	下津井		50	94		
2日	小口		35	57		124	6日	岡山		50	92		
3日	湯之峰		48	48		3	7日	三石		40	83		
4日	芝		35	48		32	8日	書写山		32	78		
5日	印南		32	50			9日	法華山		32	73		
6日	湯浅		32	50	8		10日	古市		32	78		
7日	和歌山		50	45	23		11日	天津		40	81		
8日	大津		32	45	6		12日	宮津		35		34	
9日	高野山	3匁（199文）					13日	松尾山		30	76		
10日	大畑		35	50			14日	熊川		32	81		
11日	堺		56	48			15日	米原		42	88	93	
12・13日	大阪	272				355	16日	谷汲		42	80	46	
14日	当麻		35	50			17日	勝沼		48	88		
15日	吉野		32	53			18日	名古屋					
16日	追分		32	39			19日	鳴海		45	88		
17日	奈良	124					20日	御油		48	95		
18日	宇治		32	46			21・22日	欠落					
19日	石山		32	40			23日	帰着					

図４－７　街を歩く巡礼者と御宿、店舗（『西国三十三所名所図会』）

もたない時は米代を払うことになる。この一行の記録に残る宿泊六十日分（五日分は不明）では旅籠（高野山の宿坊を含む）は十四日になっている。残り四十四日は木賃宿である。高砂では「片はたこ」と記されているが、これは夕食か朝食のどちらかが欠ける形式である。その旅籠賃は場所によって格差が見られる。最も安いのは三河国で一一六文である。奈良、大阪、京都では高くなり、最も高いのは京都の一五〇文である。

それに対して、最も多く利用した木賃宿の料金も木銭、米代とも場所による格差が現れている。木銭で安いのは三〇文、高いのは六三文であるが、平均的には三二文から三五文である。米代では一升の値段も記されているが、実際に購入した額では九五文が最高である。平均的な米代は五〇文前後である。但し、京都以降からは米価は上がっていないにもかかわらず、七〇、八〇文と高くなる傾向が見られる。

その他の支出としては多いのは舟賃である。それ以外にも山銭、芝居見物、湯銭、おいづる銭などがある。その中にあって、「入用」と記された使途の不明な支出が度々出てくる。その結果、単純に記載されたものを合計すると、旅籠賃一六九〇文、木銭と米代の合計が四三三一文となり、宿泊料は六〇二一文となる。それに舟賃や

表4-4 「西国三十三所巡り」（三河国東植田村）

月日	旅篭賃	木銭	米代	舟賃	その他	月日	旅篭賃	木賃	米銭	舟賃	その他
1月12日		40	75			2月6日	132弁当付			62	
13日	112			32		7日	132弁当付			62	
14日	150			12		8日	164				
15日	128弁当付			14		9日	164				案内200酒手24
16日	160弁当付			14		10日		50	80		
17日	112				笈摺42	11日		40	82		
18日		38	75		お守12	12日	150弁当付				
19日		45	85	4		13日	船中泊				
20日		48	85	40		14日	船中泊				
21日	150			31		15日	船中泊				
22日			100			16日	150片旅籠				御守りなど298
23日		35	100		湯銭3	17日	128弁当付				2朱25
24日		42	85			18日	124弁当付			11	
25日		32	80	29		19日	120弁当付			7	
26日		50	90		開帳8	20日	124弁当付			47	
27日	150弁当付			311		21日	140弁当付			6	
28日		50	90	12		22日	124弁当付			4	
29日	242	50	90	12	仏具4朱204	23日	124弁当付				
30日	132弁当付				開帳8	24日		64	84		
2月1日	128（木賃旅籠）					25日		48	85		
2日		50	80			26日	124弁当付			6	
3日	132			6		27日	131				
4日	164					28日	132				
5日		50	84	12	案内料20	29日	帰着				

山銭、芝居見物料、使途不明の「入用」の合算は一九六四文となる。但し、出発直後の掛川と小俣、及び帰郷直前の三泊が欠落しているので、その費用を往路の旅籠賃として二三二文、復路の木賃宿三九九文（一泊一三三文）を加えると宿泊料金は六六五二文となる。それに諸費一九六四文を加えると総額では八六一六文となる。その結果、一両を四〇〇〇文とすると二両を超えることになる。

年代不詳の「西国三十三所巡り」には、三河国渥美郡東植田村の住人四人が一月十日から二月二十九日まで四十八日間の金銭の支払いが記されている。『道中日記展—近世豊橋の旅人たち—』（豊橋市二川宿本陣資料館・図録）にはその金銭の支払いの一覧が掲載されている。それを簡略して整理したのが表4-4である。宿泊には旅籠と木賃宿の二つを利用しているが、三分の二は旅籠である。旅籠の料金は一一二文から二四二文まで格差が見られるが、一三二文が平均な値段となってい

表4－5　「西国道中覚帳」及び「西国北国廻り道中記」（山城国物集女村）

日　程	宿泊地	木銭	米代	舟賃	その他
第１日目	葛井寺門前	45	80		
２日目	粉河寺門前	40	75		
３日目	加茂谷	35		194	
４日目	塩谷	40		6	
５日目	峰村	32			
６日目	本宮				76
７日目	那智				
８日目	本宮	40	80	2	
９日目	神納川	40		5	
10日目	天狗・野河	45			
11日目	龍泉寺	48			
12日目	壷坂寺門前	40			
13日目	玉水	40		10	
14日目	三井寺門前	110（片旅籠）			
15日目	帰着				
第１日目	中山				
２日目	兵庫				
３日目	書写村				
４日目	高岡				
５日目	追入				
６日目	中の茶屋				
７日目	田辺				
８日目	小浜				
９日目	今津				
10日目	伊吹・春照		75		
11日目	白石				
12日目	高宮				
13日目	草津				

る。それに対して、木賃宿では五〇文の木銭と八五文前後の米代で合計一三五文である。旅籠と木賃宿との価格にはさほど差は見られない。その結果、記載のない四国船中泊を除く宿泊の合計は四六〇六文となる。それに船銭、舟渡、案内料、見物料などの諸費の合算六朱一二八九文（二七八九文）を加えると、合計で七三九五文となり、一両を四〇〇〇文とすれば、一両三三九五文となる。船中泊を加えると一人当たりの費用はおよそ二両程度であった。一日当たりの費用は一五四文となり、しかも日程が短縮されているので総費用は安く抑えられている。

畿内からの巡礼者の費用を見てみる。文政三年（一八二〇）と同七年の二回に分けて巡拝した山城国物集女村の中山新蔵ら五人の費用は北廻りの分は殆ど記されていないので、その総額は判明しない。記載された部分を整理すると表4-5である。彼らの一行は三井寺門前での片旅籠以外は木賃宿である。その木賃宿の値段は木銭三〇文から四八文と幅があるが、平均的には四〇文である。米代は三ヵ所だけしか記されていない。仮に八〇文として、合計一二〇文として、二十七日間の宿代は三二四〇文となる。それに記載された舟賃などの合計は二九二文である。笈摺判などの諸費は七二文である。舟賃と諸費の記載の総合計は三六四文となる。昼食を取った場所は記載しているが、金額が書かれていないことから、前日の木賃宿での残り飯を持参したとも考えられる。北廻りでも記載以外の諸費がかかったとしても、四〇〇〇文を超える程度と考えられる。一両を四〇〇〇文とすると一両少々の費用であったものと思われる。

幕末の安政四年（一八五七）の三月から四月にかけて、山城国久世郡東一口村の住人九人が南廻り、北廻りの二回に分けて巡拝している。それが「西国三十三所順拝記」として残され、『久御山町史』資料編に翻刻され、それを整理したのが『久御山町史』第一巻に掲載されている。『久御山町史』第一巻の記述には誤記もあるので、今一度整理したのが表4-6である。この一行の宿泊は旅籠を利用したもので、値段は昼弁当付きで安いのでは一五〇文、高いのは二五〇文までであるが、その多くは二〇〇文である。それ以外に舟賃や酒肴代、茶代・心付けなどである。『久御山町史』では三十四日間の諸経費を次のように試算している。宿泊は舟中泊と大雲取峠の泊まり（野宿か）を除いて二十九泊として、昼弁当付きの一日の宿賃を二〇〇文とみて、宿賃の総額は約五貫八〇〇文としている。舟賃は一人約八一五文、その他に酒肴代四朱（一〇〇〇文）、茶代二朱（五〇〇文）、心付け三五〇文などで、一人当たり二〇〇文とみている。その上で、笈摺料・賽銭・土産の代金を加えると、一人当たりの総額は「二両（八〇〇〇文）の金では足らなかったと思われる」[24]と述べている。彼ら一行は飲酒などで散財しているので多少費用が高めになっていると言える。

東国からの巡礼者は日数も多くなることから、その費用も高額になっている。享保三年（一八〇三）、武州多摩郡向日和田村の小林儀三郎は「道中日記」を残している。そこには出発から谷汲山で結願し、木曽の洗馬までの行程と金銭の支払いを記している。それを整理したのが表4-7である。記載された宿泊料の小計は八七三〇文で、未記載九日分を一泊一三二文として、それを加えると九九一八文となる。記載された昼食代の小計は一五九八文、未記載の九日分を一食五〇文として四五〇文を加えると二〇四八文となる。それ以外には舟賃や小遣いなどの小計は三七二九文となる。これらを合計すると一五六九五文となる。しかし、木曽の洗馬から帰村までの

表4－6 「西国三十三所順拝日記」（山城国東一口村）

月　日	宿泊地	旅篭賃	昼食	舟賃	その他
3月13日	舟中泊				
14日	天野	200			
15日	神谷	211		3	
16日	大又	200			
17日	太郎原	200		5	
18日	本宮	350と9人で2朱		6	
19日	新宮	216			役銭33笈摺料36
20日	大雲取峠				
21日	湯の峰				薬師湯6
22日	柴村	220			
23日	印南村		24	24	旅篭料1,126 鯛400
24日	舟中泊	200	夕飯代100		
25日	粉河	朝飯代124			
26日	五条				
27日	長谷				
28日	木津村	220	200		
29日	帰宅			128	
4月1日	石山	200			茶代200
2日	桂	200			
3日	山崎	200			
4日	池田	200			
5日	清水寺	180			
6日	きじの花村	180			
7日	尾形	180			
8日	やなせ村	160			
9日	岩滝	200			
10日	松尾寺	200		252	
11日	小浜	200			魚2朱（500文）
12日	今津	200			
13日	長浜	180		150	祝儀など22
14日	谷汲	200			賽銭など46
15日	醒ヶ井	200			
16日	長命寺	200			
17日	帰宅			278	

表4－7 「道中日記」(武州向日和田村)

月　日	宿泊料	昼食代	舟賃	その他	月　日	宿泊料	昼食代	舟賃	その他
亥正月5日	132	15		15	2月6日	200(中食込み)			200
6日	150	72	16		7日				
7日	164	64		28	8日	132			
8日	140	50	55	48	9日	132			
9日	144		45	31	10日	102			
10日	200	64	118	24	11日		72		
11日	136	100			12日	164(中食荷物送り賃込み)			
12日	132	40		83	13日				
13日	120	50		40	14日				
14日	132	56			15日	132			
15日	132	75	36	24	16日	116			
16日	132	45		32	17日	132			
17日	金2朱	64			18日			金2朱8文	
18日				405	19日	200(中食込み)			
19日	608(泊り共路也)				20日	124(中食込み)			
20日	168(中食泊り)				21日				
21日	126	57			22日				
22日	140	40	35	12	23日	120			
23日		42	2	29	24日	124			
24日	400	54		62	25日	116			
25日	125	46	14		26日				
26日	86	49		40	27日	110			
27日	104	81(小遣込み)			28日	88			
28日	114	53			29日	88	50		
29日	330	64		金1分664	2月1日	81		75	
30日	74				2日	80			
31日	250(中食小遣込み)				3日	124	20		
壬正月1·2日	900				4日	124			
3日	132				5日	108			88
4日	116	115(中食小遣込み)			6日	116			
5日	130	150			合計	8,730	1,598	904	2,825
					総計	14,057			

数日間（七日間ほど）や昼食で記載されていない箇所がある。それらを考慮すると一七〇〇〇文程度になったものと予想される。一両を四〇〇〇文とすれば四両以上の費用になる。当時、農業の日雇い日当が一〇〇文とされていた。巡礼の費用には一日二〜三〇〇文で、日雇い収入の二、三倍の高い費用がかかったことになる。

次に、東国の下野国那須郡小船渡村の金塚兵吾が伊勢、熊野、金毘羅宮と西国巡礼をした時の費用を見てみる。金塚兵吾ら三人一行の費用を整理したのが表4-8である。彼らは三日間かけて江戸に出て、東海道を西に上り、伊勢神宮、西国巡礼、金毘羅山などを参詣している。その期間は出発から帰村まで八十一日間となっている。そのうち五日間の記録は欠落している。宿泊は旅籠と木賃宿を併用している。旅籠代は二〇〇文と高い時もあるが、平均的な価格は一二四文程度である。木賃宿は旅籠よりも一〇〜二〇文ほど安い。費用の大半は宿泊代であり、七十五日間の合計が九五〇三文となっている。舟賃などが一六五三文、案内銭、見物料などは二八〇九文となり、その合計は一三九六五文である。それに欠落している五日間の宿泊費を一泊一二四文として六二〇文を加えると総計一四五八五文となる。一両を四〇〇〇文とすれば四両弱となる。

下野国の小船渡村と地理的に近い今一つの事例がある。文化九年（一八一二）に常陸国久慈郡高柴村の庄屋・益子廣三郎ら四人が西国巡礼を行った記録が「西国順礼道中記」として残されている。一行は正月六日に出発して、江戸見物を始め、鎌倉の有名寺院を参詣し、伊勢にも参宮した。那智山から巡礼を開始し、途中で讃岐の金毘羅山にも参拝している。谷汲山で結願した後は信濃の善光寺から日光山の東照宮にも足を延ばして、帰郷は四月四日であった。その日数は八十八日であった。それに要した費用を摘記したのが表4-9である。但し、益子廣三郎は付録別冊で「伊勢讃州御餞別請帳」と「道中小遣引詰覚」「伊勢讃州小遣引詰覚」を残し、収支を書き記している。本文中の記載と「小遣引詰覚」との間には数値に若干の差異はあるが、概ね正確である。「道中小遣引詰覚」には次のように書かれている。(25)

表4－8　「伊勢　熊野　金ぴら道中記」（下野国小船渡村）

月　日	宿泊費	舟賃	その他	月　日	宿泊費	舟賃	その他
1月9日	148	10		21日	124	12	案内88、48
10日	124	24		22日	木38米82		
11日	132			23日	木38米82	24	
12日	164			24日	木32米75	400	
13日	180	12	6	25日	木48米75		
14日	138	36	6	26日	200		案内100
15日	200	12		27日	200		案内など264
16日	132			28日	200	3	
17日	128	28	48	29日	木40米80	32	
18日	木40米68	5	400	30日	木32米75	72	
19日	木52米66	81	酒手12	3月1日	木32米72		
20日	116	22		2日	124（中飯共）	6	
21日	132	12		3日	片旅籠64		10
22日	124	2		4日			
23日	124			5日	114		御守など179
24日	108			6日			
25日	164	41		7日	片旅籠100		
26日	116	8		8日	片旅籠110	8	
27日	200	2		9日	木32米68	39	
28日	124	12		10日	木35米70	10	
29日				11日	木30米70	30	
2月1日				12日	木30米75	100	
2日				13日	木45米78	4	
3日				14日	木32米72		
4日	木24米75	6	木16米80	15日	木38米74	78	開帳など13
5日	木30米80			16日	木45米77	12	
6日	木32米85	44	米80	17日	木40米75	32	笈摺など66
7日	木30米85	28	役銭24	18日	木38米75	36	
8日	200	2	山銭124	19日	木40米85		
9日	200		案内など147	20日	112（中飯共）	5	
10日	木28米90	2	木12米90	21日	112（中飯共）		
11日	木30米85			3月22日	122（中食共）	36	
12日	木30米85	16	木16米82、108	23日	124	24	片旅籠48、開帳6
13日	木28米85	190		24日	112		
14日	木35米85	5		25日	112	10	
15日	8人で金1分		木15米104	26日	116		
2月16日	124		木18米85	27日	140	50	
17日	170		芝居390	28日	115	8	
18日	170			29日	148	13	
19日	124	6	開帳124	4月1日	帰宅		
20日	124（中飯共）	3		合計	9,503	1,653	2,809
				総計	13,965		

表4－9　「西国順礼道中記」（常陸国高柴村）

月　日	旅籠賃	木銭	米代	昼食	舟賃	その他
1月6日					5	475
7日				40	24	
8日		55	70			
9日	164	(昼)	24	70		
10日	164	(昼)	24	70	31	
11日	164					
12日	172			100		172
13日	172			64		12
14日	172			48	12	200
15日	150					
16日	160	(昼)	16	94	7	12
17日		(昼)	24	88		
		(夜)	72	88	12	
18日		48	88	昼旅籠	68	
19日		64	100	50		
20日	148			35	45	
21日		50	100	30		
22日		48	88		12	
23日	124			42		
24日	124			34		
25日	164			36		
26日	124			36	31	60
27日	132			40	4	
28・29日	金1分					168
2月1日		昼16	82			
		夜35	90			
2日		昼15	80			
		夜40	85		4	
3日		昼11	85			
		夜40	85		28	
4日		昼11	90			
		夜40	84		24	24
5日		28	100		3	
6日		48	100			3
7日		昼12	100			
		夜35	82		7	
2月8日		35	80	40		18
9日		昼13	80			
		夜36	82			8
10日		昼12	90			
		夜34	80		13	
11日	落とし物金2朱、供養代2朱700文					67
12日		12	90			
13日		56	80			8
14日	132					332
15日	132					200
16日	100	昼12	80			
17日		昼12	85			
		夜40	100		7	6
18日		32	85	48		
19日		28	86	50		91
20日		昼18	80			
		夜28	88			
21日		昼14	85			
		夜30	85		38	
22日		昼9	85			
		夜32	84		1貫500文	
23日	184	昼14	100			184
24日	184					332
25日	184	昼14	100			
26日		38	88		3	
27日		昼12	81			
		夜32	80		12	
28日	132(昼食も含む)				8	
29日	124(昼食も含む)					6
30日	60(片旅籠)				9匁	100
3月1日	船中泊					
2日	150					
3日	船頭賄也					
4日	船中泊					
5日		30	64			
6日		27	72		18	
7日	120				2	
8日	欠落					
3月9日		30	75		2	
10日		35	80		30	
11日		35	84			200
12日		32	78		4	
13日		30	82			
14日		38	88	7	93	
15日	124			14		10
16日		40	75		6	33
17日		28	80			
18日		28	88			
19日		22	104	11		38
20日	120			16		
21日	110					
22日	116					375
23日	116					
24日	124				52	
25日	124				26	
26日	150					
27日	132				4	
28日	132					
29日		48	100		32	
4月1日	132			16		
2日	132					58
3日	148	昼16	86		286	
4日	帰着				11	

一金四両壱分《壱貫七百文かい》弐朱弐貫百三（五）文　土産ものいろ〳〵
　是はいせさぬき熊の札所落もの御守迄
一〃四両弐分六百八拾九文　全道中夫捨御ざ候
〆九両壱分弐百四拾四文
一金七両六貫百文　餞別金貰
差引壱両弐分九百四拾四文　手前より出ル
一金拾両壱分壱貫五百文　持参金
内九両壱分弐百四拾四文　道中夫
　壱分弐朱八百文　辛十　六三郎　権三郎かし
残り弐分弐朱四百五拾弐文　有金
　右之通大図引詰奉御覧入申候以上
　　四月十日　　　　廣三郎

それによると、持参金は一〇両一分一貫五〇〇文であったが、その内七両六貫一〇〇文は親戚、縁者、地域住民からの餞別であった。残りの一両一分九四四文は自己負担である。それに対して、支出は宿泊、舟賃などの経費に四両二分六八九文を使い、土産物には四両一分二朱二貫一〇三文を払っている。そして一分二朱八〇〇文は三人に用立てした分である。その結果、手元の残金は二分二朱四五二文となった。

本文中の出費を整理した表4-9と、「道中小遣引詰覚」とを照合すると、旅籠は三十九泊で合計五三〇〇文となる。木賃宿の木銭は一七三五文、米代が五〇四九文で合計六七八四文である。昼食代は八二七文、舟賃が一二七五文と七匁、その他として三三九九文である。それらを総計（三月十八日は欠落）すると一八一八五文となる。

一両を四〇〇〇文とすれば、四両二一八五文となる。一分は四分の一両であるから「全道中夫捨」が「四両弐分六百八拾九文」とほぼ符号する。それに土産物の購入に四両余りを使っている。その結果、支出総額は九両以上になっている。旅籠への宿泊や江戸見物、大阪での芝居見物、善光寺、日光東照宮への参詣など比較的贅沢な旅であったことや、日数の多さを考えると四両の費用は必要であった。更にこの一行の特徴は土産物の購入が多いことで、その理由は餞別を貰った人々への返礼であった。親戚、縁者や地域住民から出発前に貰った餞別は「伊勢讃州御餞別請帳」に詳しく記されている。また、出発後にも受け付けた餞別は「参宮留守居重樽申請留ひかへ帳」としても残されている。益子は庄屋を務め、富裕層であり、信望も厚かったことから住民の多くから餞別を受けた。そのために餞別を貰い受けた人々への土産が必要であったのであろう。

ところで、既述のように西国巡礼の費用は一人当たり二両を上回り、高額であった。しかし、それらは遠隔地からの参詣であったり、それに四国の金毘羅山の参拝などが含まれ、芝居見物の行楽を含めた総額である。それに対して、畿内の山城国東一口村のケースは、金毘羅山には参詣せずに合理的に短縮して三十四日の巡拝であるのにもかかわらず二両近くの経費になっている。その原因の一つに宿泊は旅籠を利用し、その金額が一泊二〇〇文と比較的高いことや酒肴などを買い求めて遊興していることが挙げられる。同様なことはそれより二十一年前の天保七年（一八三六）に播磨の「大和屋」の屋号をもつ庄兵衛一行五人の巡礼にも見られる。一行は女性二人を伴い、善光寺、伊勢神宮を廻り、法然上人に縁の深い二十五箇所巡拝を兼ねて、九十七日間を要する旅であった。この記録は「順礼道中日記」として残されているが、金額の詳しい記載はないので総費用は判明しない。しかし、これを翻刻し、解説した上野利夫氏は次のように述べている。(26)

仮りに、当時一泊約二〇〇文として、九十五泊で一人十九貫文、六貫文＝一両として三両余となる（天保九年では一両＝六貫四〇〇文、米は天保八年一升（約一・五ｋｇ）＝四〇〇文。中飯は仮に一〇〇文として九十六日間で、九貫六〇〇文で、一・六両となる。合算すると、少なくとも一人に四、五両は要したと考えられる。

播磨の「大和屋」一行の旅は日程も長く、宿泊日数も多いことから多額の費用がかかった。いずれにしても山城国の住人や播磨の「大和屋」庄兵衛、常陸の益子廣三郎などの巡礼の旅は平均以上に割高な費用になっている。

西国備後からの巡礼者の費用についても触れておく。文化三年（一八〇六）に備後国沼隈郡山手村の庄屋・三谷嘉十郎ら一行は西国巡礼を兼ねて善光寺、日光山、江戸見物、伊勢参宮など約七十日間の旅を行っている。それに費やした金銭が「西国道中記」に記されている。その費用を整理したのが福山城博物館友の会から発行された古文書調査記録第十七集『西国道中記』の解説に述べられている。[27] それによると、四月十一日から二十七日までの十七日間の記載はないが、二月十九日から四月十日までの五十一日間の三人の出費総計は三四一五四文となっている。それは一人当たりにすると一一三八四文である。木賃宿は平均三七文、旅籠賃は一一七文と比較的安く抑えられている。但し、江戸までの往路は三人で一日四九〇文の出費であったが、復路は旅籠泊まりが多かったことや、土産物の購入、舟渡しが多かったことから出費がかさみ、一日平均九五〇文位となっている。その結果、四月十一日から二十七日までの無記録を一日二二三文として十七日分の小計三七九一文を加えると、一人当たり一五一七五文となり、一両を四〇〇〇文とすれば四両弱となる。

表4－10

月日	小計	月日	小計
三月　十八日	二円五三銭七厘	三月二十五日	一円七銭五厘
四月　三日	二円六八銭三厘	四月　九日	一円六九銭七厘
四月　十五日	七円九二銭	四月　二十日	一円六四銭五厘
四月二十七日	二円三銭四厘	五月　二日	二円三四銭七厘
五月　八日	一円四五銭六厘	五月　十七日	六円二二銭
四月十六日から五月十八日までの欠落二円九二銭八厘			
		合計	三三円三六銭二厘
それ以外に京都での送荷費六〇銭、桑名と三重での貸付一円二二銭を合算			
		総合計	三四円四八銭七厘

最後に、明治二十年に越後の三島郡

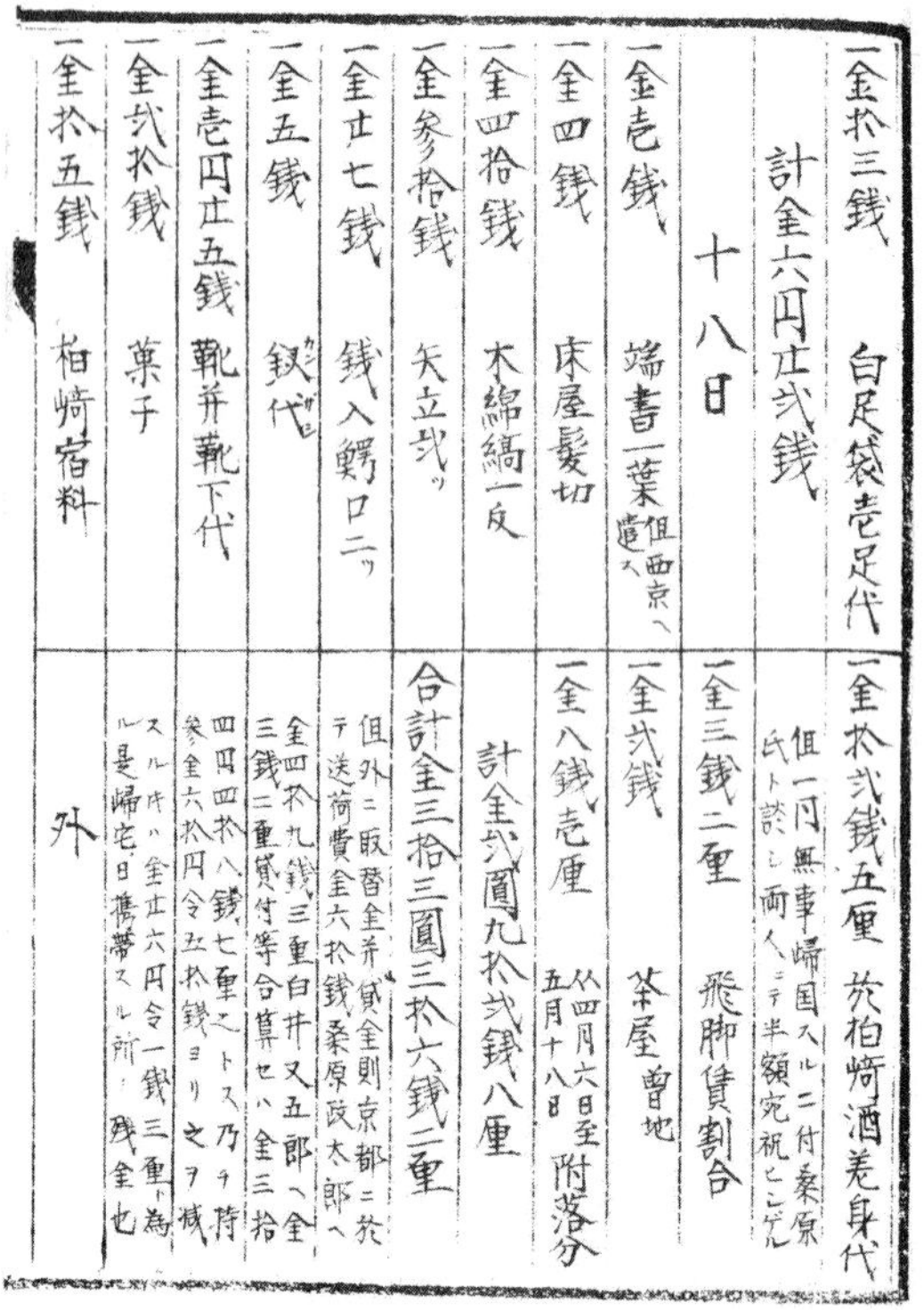

一金拾三銭　白足袋壱足代
計金六円廿弐銭
十八日
一金壱銭　端書一葉　但西京ヘ遣ス
一金四銭　床屋髪切
一金四拾銭　木綿縞一反
一金参拾銭　矢立弐ツ
一金廿七銭　銭入鰐口二ツ
一金五銭　鋏代
一金壱円廿五銭　靴并靴下代
一金弐拾銭　菓子
一金拾五銭　柏崎宿料
一金拾弐銭五厘　於柏崎酒差身代
但一円無事帰国スルニ付桑原氏ト談シ両人ニテ半額宛祝ヒニゲル
一金三銭二厘　飛脚賃割合
一金弐銭　茶屋曽地
一金八銭壱厘　从四月六日至五月十八日　附落分
計金弐圓九拾弐銭八厘
合計金三拾三圓三拾六銭二厘
但外ニ取替金并貸金則京都ニ於テ送荷費金六拾銭桑原政太郎ヘ
全四拾九銭三厘白井又五郎ヘ全三銭二厘貸付等合算セハ全三拾
四円四拾八銭七厘之トス乃チ持参金六拾円令五拾銭ヨリ之ヲ減
スル件ハ全廿六円令一銭三厘ト為ル是帰宅ノ日携帯スル所ノ残金也
外

図4－8　白井達太郎の出納帳

岩田村の白井達太郎ら八人の巡礼に要した費用を見てみる。当時の旅館は弁当付で平均一〇銭前後であった。大阪、神戸、京都は高く一五銭となっている。納経料は一銭であった。白井達太郎は一定期間毎に経費の小計を記している。その上で末尾で収支計算を行っている。それを整理すると表4-10となる。白井達太郎の持参金は六〇円五〇銭であったが、支出を差し引きすると二六円一銭三厘が残金となっている。その費用は約三五円かかったことになる。明治二十年頃の主な物価は、米十kg四六銭、食パン一斤五銭、弁当（握り飯に香のもの）七銭、配達牛乳一八〇cc三銭、コーヒー一銭五厘（明治二十一年）であった。[28] 当時としてはやはり高額な費用であったことには違いない。その当時の納経料金は一銭であったが今は三〇〇円であるので三万倍となる。宿泊料一〇銭が現在では五〇〇〇円とすれば、これも三万倍となる。

その結果、西国巡礼の費用には江戸時代では二両以上がかかった。費用の三分の二は宿泊と昼食代であった。それに当時は河に橋がなかったことで舟賃、川渡しなどが必要であり、その回数も多いことから意外と出費が多かった。それに賽銭、見物料、案内料、乗り物、チップ、酒肴代なども必要に応じて支出された。そして東国からの場合は往来の日数が増え、約四両ともなり、西国巡礼を行うには多額な費用がかかっていた。

なお、関東の坂東巡礼の費用について、沙門亮盛は『坂東観音霊場記』の中で、「我坂東巡礼セシ時ノ散物・路銀等合テ二両三分・銭七百文[29]」と述べている。これも西国巡礼と同じく高額であった。

三　行楽と見物

西国巡礼の行程、日数、費用以外にも道中日記から読み取れる事項が幾つかある。その一つは、行楽的要素である。既に多くの研究者によって指摘されてきたことではあるが、西国巡礼は江戸中期以降は単に社寺参詣だけではなく、諸国の見聞や旅の行楽的要素が加わってくる。その記述の部分を道中日記から摘記して具体的に見てみる。

三河国舞坂宿の住人たちの記録「享和元年西国巡礼旅日記」には、三月三日に京都で「くろ谷　大芝居昼ゟよ《（夜）》五ッ頃迄」とあり、芝居見物をしている。翌三月四日にも京都で「大御馳走ニ預り」とか、宮津では塩瀬藤七の屋敷で二日間にわたって接待を受けている。当時の宮津藩主は本庄宗充で、本庄家は遠江浜松から宮津に転封させられていた。本庄家の家臣であった塩瀬藤七は巡礼者一行が持参した書状を読んで、接待をしたものであった。その一節には次のようにある[30]。

右両人夕飯藤七様方ニて御馳走被成又々拙者共もせひ《（是非）》可参候様よひニ参り…御船小屋前ゟやね《（屋根）》舟ニ乗り火どこ《（床）》膳わん《（椀）》茶ひん《（瓶）》御酒にしめ《（煮染）》もち《（餅）》くわしいろ〲舟へ入レ一日ゆさん《（遊山）》

と記されている。更に翌日にも「御本坊へ拙者共も立寄酒硯ふた《（蓋）》くわし御馳走受ル」と、二日続けての接待を受けている。

図４－９　土産屋（『西国三十三所名所図会』）

文政五年の「西国三十三所巡礼の記録」（仮称）では大阪の堺に入ってから行楽が始まっている。閏正月十二日に「川岸舟見物」とあり、翌十三日には「大坂道頓堀中芝居見物、…芝居入用三百五十五文」と書かれている。京都でも「大内様御所見物」、帰郷前にも「名古屋見物」と記されている。

三河国東植田村住人一行の記録「西国三十三所巡り」にも、奈良、京都における行楽が記されている。奈良の二月五日の項では、「案内銭、同行四人中間ニ而八十文出シ、宿ゟ頼申候、壱人ニ付、廿弐文つゝ出シ申候」とあり、案内人を雇って見物をしている。二月九日には京都で「案内銭弐百文、宿ゟ頼申候、壱人ニ付四拾八文つゝ出シ、外ニ廿四文つゝ酒手ニ出シ申候」とある。案内人に二百文を支払った以外にも「酒手」というチップを二四文を出している。

常陸国高柴村の益子廣三郎ら一行では東国からの旅であり、見聞を広めるために多くの箇所を見物している。まず、幕府のお膝元の江戸では浅草観音、寛永寺、湯島天神などの社寺仏閣の参拝を始め、芝居見物、吉原での夜見世見物をしている。鎌倉でも建長寺、鶴岡八幡宮、長谷寺、江ノ島弁財天を参詣している。道中では地方の名物を口にしている。府中へ向う途中の安倍川で「あべ川もち名物たべ申候」とあり、伊賀の上野の昼食では、

「なめしてんかく名物をたべ申候誠に賑々鋪処ニ御座候」とある。熊野の湯之峰温泉では三文の湯銭を払って、名物の薬師湯に入っている。大阪では案内人に一人二〇〇文を払って、道頓堀で芝居見物をしている。奈良でも案内料を八八文、京都では一六〇文と酒手二四文を払い、「洛中洛外見物仕申候所都の義甚きれいしつかなる町に御座候」と記している。

山城国東一口村の住人九人の一行は西国巡礼だけを目指した旅であったが、費用は高額であった。畿内からの出発であり、三十四日間と短い期間で二両は贅沢な旅でもあった。南廻りでは熊野権現（本宮）に参拝し、その夜は宿坊で御馳走になっている。そのお返しとして御膳料として一人銀五匁二分（約三五〇文）と、金二朱（五〇〇文）の茶代としてのチップを出している。紀伊田辺から三里の道は駕籠四挺を雇い、交替で乗り、その夜は鯛二匹を四〇〇文で買い求め、酒宴を開いている。南廻り最後の三月十九日は酒、肴などを舟に積んで木津川を下った。また、北廻りでは長浜で「小あい（鮎）煎（煮）付買い、酒弐・三升斗り呑み申し候」と述べ、子鮎を肴に酒を二、三升ほど飲んでいる。最終日は「其より薮と申す処ニて酒一はい呑み」とあり、向島の「鮒膳ニて酒肴拵え舟ニ入れ、ゆさん（遊山）ニて一口村夜五ッ時帰リ」と、酒盛りしながら巨椋池を渡っている。東一口村の一行の場合は飲酒が度々出てくるので、巡礼とはいえども旅の行楽性が極めて強かったと見られる。

図4－10　白井達太郎の大阪での記念写真
（明治20年4月西遊の際大阪にて撮影）

播磨の「大和屋」の庄兵衛一行の社寺参詣は行楽の旅でもあった。三月一日の項では、「雨天ニ而又々逗留致シ〆三日之間大きニ御地走（馳）ニ相成」とある。その後も三月十一日から十四日までも近江の川村喜衛門、片山与次兵衛、布屋藤兵の各家に宿泊し、「又酒肴ニ而御地走ニ預リ」と接待が度々記されている。四月二十六日には紀州田辺で鰹を一五〇文で買い求め三人で喰い飽き、残りを煎り付けにして持参した、とも記している。

白井達太郎一行も大阪では、「此夜演劇を観んと欲し、衆と共に道頓堀なる千日前通に遊ぶ。…劇場に入り数幕を観《み》、出《い》でて一茶店に入り蕎麦を命じ二三椀を平げ、宿所に帰り寝に就けば将《まさ》に十二時を過ぐる数十分なり」と記して、夜遅くまで行楽していた。そして、写真館で羽織り袴姿の記念写真を撮影している。また、四国から備前児島に上陸した夜は、「衆相喜慶す。余数金を投〆宴を張り、其無恙《つつがなき》を祝す」とあって、無事本州までに帰れたことを喜んで、祝宴をはっている。その理由には大阪から多度津に渡る舟の失敗体験があったからである。

これらの道中日記以外にも西国巡礼の途中で祭礼や内裏の見物を副次的な目的にしたケースが少なくない。例えば、幕末の安政二年（一八五五）に出羽の志士清河八郎は母親への孝行にと思い、伊勢参宮を兼ねて西国巡礼を行った。その時、「京師での寺見物や祇園祭りなどに間にあうようにする心づかいも大事である」[31]と述べ、祇園祭は旧暦の六月十五日であったが、清河八郎が京都に着いたは五月五日であった。その理由を「今日は藤森の祭り、また賀茂の競べ馬の儀などあるから、母に是非見せたく思って伊勢から急いで来たのである」[32]と、説明している。京都では古くからの祭りが数多く行われてきたことで、その祭りを親孝行として見せたかった清河八郎の心情が表れている。その外にも東国からの巡礼には、六月十五日の尾州の津島神社の祭りや盆中の京都の禁裏御燈籠見物を念頭に入れた日程もあった。

旅の楽しみの今一つは買い物であった。巡礼者は異国の地で物珍しい物を土産物として買い求めた。常陸の益子廣三郎は西国巡礼の出発に際し、親戚、縁者、地域住民から多額な餞別を貰ったので、その返礼に四両近い土産物を購入している。越後の白井達太郎も「木綿縞壱反代」「縮緬壱丈弐尺」と記し、木綿縞や縮緬などを土産として購入している。大阪・堺は刃物が名物であった。巡礼者の中には土産の品として堺の刃物を購入するためにわざわざ堺経由で廻ったケースもあった[33]。

四　その他の体験と見聞

江戸時代には数多くの西国巡礼の案内記（道中記）が出版され、人々はそれを持参して巡礼に出かけた。しかし、自らの足で西国巡礼を体験した時には、思いがけない事態にも遭遇する。また、他国を歩きながら見聞するとこれまでに見たことのないものに驚く。その中から幾つかを取り上げてみる。

天候に悩まされる

その一つは天候による不測の事態である。文政五年、遠江の加茂村の一行は出発が正月十八日の冬であった。そのために、閏正月の二十一日には「朝雪ふり」とか、二月十日にも「雪ふり」と記されている。常陸の益子廣三郎らの一行も正月に出発しているので、まず、一月十四日江戸で「大雨雪嵐ゆへ昼前相休」とある。二月二十五日には京都でも大雪に見舞われている。播磨の大和屋の庄兵衛一行も三月三日に成相寺で雪に見舞われ、「本堂ノうしろニ雪六尺斗積り。夫ゟ天の橋立ノ景しや(色)く見事也」と記している。越後の白井達太郎も出発間もない三月十三日に、「笠上の雪は凝結〆氷となり、草鞋《わらじ》の前後は大小数箇の雪塊を生じるに至る。寒さ察すべき也」と、雪に見舞われて困り果てている。

旅には雨降りがつきものであるが、それによって川渡しの値段に変動が起きていることが記されている。「享和元年西国巡礼旅日記」では播州の清水寺付近の野村の川渡しについて、「舟渡し今日ハ壱人六文ツヽ大水拾文小水三文之定り」と記され、通常は六文であるが、大水では一〇文に値上がりした。更に長浜から米原までの川渡しでは通常一九文で小水は三文、大水では五〇文まで大幅に値段が上がっている。江戸時代、難所の箱根八里は馬でも越せるが、越すに越せない大井川、と言われたように、川渡しには危険が伴ない、水かさによって値段に差があったことがわかる。大井川の渡賃は八八文から一一八文と格差があったが、益子廣三郎一行では「大井川有川越銭百三拾文ッゝ酒手八文ッゝ」と最も割高であった。

風と雪による困惑する事態も生じている。遠江の州椿禅師は天候が不順で竹生島へ渡ることができずに、「此雪天、湖も穏ならねは船も出ましとむなしく札を流し遠く伏拝ミ奉り」と参拝を断念し、流し札をしている。益子廣三郎らの一行も同様な事態に遭遇している。三月十四日の項で次のように記されている。[34]

九ッ半時より乗出申候所竹生嶋江拾丁計ニ相成申候所俄にひゑ山おろし吹おこり舟中皆々酔申候而船着兼申候残念なから流し札ニ致申候而漸長浜江着船仕申候

また、越後の岩田村の白井達太郎も長浜から竹生島に渡ろうとしたが、「昨来の雨尚未《なおいまだ》弭《やま》ず。湖面暗うして濤声頻《しきり》に聴《きこ》う」と記し、「余等の渉《わた》る事を得ざるは命《めい》なる哉《かな》」と、断念している。春の琵琶湖は比叡おろしや「比良八荒」と呼ばれる強風が吹き荒れた。そのために宝暦五年（一七五五）には、「江州水海にて、順礼七拾弐人溺死」[35]とあり、三月十九日にも「竹生嶋浦ニ而破船ス、九拾人計死ス」[36]などと死者が出ている。竹生島に渡る人は巡礼者に限られ、それが度々遭難した。幸いにも道中日記を記した人たちは遭難を避けるために、「流し札」で遥拝することに留めている。

接待

巡礼や遍路の習俗には古くから「接待」があった。西国巡礼では鎌倉期の文献に接待のことが記されている。例えば、慧鳳の『竹居清事』には、「茶店什八九は、之が報いを問うこと弗《なし》、野巷林区の疲氓窮戸と雖も、已れの食を口にするを輟《や》め以て給す」[37]とある。しかし、江戸中期以降は接待の習俗は衰退していく。その理由を新城

常三博士は行楽的性格が強くなり、同情・共感を呼ばなくなったことや宿泊施設が整備されたことを挙げている。(38)

道中日記を読んでも接待に関する記述が少ない。その中にあって、接待を受けた事例もある。

文政五年の「西国三十三所巡りの記録」の二月七日には、備前で接待にあったことが次のように記されている。(39)


みつ石ゟなし原《(梨ヶ原)》一り、なし原町ニて大酒村言所ゟ、せつたい同行三十弐人ニて、伊勢大神宮様への御せつたい、髪さかやけ、同断二月八日五ッ時御せつたい御地そう《(馳走)》ニ也

とある。そして十二日にも、「かうもり《(河守)》宿御せつたい、御地そう《(馳走)》成、外宮言所」と記されている。

年代不詳の「西国三十三所巡り」においても福知山で、「入口ニわらじのせつたい有、同せきはん之せつたい有、此両渡之せつたいニあい申候」と述べられ、草鞋と赤飯の接待があった。また、由良でも「此所ニ而せつたいに預申候」と記されているが、中身は不明である。播磨の「大和屋」の庄兵衛の巡礼でも三月五日に宮津で、「田中屋様赤飯施行」と記されていることから、赤飯の接待を受けている。常陸国益子廣三郎の一行も那智山の坊中良で、「落物山役銭四人壱分の割昼通り故弐朱差置御馳走請」とあり、接待を受けている。

文化の相違

それ以外の見聞として、東国の人が西国の習慣を見た時の驚き、興味が散見される。常陸国高柴村の益子廣三郎の「西国順礼道中日記」には、伊勢長島の手前付近で、「一こま江　此所よりきせるなしつばきの葉にて煙草吹所也男女の姿異風にて関東に見なれぬ姿ニ御座候」と述べている。これは煙管《きせる》を用いずに、椿の葉っぱで煙草を吸う習慣で、珍しかったものであろう。その上で、男女の服装も関東では見慣れないスタイルであると記している。

また、伊勢・山田付近では京都の扇屋の出店があり、用立ての看板があった。そこで柳行李を買い求め、土産物類を京都に回送している。同様なことは前原（米原）で京都から送った荷物を受け取っている。また、文政二年（一八一九）の下野の金塚兵吾の旅でも京都から米原へ「荷物相廻し」をして後日受け取っている。[40] 従って、当時既に今の運送会社のような事業が街道筋では行われ、巡礼者もそれを利用していたことがわかる。

失敗談

四国の金毘羅参詣にも危険が伴った。白井達太郎らは大阪で行楽した後、四国の多度津に渡ろうとした。平安丸という大型の汽船であったことから淀川に入れず、天保山沖に停泊していたので、そこまでは小舟に乗った。しかし、波が高く、三回も転覆しかかり、その上船酔いで苦しむことになった。その様子を次のように述べている。[41]

余や切に大坂より四国に航するの非なるを説く。然れども前日丸屋店員の巧言に誑《たぶら》かされ、将《まさ》に汽船を謬《あやま》らんとするのみならず、死生計《はか》る可からざる惨禍に陥《おちい》らんとする不幸に相遇せり。

これは初めての土地で人の話を鵜呑みにて不運に見舞われたが、辛うじて大事には至らずに一命を取り留めたことを述べている。白井達太郎一行の四国へ渡る船のトラブルは、既に述べたように琵琶湖の竹生島に渡る時の遭難や参拝の断念と似通っている。

以上のように見知らぬ土地では事情がわからず、失敗は起きる。また、天候の不順や思いがけない事態に陥ることがある。それが旅の苦労であった。しかし、後に回顧すると一転して楽しみや思い出話ともなる。西国巡礼の道中日記からはそのような様子が読み取れる。

第二節　道中日記にみる四国遍路の習俗

四国遍路の体験記は江戸時代では余り多くはなかったが、大正末期から昭和初期から増え始める。そして平成期に入るとその数は大幅に増加した。体験記の増加は遍路の人数とも関連することは既に第三章第二節で詳しく述べた。江戸時代の数少ない体験記や大正期から昭和期及び平成期までに発行されたものを手懸かりに遍路の習俗の変遷を検討してみることにする。その内容は一巡するに要する日数や費用、道中で地元住民から受ける接待、その他の時代の習俗を捉えることにする。

江戸時代の四国遍路の体験記として最も古いのは、寛永十五年（一六三五）に嵯峨大覚寺宮空性法親王に同行した賢明が著した『空性法親王四国霊場御巡行』である。しかし、この記録は極めて簡略で、しかも伊予に関する記述が大半を占めているなど難点がある。その後、京都の智積院の悔焉房澄禅が承応二年（一六五三）に四国遍路をして綴った『四国遍路日記』がある。そこには札所の本尊、伽藍の状況や住職の在・不在を始め札所から次の札所までの道程、河渡しの状況、道中の光景など詳しく述べられ、鋭い観察が見られる。しかし、僧侶としての修行を兼ねたもので、体験記と言うよりは後の人々への残すべく記録であり、むしろ案内記というものになっている。その後、真念の『四国邊路道指南』は正しく遍路の案内書の原型である。それによって、庶民が四国遍路に出かけられる素地を作った。

一　行程と日数

江戸時代の巡拝記で古いのは澄禅『四国遍路日記』であるが、それによると澄禅は承応二年（一六五三）に高野山の弘法大師の祖廟に詣り、徳島に渡り七月二十五日十七番井戸寺から廻り始めた。そして、八十八番大窪寺まで廻り、残りの札所を巡拝し、最後は一番の霊山寺で打ち終えている。その日数は七月二十五日から十月二十六日までの九十一日間であった。[1]但し、その間には讃岐の金毘羅山への参詣なども含まれている。当時は道も整備されず、最も悩ませたのは河川の渡しで、橋もなく舟渡しであった。そのために、雨が降ると増水で渡渉ができなかった。澄禅の遍路では一ヵ寺に「逗留」した日数が多いことから必要以上の日数になっている。

寛政七年（一七九五）に伊予上野村の庄屋・玉井元之進ら五人が四国遍路をした記録が『四国中諸日記』である。[2]日記は二月十六日から始まり、「松山城下茅町油屋伊右ェ門方ゟ出立いたし大山寺へ参り、夫ゟ和気圓銘寺へ参り、堀りゑ村〔昼八ッ時〕佐兵衛方へ泊る」と書かれている。最後は四月に入り、「同十八日〔八ッ時ニ出立〕、右同泊りゟ浄瑠璃寺へ参ル。…右参所前庵へ泊る」で終わっている。この日記に関して新城常三博士は、「寛政七年二月十七日に旅立ち後尾欠であるが、帰宅二、三日前とみられる、四六番伊予浄瑠璃寺の四月十八日に終わっている。その日数二ヵ月である」[3]と指摘している。従って、一部欠落はあるものの、約二ヵ月の日数であった。

文政二年（一八一九）に土佐国安芸郡奈半利（安芸郡北川村西谷）の商人・新井頼助は彦兵衛という奉公人と思われる男を連れて四国遍路に出かけている。その記録は「四国順拝日記」（仮称）として残されている。[4]それによると、最初の五日分に相当する部分が欠落して、二月二十一日から始まっている。しかし、最後に「五十七日ノ間右通ニ而帰国いたすもの也」と記されていることから、二月十六日に出発してものと考えられる。二人は近くの二十七番神峰寺から打ち始め、二十六番金剛頂寺（西寺）で打ち納め、一巡に要した日数は五十七日間であった。新井頼助は庄屋を務め、俳句を愛した富裕層であり、記述には霊場に関することは殆ど書かれていない。そのため、新井頼助の遍路は信心というよりは見聞を広めるための旅でもあった。例えば、五十一番石手寺に着くと、近くの道後温泉で三日間逗留し、湯に入り、町や松山城を見学している。また、三月十五日から十九日までは瀬戸内海の宮島まで足を延ばし、「一日見物誠ニ此宮日本ニ三ヶ所ノ景所筆紙ニハ難尽聞しゟ増る事ども也」と述べている。更に、度々酒を飲んでいることからも行楽的な要素が強い遍路であった。日数は道後温泉の三日間の逗留や宮島に渡った日数、それに二月二十九日、三十日、三月朔日の三日間は石川専十郎宅で逗留しているなど、ゆっくりとしたペースであった。

玉井元之進や新井頼助たちが約二ヵ月の日数を要したのに対して、文化二年（一八〇五）に土州土佐郡朝倉村の兼太郎は三十数日とハイペースで廻っている。[5] 兼太郎は二月十二日に自宅を出発し、三十一番竹林寺から廻り始めた。三月十二日には二十八番大日寺を打ち終え、一部分欠損があるが、「帰宿三月十三日」とあるので、その日数は三十二日間である。兼太郎は同行者については触れていないが、道後温泉での支払いで「弐人前金札弐匁也」とあることや、土佐藩では一人旅の遍路には許可が下りなかったことなどから、二人で廻ったものと思われる。兼太郎の遍路は三十二日間と驚異的なスピードで廻った珍しいケースで、健脚な若者であったからできた。道中で赤飯や餅などの接待を受けているが、それを口にほおばりながら足早に廻ったに違いない。それは現在のマラソンランナーが走りながら給水を受けるような光景とも想像され、通常の二倍の速さであった。このようにハイペースで廻る遍路は「走り遍路」とも呼ばれ、宿泊、食事など経費の節約がその背景にあった。これと似たケースに、後に東福寺派管長を務めた尾関行応師の遍路があった。明治三十四年春に二十歳代の雲水僧であった同師は三十数日で一巡している。それについて次のように述べている。[6]

三月末に阿波の撫養《むや》に渡り、真に一杖一笠にて、雨の降る日も、風の吹く日も、歩き詰めで、札所では、本尊前に普門品心経消災咒で回向し、…大師への報恩を為し、其他は如何なる風景のよい処にても、休息の暇も無く、生来煙草を喫まぬので、朝出立すると、札所のない限りは、腹の空《へ》る迄休息せず、腹が減《へ》ると何処にても、便当行李を開き、茶が無ければ、路傍の水を掬《むすん》で飢《うえ》を凌《しの》ぎつゝ、恰度三十二日目に全部巡拝し、…其中高知の汲江寺で一日と、伊予岩松の臨江寺で一日滞在して、…正味三十日で、全部巡拝した事になつて居る。

そして、同師は「飛脚同様」であり、「時間を空費する事を最も畏れ、真に巡拝三昧で、一切他に互らぬ願心」であったと述べている。尾関師や土佐の朝倉村の兼太郎の日数は極めて特異なケースでもあった。なお、尾関師は二日目の遍路を昭和九年七月二十五日から十月二日までの百日間行っている。二回目の遍路は東福寺派の管長の任にあって、各地で歓待され、講演の依頼を受けるなど人力車やタクシーなどを利用している。

四国の対岸播州加東郡黍田村（現在の兵庫県小野市黍田）から四国遍路に出かけた村人があった。黍田村に残された古文書を研究した山田正雄氏によると、[7] 江戸時代黍田村から四国遍路の出かけた事例が六例あり、明和五年（一七六八）の太郎兵衛という六十九歳の老人が最初であった。その資料の中で、出発から帰村までの記録が判明するのは三例あった。享和元年（一八〇一）に十五歳の佐之八という男が亡き父や兄の供養で遍路に出かけている。同行者は三十八歳の病身の惣八であった。佐之八は六月九日に黍田村を出発し、八月二十六日に帰村している。その期間は七十八日を要している。多分病身の惣八が同行していたので余分に日数がかかったものと思われる。文化九年（一八一二）には年寄役を務めていた五十八歳の定右衛門が二人の亡き妻の供養で六月一日に出立し、七月二十九日に帰村している。その日数は五十九日間となる。今一つは、文政五年（一八二二）に三十二歳の重兵衛という男が兵吉と二人で四国遍路に出かけている。重兵衛は四月六日に出発して、六月二十二日に帰着している。その間七十八日を要している。彼らは十分な旅費はなく、道々報謝を乞い、辻堂などで雨露を凌ぎながらの遍路であった。そのために日数が七十日を超えている。

黍田村は四国の対岸に位置し、四国までの往復には数日で済むので、出発から帰村までに要した日数から数日を減じると八十八ヵ所巡拝に要した日数と言える。従って、定右衛門一行の五十九日間が最も短く、仮に四国への往復に四日を要したとして、八十八ヵ所巡拝は五十五日となる。佐之八と重兵衛の場合は病身者が同行したり、路銀のために托鉢などをしたことから余分な日数がかかっている。

さて、明治以降になってからの巡拝記も幾つか残されている。明治十七年、土佐国高岡郡越知面村の住人・中越善平夫婦は、四国遍路及び高野山を参詣した記録「四国中并ニ高野道中記」を残している[8]。中越夫婦は二月五日に出発し、三十七番岩本寺から打ち始めている。それを「仝七日…小阪ヲ越シ久保川村ニ行キ岩本寺ヲ拝シ此所ニテ納経之受始メ」と記している。逆打ちで廻り、三月九日には撫養から和歌山に渡り、十二日に高野山を参詣している。十五日には四国に戻り翌十六日に十一番藤井寺から巡拝を再開している。そして三月二十九日に三十六番青龍寺で結願し、四月一日に帰宅した。その期間は五十六日間になるが、高野山参拝への往復を除くと四十九日間となる。

明治四十年には後に真言宗豊山派の管長（化主）を務めた小林雨峯師が四国遍路を体験して、その道中を綴った『四国順礼記』がある[9]。同師は伊予松山に上陸し、五十番繁多寺に赴く。繁多寺は小林雨峯師の新義真言豊山大学の親友丹生屋東嶽師の実家であった。繁多寺では荷造りなどの準備をするともに、五十一番から五十四番までは断片的に参拝を済ませた。五月二十五日に丹生屋東嶽師と二人で繁多寺を出発し、逆廻りで本格的な巡拝を開始した。そして、最後は八月十日に五十四番延命寺で打ち終えている。そこから汽船と汽車を乗り継いで繁多寺に戻っている。その期間は七十七日間になる。

ところが、小林、丹生屋両師の遍路は名所、旧跡を訪ね、僧侶仲間と再会するなどで歓待されて四、五日逗留したり、芝居見物や寄席に出かけたり、鳴門の渦潮見学、小豆島や安芸の宮島などにも足を延ばしている。そのために遍路以外の見聞、行楽の要素が含まれ、日数が多くかかっている。

次に、大正期の巡拝記を見てみる。巡拝記として不朽の名作は大正七年に二十四歳で熊本を立ち、伊東老人と四国遍路をした高群逸枝女史の『娘巡礼記』である。(10)『娘巡礼記』は四国遍路の研究に欠かせない貴重な文献でもあり、既に多くの研究者によって度々取り上げられている。ここでは行程や日数などに留めることにする。

高群逸枝女史は後に夫となる橋本憲吉との恋愛の行き詰まりと、彼女を慕う男性との狭間で苦悩していた。その打開のために遍路に出た。熊本市京町の専念寺の和尚に見送られて出発したのは六月四日である。途中で大分県大野郡東大野村で信仰心の篤い老人に善根宿の提供を受けた。この七十三歳の伊東老人が彼女に同行することになる。伊東老人宅で一ヵ月ほど滞在した後、七月十四日大分から船で豊予海峡を渡り、翌十五日に八幡浜に着く。そして四十三番明石寺から逆打ちで廻り始めた。しかしながら、手持ちの金銭は九州日日新聞社の社会部長・宮崎大太郎から巡礼記の原稿を送る約束で一〇円を与えられただけのわずかな持ち合わせしかなかった。そこで、伊東老人は修行と称して托鉢で布施を受けることを積極的に行った。また、費用を使い果たし、はたまた宿を断られ度々野宿もしている。従って、宿代や舟賃などを持参しての遍路とは趣を異にし、日数も多くかかっている。その行程を辿ると次のようになる。七月十五日に八幡浜に着き、十九日から明石寺に向かって出発し、二十日に明石寺から札打ちを開始した。二十三日には四十番観自在寺に着いている。八月一日には市瀬の伊豆田峠を越え、四日に岩本寺に詣っている。十一日は船で三十六番青龍寺に詣でている。二十八日には二十八番大日寺、九月一日には金剛頂寺を経て室戸岬の二十四番最御崎寺に辿り着く。三日は高知と徳島の県境の宍喰の善根宿に泊まる。六日は日和佐の二十三番薬王寺に参拝し、十九日には二十二番平等寺を詣っている。二十七日には一番霊山寺を参拝し、ここで全体の約半分を廻った。その期間は二ヵ月以上の日数を費やしている。その理由は伊東老人の道々における托鉢修行も一因であるが、七、八月の真夏の苛酷な時期に体力が消耗し、ペースダウンしたものと思われる。

十月一日は八栗寺に詣り、六日には弥谷寺を参拝している。そして、結願は四十四番大宝寺で十月十九日になっている。そこから帰途につき、熊本市内の専念寺には十一月二十日に着いた。高群逸枝女史は昭和十三年に『お遍路』を書き表しているが、その「後記」でその行程を、「私が熊本を出たのが六月四日で、家に帰ったのが十一月二十日過ぎであるから約半年、おじいさんと連立って四国を歩いたのが、七月中旬から十月下旬まで約百日である」(11)と述べている。従って、熊本から四国までの往復に二ヵ月かかり、伊東老人宅で一ヵ月滞在し、残り三ヵ月余りを遍路に当てたことになる。

大正末期に、後に真言宗豊山派管長（化主）を務めた富田斅純師が四国遍路を行っている(12)。大正十五年二月十日、五十番繁多寺から逆打ちして三月二十七日に四十九番浄土寺で結願している。その間三十七日間となる。同師は徒歩に加え汽車や汽船、乗合自動車を利用しての巡拝であった。この頃から交通機関が普及するようになり、それを利用した遍路が出始める。

昭和初期には体験記に混じって、観光を目的とした案内書も出版されるようになる。そこには交通機関の発達で、汽車や車を利用した遍路が登場した背景がある。その代表が島浪男の『札所と名所　四国遍路』や安達忠一『同行二人　四国遍路たより』などである。これらの交通機関と徒歩とを兼ね併せた日記を取り上げてみる。

印南敏秀氏は「戦前の女四国遍路」で昭和十一年に伯母と二人で遍路した実母・白石トメ子の日記を紹介し、当時の遍路の状況を論考している(13)。それによると、大正四年生まれの実母は二十一歳の時、伯母が癌と診断されて願掛けで一度四国遍路を行い、その後回復して御礼詣りの二回目の遍路に同行した。その記録が「四国八十八ヶ所巡礼日記」である。白石トメ子は愛媛県新居浜郡高津村に住んでいた。三月十五日に「多喜浜十時発、十一時十五分観音寺駅着」で書き始まって、当日は観音寺、琴弾八幡、本山寺の三ヵ寺を廻っている。翌日は弥谷寺、曼荼羅寺、甲山寺、善通寺と徒歩で逆廻りをしている。途中電車を利用する箇所もあり、志度寺から大窪寺までは八〇銭を払って自動車に乗っている。八十八番大窪寺からは十番切幡寺に下りている。その後も歩きやすい所

図4－11　夜行館の町まわり（昭和47年上田雅一氏提供）

は徒歩であるが、距離の遠い所は自動車を利用している。室戸岬の人家のないところでは自動車を使った。そして自宅に帰る前日の五月一日には六十一番香園寺に詣っている。二日は西条で七〇銭で記念写真を撮ったことが記されているが、巡拝に関する内容は省略されている。なお、印南敏秀氏は聴き取り調査で、高所にあった三ヵ寺は三月に雪が残るので参拝せず、帰宅後の六月末に参拝した(14)、と述べている。その結果、日数は三月十五日から五月二日までの四十九日間に一、二日加えると、五十数日とみなすことができる。

　昭和四、五十年代に入るとバスや自動車を利用した遍路が大半を占めるようになる。そのような中で昭和四十六年に四ヵ月を要して遍路を行った記録がある。笹原茂朱氏は芝居荷物と生活用具一式を大八車に載せて遍路体験した『巡礼記―四国から津軽へ』を著している(15)。芝居仲間と三人（途中で四人）で小屋掛け芝居の興行をしながら札所を巡拝した。出発は残暑の八月二十九日、大窪寺である。その後バスで長尾寺に向かい、志度寺と逆廻りで巡拝を開始した。結願は十二月三十一日、第一番霊山寺となっている。その日数は一二五日で四ヵ月を要している。彼ら一行は生活道具一式を大八車に載せ、各地で篤志家の援助で当時失なわれつつあった小屋掛け芝居の興行を行い、テント暮らしをした。その間、札所へは参拝をしたが朱印は受けなかった。芝居の興行が主たる目的のように見られるが、八十八ヵ所を一巡した。興行に要する時間や大八車を引いていることから日数は通常の二倍以上となっている。芝居興行を兼ねて八十八番から逆打ちする一風特異な遍路でもあった。

　平成期に入ると、歩き遍路が見直され、その中から二、三の体験記を取り上げてみる。その一つに平成六年に東京の大学四年生が自分探しで野宿や民宿、ユースホステス、善根宿などに泊まって四国遍路したのが早坂隆氏である。『僕が遍路になった理由（わけ）—野宿で行く四国霊場巡りの旅』[16]では夏休み、友人たちが就職活動に血眼になっているのを尻目に一人で四国遍路を試みた。七月に一番霊山寺から順番に廻り、九月の上旬までの五十二日間となっている。時計も寝袋も持参せず、公園や町工場の倉庫、橋の下、小学校、ドライブインの廃墟などに泊まり、蚊の襲来や野犬に襲われたり、風呂に入れないなど野宿ならではの苦労が綴られている。更に接待を受けたり、地元の人々との楽しい交流も体験している。著者は若者でしかも目的が信仰心とはかけ離れているので寺院の由来や縁起、名所の説明などは一切書かれていない。しかし、平成期に入ってからの歩き遍路には信仰心とは別の目的で廻る人も少なくない。その一つの事例である。

今一つは、現役を退いた男性が定年記念や喜寿の記念に四国遍路を体験した記録がある。堀之内芳郎『喜寿の遍路日記　同行二人四国八十八ヵ所巡礼』[17]は、旧海軍少佐で後に海上自衛隊の護衛艦の艦長を歴任した著者が喜寿の記念に四国遍路を体験した記録である。平成二年から翌年にかけて三回に分けて、四十三日間の遍路であった。一回目は平成二年十一月十七日、自宅の伊勢原市からバスで和歌山に向い、翌十八日に和歌山から四国に渡り、一番霊山寺から六番安楽寺まで廻っている。二十五日室戸岬の鯖大師堂で中断し、二十六日に帰宅した。二回目は翌年八月三十一日から十六日間で高知県の札所を廻っている。三回目は愛媛県と香川県の札所を廻り、高野山・奥の院にも参拝している。その合計日数は五十一日で、三回の往返日を除くと四十三日となる。

西川阿羅漢『歩く四国遍路千二百キロ—ある定年退職者の三十一日の旅』[18]は、海上保安官を退いた後に再就職し、その定年を迎えた記念に平成九年、六十七歳で四国遍路を体験した記録である。著者は遍路の目的を「信仰よりも歩くこと自体が目的」と述べているように健康維持のための遍路であった。六十七歳の老齢ながらも事前に長距離歩行の練習を重ねての旅立ちであった。愛知県安城市から四国に渡り、四月二十六日に一番霊山寺から打ち始めた。五日目の三十日には二十三番薬王寺に辿り着く。やがて高知県に入り五月十一日には四十番観自在寺まで進む。五月二十一日には愛媛県の札所を打ち終え、最終日の二十八日には大窪寺で結願している。その日数は三十一日間である。著者は慢性的な持病（冷え性、C型肝炎、痛風）を治そうと述べているが、六十七歳とは思われないほど元気で健脚であった。そのために一日に五十六キロを十三時間余りで歩いた日が二日ある。その結果、三十一日間で八十八ヵ所を一巡することができた。三十数日で一巡した事例は既述のように江戸時代、土佐の朝倉村の兼太郎や明治期には尾関行応師のケースがあった。また、ニュージーランドのトレッキングガイドを職業とするクレイグ・マクラクラン氏も平成七年に三十日間で一巡している[19]。それぞれの時代の道路事情、特に河川の渡しや橋に変化があるので一概に比較は難しいが、三十数日で一巡することは驚異的である。健脚な人は今も昔も一日四、五十キロを歩き続け、三十数日で八十八ヵ所の札所を一巡することができた。

四国八十八ヵ所を一巡するに要する日数や行程、同行者などについて江戸時代から平成期までの事例を検討してきた。それを今一度整理すると次のようになる。時代によって道路事情に変化はあるが、ゆっくりと逗留したり、札所以外の名所・旧跡を見物したり、はたまた歓待を受けながら一巡すると七十日以上の日数がかかっている。しかし、多少の見物を併せても札所を一巡するに要する日数は平均的に五、六十日である。四国遍路を二八〇回重ねた中務茂兵衛の日記を翻刻した鶴村松一氏は「四国八十八ヶ所と遍路」の中で、「中務茂兵衛は、一年に七回巡拝しており、一回を五十日位で歩いたことになり、馴れた人で五十日余り、未知の人は、やはり六十日近くは、要したものであろう[20]」と述べている。それに対して、旅費の節約や修行を目的したり、健脚な人では平均の約半分の三十数日で一巡することができ、それは昔も今も見られる。

なお、地元四国の住民は近くに札所があることから、そこから巡拝を始めるが、四国以外の人には四国に渡る日数と結願後の帰途の日数が加わることになる。熊本から八幡浜に渡った高群逸枝女史の場合はその代表例である。しかし、昭和後期から平成期には四国に渡るアクセスが便利になり、往復の日数は短縮されてきた。近年の巡拝記は四国以外の人によるものが多く、順路はガイドブックに書かれた作法の影響によるものか、一番霊山寺から順番に廻るケースが殆どである。

二　遍路の費用

四国八十八カ所を歩いて一巡するには平均的に五、六十日を要する。その間に宿泊費としての宿代、食事代、納経料、その他準備の費用がかかる。果たしてその費用はどのくらいであっただろうか。費用は時代によって変化するので歴史的に遡って見てみることにする。

まず、寛政七年に伊予上野村の庄屋・玉井元之進が五人で四国遍路をした記録『四国中諸日記』が残されている。そこには道中日記のほかに米代などの支出簿「諸宿払座」が記されている。「卯ノ二月十七日　弐百拾五文イ　米三升代」から始まって、一日の支払の項目と代金が記されている。三月一日には「〆四貫五百五拾三文」、三月十二日にも「〆三貫四百九拾四文」、十四日には「〆三百七拾八文」とあり、「三口合／八貫四百弐拾五文／右ヲ五ツ割ル／壱貫六百八拾五文／壱人前」とある。これは二月十七日から三月十四日までの小計を書き記したものである。後半の部分は四月二日に「〆五貫五百弐拾六文」、四月十二日にも「〆三貫四百弐拾四文」、十八日には「〆六百五拾七もん／三口合、九貫六百七文」となっている。但し、四月十七日は欠落している。その結果、前半の三月十四日までの一人当たり一貫六八五文と後半の一貫九二一文を合計すると三貫六〇六文となる。しかし、後尾が欠落し、十八日の四十六番浄瑠璃寺で終わっている。従って、四十七番八坂寺から五十一番石手寺の部分は含まれていない。この五カ寺は松山市内にあり、さほど距離、時間は要しない。それに二月十八日と二十一日、四月十七日の三日分が記されていない。それらを一日の平均支払いを一二〇文として加えると四日とすれば四八〇文、五日とすれば約六〇〇文となる。それらを三貫六〇六文に加算すると四貫以上となる。四貫は一両

表4－11 『四国中諸日記』の「諸宿払座」（２月17日～３月14日）

月　日	支払い項目と値段	小計
２月17日	米３升代215　味噌代28　とうふ代24	267
19日	うんどん代酒代色々代とも420　阿め代60	480
20日	とうふ代72　船賃舟人へ782　右同断66	920
22日	いろいろ代酒代50　とうふ阿め代38　茶代6	94
23日	米２升５合代175　阿め代25	200
24・25日	米６升代408　木賃色々代240　酒代32	680
26日	米３升代216　茶代10	226
27日	米３升代216　米賃100　唐□□代26	342
28日	米５升代330　木せん200　開帳せん100　色々代36　酒代40	706
29日	米１升代68　色々代16　茶代右同断18　米３升代216　とうふ代10	328
３月１日	木銭150　開帳30　酒とうふ代外ニ色々代共130	310
	〆四貫五百五拾三文	4,553
２日	米３升代207　王らんじ代14	221
３日	まんちう代80　木賃550　米６升７合代476	1,106
４日	王らんじ代54	54
５日	右同断30　米3升代210　木せん150　茶代色々代とも28	418
６日	木せん100　米３升代204　とうふ代11　王らんじ代14	329
７日	米３升代220	220
８日	同２升代149　木せん150　王らんじ代26　右同断33	358
９日	王らんじ代27　ろうそく代６	33
10日	米３升代234　味噌代22　王らんじ代14　右同断32	302
11日	米２升代200　とうふ代22　王らんじ代39	261
12日	さひ代32　米２升代160	192
	〆三貫四百九拾四文	3,494
13日	米６合代48　いろいろ代36　王らんじ代30　醤油代10	124
14日	米３升代234　味噌代20	254
	〆三百七拾八文	378
	三口合　八貫四弐拾五文	8,425

に当たる。彼ら一行は接待を受けた記述が見当たらないことから、約二カ月の遍路で接待を受けなかったとすれば一人一両の費用がかかったことになる。

今少し「諸宿払座」を見てみることにする。表４－11は二月十七日から三月十四日までに何にどれくらいの支払いをしたかを整理したものである。それによると米代金の支払いが中心になっている。五人で一泊するにおよそ三升の米を買い求めている。豆腐を多く食していることもわかる。「阿め代」も度々出てくる。詳しいことはわからないが、「色々代」の雑費も記されている。酒代も含まれている点も注目される。

次に、文化二年に土佐の朝倉

村の兼太郎が書き記した『四国中道筋日記』から八十八ヵ所を一巡するに要した費用を見てみることにする。兼太郎は二月十二日に出発して、三月十三日に帰宅するまで三十二日間とハイスピードで廻っている。従って、日数が少ない分、費用も安くなっている。表4-12は一部に記載がないところもあるが、費用に関する記述を一覧にしたものである。

それによると、兼太郎の日記には接待を受けたことが多く出てくる。宿の接待は「善根宿」である。善根宿は一回記されているが、それ以外にも接待として宿の提供を受けたと思われるのが五回ある。木賃の記載のないのが一二回ある。木賃の値段は六文から一五文までであった。それに要した合計は一三八文で、平均すると一泊一〇文になる。仮に記載のない一二回を一日一〇文とすると、木賃の合計は二五八文であったことになる。

兼太郎の費用の大半は米代であった。記載のない日は六日ある。米代は国によって相場に変化があった。それは記載の値段からもわかる。最も安いのは三四文で、高いのが九〇文である。文化二年の米相場は八四文といわ

表4-12 『四国中道筋日記』

月 日	木賃	米代	舟賃	その他
2月12日			12	
13日	8		39	
14日	12	78	9	わらじ36
15日	(接待)		16	
16日	10	90笘		
17日	8	90笘	4	
18日	6	90		
19日	善根宿			ごます36
20日	15	72		
21日	15	接待		
22日	10	72		
23日	15	34		
24日		66		
25日		66		
26日	10	70		
27日		73		
28日		79		
29日	(接待)	73		
30日	(接待)			
3月1日	13	73		
2日	10	84		
3日	(接待)			
4日		64		
5日	(接待)	80		
6日		80		
7日		82	5	
8日		90		
9日		83		
10日	6	86		
11日		84	11	
12日			7	
13日	帰宅			
合計	138	1,759	109	42

れ、それを目安にすると土佐は高く、伊予・讃岐は安く、阿波は標準的であった。記載された二十三日間の米代の総額は一七五九文である。それを単純に一日当たりになおすと、七六文となる。記載のない六日分を一日七六文として四五六文を加えると、米代の合計は二二一五文となる。

記載のない木賃や米代を暫定的に試算し、その総額を見てみると木賃二五八文、米代は二二一五文となり、併せて二四七三文となる。『四国中道筋日記』には木賃と米代以外の費用は記載されていない。しかし、舟の渡しや納経料なども必要であったことから雑費も加算されなければならない。最終的な費用は二五〇〇文を超えたと推定される。玉井元之進らは二ヵ月で一人一両に対して、兼太郎は接待を受けながら、しかも期間が短かったことから約二五〇〇文と軽減されている。

この二つの費用以外にも江戸時代の遍路の費用に関して、新城常三博士は讃岐の佐伯藤兵衛一行の『四国辺路中万覚日記』では、総支出銀六五匁余りであったことから、当時金にして一両程度である、と述べている。[21]その結果、四国遍路に要する費用は一両前後か、それ未満とみることができる。

明治期の費用について見てみると、明治四十年に親友の丹生屋東嶽師と七十七日をかけて遍路した小林雨峯師は、出発初日の宿泊地を去る時に、「二食一宿のボクチン大枚一人前金拾六銭外一銭五厘の草鞋代を払ふて出発す」[22]と記している。また五月二十九日には、「金拾八銭、米一升代、金拾弐銭、宿料二人分、金四銭、菓子代、金壱銭五厘、ワラジ代」と記している。このように費用に関しては断片的に記した後に、その費用の概算を、「四国巡拝中の路銀」の項で次のように述べている。[23]

一、金四拾弐円八拾三銭　　丹生屋小林両人分
一、金弐拾壱円四拾壱銭五厘　一人分づゝの出費
この弐拾壱圓の小金にて殆んど八十日であるから、一日の平均が二十六銭程である。大抵の支払は、

一、金弐銭　納経料
一、金拾銭　平均宿賃
一、金拾銭　平均米代
一、金四銭　草鞋或は雑費

その上に船賃、葉書代、紙代、郵税もかかるが、「実に少額の金で、四国遍路の出来たのは勿体なくもありがたき極みである」と述べている。

当時は木賃宿で木賃と米代がそれぞれ十銭でそれに納経料や雑費を加え、平均一日二六銭であった。それに日数を掛けると総額となった。両師の場合は約八十日として二一円という計算になっている。

大正七年に娘遍路を体験した高群逸枝女史によると、当時の遍路宿は「泊まりが最低八銭で、よいのが二十五銭、御飯は何合かいって炊いて貰う。…私達は、いつも六合ずつ炊いて貰ったようである(24)」と述べている。明治後半とその価格はさほど変動なく、施設の善し悪しで格差があった。

次に、昭和初期の費用について見てみることにする。昭和十一年に伯母の二回目の遍路に同行した愛媛県新居浜の白石トメ子も金銭の支出を克明に記している。表4-13はそれを整理したものである。その費用の内訳を見ると宿代と自動車代、汽車賃、船賃が多くを占め、それぞれ三分の一になっている。次いで納経料金、雑費である。宿泊は五回の善根宿の接待を受けて七泊している。四月二十九日の宿賃が欠落しているが、四十一泊の合計は一〇七五銭＝一〇円七五銭となっている。一泊の宿賃は弁当付きで二〇銭から二五銭が標準的であった。但し、後半の愛媛県では、「米代」と記されているが、これは接待に米を貰い、それを換金したものである。当時は交通機関が発達し、汽車や自動車を必要に応じて利用したので、合計すると一〇円二銭となっている。交通機関の利用は高額であった。納経料は五銭であったので単純に八八を掛けると四四〇銭であるが、記載の合計は四〇

表4－13　白石トメ子の四国遍路の費用

月 日	宿賃	納経料	賽銭	菓子	乗り物	その他	月 日	宿賃	納経料	賽銭	菓子	乗り物	その他
3月15日	20	15	3				3月9日	20	25		5	舟25	
16日		25	5			3	10日	28			13	舟7	43
17日	82			10		6	11日	28		寿司5	15	舟60自2円52	
18日	27	20	4		電15	80	12日	25	5		餅5	小間物2円20	
19日	28	10	2	10		寄付5	13日	30			5		
20日	5善根	10	2				14日	25					
21日	25	15	3	10	15	5	15日	20	7		5		
22日	28	20	3		自80		16日	25	7		10	舟75	
23日	25	30	5	5			17日	20	15	4			
24日	24	25	4			35	18日	25	5	5			
25日	善根宿						19日	20米25	5		5		ハ3
26日	20	5	1			寄付5	20日	25(宿木)			15		
27日	20	5	3				21日	20米5			5		
28日	善根宿・逗留						22日	20米5	15		8	自30	
29日							23日	25米10		7	5	自42	
30日							24日	30		10	15		風呂5
31日	29	15	4		橋代1		25日	30米10			餅10		風呂10
4月1日	善根宿	10	2				26日	30米9			15ケ2オ8		風呂6
2日	20	10	2				27日	20	15		餅5	汽50	ミカン5
3日	28	5	3				28日	20米9	25	8	7		
4日	善根宿	5	2				29日			4	14		加持水5
5日	25	20	5		自2円70		30日	20			10		
6日	20				自30		5月1日	25	15	7			寄5荷物5
7日	20	10	3		汽48		2日	帰宅					写真代70
8日	25				舟2	29							

乗り物の電＝電車、汽＝汽車、自＝自動車、ケ＝ケーブル、2月18日の「その他」は地下足袋、3月10日の「その他」はジュース23銭、手袋20銭、19日のハははがき代、26日のケはケーキ、オはおかず。米は接待米の換金。(印南敏秀「戦前の女四国遍路」より作成)〔単位は銭〕

七＝四円七銭となっている。それに賽銭は九六銭で納経料と併せると約五円となる。興味深いのは菓子や餅を購入し食べている回数が多いことである。飲食費を小計すると二円五五銭になる。「菓子」「餅」と書かれているが、それを昼食にあてたものと考えられる。それに寺の屋根の瓦の寄付や土産物などの雑費を加えると、総額は三一円七六銭となる。それに出発前に一円五五銭をかけて所持品を購入している。それを併せると三三円三一銭となる。それに欠落している四月二十九日の宿泊費や記載されていない納経料を加えると約三五円程度と思われる。昭和十二年の公務員の初任給が七五円であったのでその半分近くに相当する。当時の三五円は高額と言えないにしても生活以外に使うには贅沢でもあった。しかし、白石トメ子の費用はさほど高い額とは言えない。トメ子の遍路から三年後の昭和十四年に放浪俳人・種田山頭火が二回目の遍路をした。彼の遍路は行乞しての遍路であり、宿代については「宿銭はどこでも木賃三十銭米五合代二十銭、米を持っていないと五十銭払わなければならない(25)」と記している。それより以前の案内書でも宿代について触れている。昭和六年の安田寛明師の『四国遍路のすすめ』では、「遍路の泊まる宿屋と云う殆どボクチンホテルであります。宿代は三十銭乃至四十銭であれば、魚のつく訳がないから…一等の宿代四十銭を払うものなら別間に通して、茶碗、箸まで貸して呉れますが(26)」とある。昭和九年の安達忠一氏の『同行二人　四国遍路たより』では、「修行した人はお米を出して焚いて貰ひますが、さもなければ自分の食べる分量を云ふて時価に見積り、それに朝晩の御菜代《おかずだい》泊賃《とまりちん》二十銭を加へて三十銭見当であります。…旅費から申せばこんな気安い旅は外にないのであります(27)」と述べている。これらの記述からみると、一泊につき三、四〇銭と考えられる。山頭火のいう費用は若干高く見積もられ、安達氏のいう値段が白石トメ子の記述に近い。

　戦後の昭和二、三十年代は敗戦による打撃と札所の荒廃で遍路は少なかった。しかし、三十年代からは徐々に遍路に対する関心が出始め、西端さかえの『四国八十八札所遍路記』が昭和三十三年に雑誌『大法輪』に連載され、同三十九年に単行本として刊行された。当時の費用のはっきりしたことはわからないが、表4-14の納経料金や宿坊、民宿などの値段を手懸かりに概算すると次のようになる。昭和三十三年頃は納経料金が二〇円で、宿坊は食事付きで三五〇円、民宿は六五〇円となるが、宿泊代は千差万別である。荒木哲信師は昭和二十九年に四国遍路を体験し、『遍路秋色』を著した(28)。その中で、遍路宿の賃金は一〇〇円から二〇〇円で二、三品の菜がつく、と述べ、優秀な宿を数ヵ所を挙げている。鍵田忠三郎氏の『遍路日記　乞食行脚三百里』（昭和三十七年）では、一泊二食弁当付きで一六〇〇円、弁当なしの一泊二食でも一三〇〇円から一五〇〇円、二五〇〇円、四〇〇〇円、五〇

表4－14　納経料金、宿坊・民宿の料金

年　代	納経帳	掛軸	笈摺	宿坊	民宿
明治40年	2銭				
大正13年～昭和11年	5				
昭和12年	5	10	3		
昭和17年	10				
昭和25年				米5合と100円	
33年	20			350	650
40年	30	50	20	800	
45年	50	100	30	900	1,800
50年	100	200	50	2,300	
54年	200	300	50	3,300	4,000
平成元年	200	400	100	4,000	5,500
5年	200	500	200	4,400	
11年	300	500	200	5,775	6,825

平成12年2月第191号月刊「へんろ」、平成13年No.12「四国へんろ」、小林雨峯『四国順礼記』、印南敏秀「戦前の女四国遍路」、宮尾しげを『四国遍路』より。

○円と格差がでている。値段の格差は場所や施設の設備の程度による。仮に宿坊の宿泊代金を三五〇〇円相当にすると、納経料は八十八ヵ所として一七六〇〇円、宿泊を四十五日にすると一万五七五〇〇円、昼食を五〇〇円として二二五〇〇円となり、合計約二万円となる。それに道中における飲食その他の費用を含めると二万五〇〇〇円程度を要したものと考えられる。

やがて、昭和四十年代以降になるとバスや自家用車が普及することで、それを利用した遍路が増加した。ちなみにそれらを利用した遍路の費用を概算すると次のようになる。昭和五十四年頃は、徒歩で四、五十日で宿泊、食費を含めた概算で約一〇万～一二万円、一般募集の団体遍路バスは十一泊十二日で九万八〇〇〇円、タクシー中型（五人乗り）で貸切料金一日二万五〇〇〇円、九泊十日で二五万円余り、それに宿泊費と食費及び運転手の宿泊・食費が加わる。

次に、平成期の歩き遍路の費用について見てみる。堀之内芳郎氏は『喜寿の遍路日記　同行二人四国八十八ヵ所巡礼』の付録で「四国八十八ヵ所遍路経費一覧表」を載せ、その歳出を記している。堀之内氏は平成二年から翌年にかけて三回に分割しての巡拝で、最後は高野山に参詣したことから、神奈川県伊勢原市の自宅から四国までの三回の往復の交通費が余分にかかることとなった。その日数は五十一日間となり、総額で四六万八一六〇円である。その内訳は次の通りである。

交通費＝一一万二〇五〇円　通信費＝九九七円　参拝費＝二万七一七〇円　飲食費＝三万九三三三円　宿泊費＝二六万六五三七円　仕度費＝一万五二〇〇円　雑費＝六八七三円

もし、総額から三回の往復に要した交通費を引くと三五万六〇〇〇円余りとなり、それが巡拝期間に要した費用となる。しかし、分割しないで一度で廻れば二回の往復費は節約できるので、四十六日間で四三万程度となる。従って、堀之内氏の一日の平均支払いは七〇〇〇円程度であるが、交通費を含めて単純に計算すると四国遍路にかかった費用は一日約一万円相当となる。

今一つの資料が筆者の手元にある。この資料は平成五年に妻の菩提を弔うことと、妻を失った悲しみを癒すために四国遍路に出かけた横浜市の六十歳代の男性の手記である。この男性（S氏）は非常に几帳面な性格で、道中の行程を詳しく記述するとともに、歳出の記録も記している。S氏は平成五年十月七日から二十一日までと、十月三十一日から十一月十九日まで、十二月五日から十五日までの三回に分割し、最後は高野山にも参詣している。その日数は四十六日間となっている（自宅からの移動に四日含まれている）。従って、先の堀之内氏の巡拝と同じ巡拝の仕方である。S氏の歳出に関する記述を整理したのが表4-15である。その小計は次のようになる。

宿泊費＝二一万六七〇円　納経料＝一万八九〇〇円　賽銭＝二二五三円　祈禱料・戒壇巡り・御影・経本＝三三八〇円　昼食・夕食費＝一万八二一七円　飲食費＝一万五九八一円　通信費＝二八八〇円　記念の手拭い＝六二〇〇円　交通費＝七万七七五〇円　土産品＝一万二三五五円　仕度費一万八四〇〇円〔なお、三日分の宿泊費が欠落しているで、一泊五〇〇〇円とみなして追加〕

これらの小計を合計すると総額三九万三三五五円となる。この場合も横浜と四国を三往復したことになってい

表4－15　S氏の四国遍路の費用

月　日	宿泊代	納経料	賽銭	昼・夕食	飲食代	手拭い	その他
10月7日	5,500			890			宅急便1,245
8日	4,300	1,200	210				祈禱料2,000
9日	4,500	1,000	100	400夕1,000	478		入場料100
10日	6,500	200	60		760		電話代60
11日	4,000	1,000	100	800	1,403		
12日	6,180	200	40	400	320		
13日	5,500	400	40	350		200	
14日	4,300	400	40	500	540		サロンパス800
15日	5,500		10	700	435	300	電話代30
16日	5,000			520	530		
17日	4,300	600	60	607	330		
18日	5,500	200	20	500	262		電池1,864
19日			60	700	400		
20日	3,390	600	60	夕1,200			
21日	帰宅				780		土産代8,175
10月31日	夜行バス				230		
11月1日	4,500	600	80	朝600	400		経本280
2日	6,000	600	60	600	310	200	バス代290
3日	5,500				483		
4日	5,000	200	20	700	1,100		
5日	4,800				110	300	
6日	6,000			650	330		
7日		200	20		110	250	
8日	6,000		20		473		
9日	4,550	200	20		350		
10日	6,000	200	20		490	400	御礼1,000
11日	6,000			600	293		
12日	5,500	600	60		350		
13日	4,000	200	20	夕500	343		
14日	5,800			450	206		電話代40
15日	6,000	400	40	500	110	400	
16日	5,500	1,200	191		413	200	
17日	5,500	400	40		287	200	
18日	4,500	1,000	100		437	200	フィルム670
19日	帰宅	1,000	100	夕1,430		250	土産代2,380
12月5日	夜行バス						
6日	5,450	200	50	800	110		テレカ500 電話代30
7日	5,000	300	32				オレンジカード2,000
8日	5,800	800	80			300	電話代50
9日	6,000	1,200	120		371	800	戒壇巡り300
10日	6,000	1,000	110		300	700	宝くじ3,000
11日	3,000	600	60	夕1,270	510	200	フィルム875
12日	5,800	600	60	650	357	200	電話代40
13日		400	40			200	電話代90
14日	3,000	1,000	100	400夕500	270	700	電話代40
15日	帰宅	200	10		1,000	御影200	土産代1,800

交通費
- 一回目　29,500円
- 二回目　29,190円
- 三日目　19,060円

合計　77,750円

仕度代　18,400円
宿泊費　195,670円＋15,000円＝210,670円
納経料　18,900円
賽銭　2,253円
朝・昼・夕食18,217円
飲食費　15,981円
手拭い　6,200円
その他　12,629円
土産代　12,355円

るから、単純に交通費（ここには高野山参詣の費用も含まれている）を二往復分を差し引くと、約三五万円となる。但し、S氏の場合は交通費が比較的少ないことである。それは夜行バスや青春18切符を使っていることにある。反対に土産品を購入していることなどに特徴がある。しかし、昼食を「飲食費」に含めてパン、牛乳、ジュース、お茶でカバーしたり、接待を受けるなど、極力節約に努めていることである。

堀之内氏とS氏の巡拝はほぼ同じような形態であり、費用においても差はあるものの、宿泊費と交通費が大半を占めることになっている。その点、地元や近畿地方、中国地方の人は交通費が軽減されることになる。これらのケースは三回分割で、体力的に無理がなく、休息日もなく、日程としては合理的である。一番から八十八番まで「通し打ち」の場合は、肉体的な疲労や足、腰の痛みや天候などで、全行程では数日間休憩をとる必要が出てくる。それが日数を増やし、費用がかさむことにもなる。

ところで、遍路体験記や日記などから費用について考察してきたが、四国遍路では接待の慣習が古くからあり、現在も受け継がれている。また、乞行しての遍路も多かった。大正期に娘遍路をした高群逸枝女史は九州日日新聞社の社会部長から一〇円を受け取っただけで、同行の伊東老人が修行で米を布施として貰い遍路を続けた。また昭和初期には放浪俳人・種田山頭火も身の破綻から金銭をもたずに遍路を続けた。山頭火が乞行で食糧を調達し、金銭の喜捨を受けた様子を真野俊和氏は整理し一覧にしている[29]。それによると、山頭火は乞行で一日五合から八合の米と銭を受けている。彼は接待や善根宿に依存した遍路であった。更に江戸末期から大正期まで二八〇回の遍路をした中務茂兵衛は善根宿や接待があったから成し遂げられた偉業である。それ以外にも、名もない遍路たちがそれぞれの事情を抱えながら遍路を続けた。例えば、不治の病とされた肺結核やハンセン病の患者は死に場所をもとめ四国を廻り続けた。はたまた借財を抱え、国元を追われた人も四国に渡った。遍路を迎える寺院には無料の通夜堂が備わったり、道中には大師を祀る「大師堂」があり、そこに宿をとる遍路に対して地元の農家の人々は接待として野菜などを提供した。はたまた宿のないところでは野宿も行われた。野宿は高群逸枝女史

図４－12　幸月が著した俳句集『風懐に歩三昧』

も数度経験し、珍しいことではなかった。それによって食糧や、宿泊などの経費が抑えることができた。「はしがき」で述べた殺人未遂事件の容疑者も四国に渡り、遍路を続けていた。彼らが生き延びられたのは遍路への地元住民たちの接待があったからである。遍路体験者たちが受けた接待については改め述べることにする。

四国遍路の費用について特徴的なことは、巡拝形態によって費用に格差が生じることである。例えば、個人が自家用車で八十八ヵ所を一巡するならば日数は一週間から十日で、日数も少なく、宿泊数も少ない分経費は最も安い。団体バスによる参拝は十一泊十二日で一四万程度となる。しかし、日程が強行で団体行動を余儀なくされる不便がある。近年は近畿地方から分割巡拝で格安な団体参拝バスが出始めている。見直されてきた歩き遍路でも様々な形態があり、オーソドックスに廻ると、四、五十日の行程となるので宿泊施設を旅館やホテルにすると、宿泊費と食事代、納経料、雑費を加え一日一万円相当の支払いとなるので総額四、五〇万円となる。しかし、安い民宿や善根宿、接待などを受けると、経費は安く抑えられることにもなる。既述の『僕が遍路になった理由（わけ）―野宿で行く四国霊場巡りの旅』の著者早坂隆氏は経費について触れていないが、公園や橋の下、倉庫の廃墟、小学校などに宿泊していることから最も切り詰めた費用で遍路をした例であると言える。また、近藤優氏は昔ながらの神社や公園、バス停で野宿し、毎日托鉢を行いながら遍路をした[30]。従って、西国巡礼では既述のように行楽や異国の見聞、土産物の購入などと高額な費用を払っての巡礼に対して、四国遍路では接待や善根宿が今も残り、目的や巡拝形態によって費用に大きな格差が出てくるところに特徴がある。

三　接待

巡礼、遍路の習俗に欠かせないのが接待である。接待はかつては西国巡礼などの観音巡礼にも見られたが、目的が行楽化したり、沿道の宿泊施設が充実していくことによって衰退していった。それに対して、四国遍路では地元住民が大師信仰に篤かったことや、札所間の道が不便で宿泊施設も不足していた。その不便を嘆き、建立されたのが「真念庵」であった。しかし、宿泊施設の絶対数は不足していた。いわば接待は遍路と地域住民を結びつけるパイプとなった。その接待の状況を道中日記から見てみることにする。

文化二年（一八〇五）に土佐の土佐郡朝倉村の兼太郎は三十数日のハイペースで四国遍路を試みた。その間、兼太郎は地元住民から接待、善根宿を受けている。その一覧が四国遍路研究叢書第弐號『**【資料集】**四国中道筋日記』に掲載されている。それを今一度整理したのが表4-16である。

それによると、接待の内容は「赤飯」や「めし吸物」「もち」「のこりごます」と具体的に書かれたものもあるが、「いろいろちそう」とか「ちそうに預る」「せつたいに預る」あるいは「木きんなし」と内容が不明確なものもある。但し、「木ちんなし」とは宿代を受け取らなかったから善根宿にあたる。「ごます」とは、本来は胡麻酢であるが、遍路では酒の隠語であった。また、「ムシモノ・オカイケ」とは雑穀入りの蒸し物とおじや（雑炊）のことである[31]。このように食べ物と宿泊の接待を多く受けたことがわかる。

次に、文政二年（一八一九）に土佐の安芸郡奈半利の新井頼助は奉公人と思われる彦兵衛と二人で遍路を行った。その日記「四国順拝日記」（仮称）から彼らが受けた接待の様子を摘記すると表4-17のようになる。新井頼助は道中で数々の接待、善根宿を受けた。二月二十五日に「小豆めし」の接待に始まる。二月二十九日から三月一日までは石川専十郎宅でお酒と御馳走の接待を受けている。三月二十一日には三角寺への道筋で十二カ所で接

表4-16

二月十三日	高岡町用石屋ニテいろ〳〵ちそうニ預り申也
十九日	木ちんなし下村永七方一宿城下入口
二十日	大洲坂こして定せつたい茶有あん寺
二十一日	①ひじ川ちんなし渡り、②追瀬谷ニてせつたい預ル、③うすき村中頃ニてせつたイ預り也、④うすき村勘右衛門様せつたい預ル也、⑤熊町松山屋喜左ヱ門せつたイ預り米なし
二十二日	①岩やへ奉又もとり七遍せつたイ合、②此所沾せつたい五度預ル也
二十三日	西林寺平地有此所ニせつたい預
二十九日	①新田村田中御室ニてせつたい合、②本山寺奉御室ニてせきはんせつたい、③ふもと茶やニて四国邊路見立のこりごまずせつたい合、④弥谷寺一宿米七十三文七合五勺木ちんなし
三十日	油屋与吉様方一宿ちんなしいろ〳〵せわ合よきやと
三月二日	①岡山舩付綿や七衛殿せつたいセキハン、②三木郡下高岡富七せつたいモチ三
三日	常楽寺前ニて一宿品右ヱ門様雨ふるよき宿
五日	①西大江村茶室ニてムシモノオカイケ、②吾川村せつたいめし吸物、③月の野村せつたい、④夕田村伊左ヱ門せツたい預申所也、⑤大道右手甚右ヱ門一宿こめ八十四木ちんなし七合五勺入
六日	少南伊田村ゟせキハン
十二日	①和喰浦西松原ニてせつたい、②赤岡町長木屋正丞セツタイ

待を受けることになり、足が止まるほどであった、と述べている。その折り、「月代《さかやき》」という接待があったが、これは男性の額から頭の中央にかけて髪の毛を剃ることである。現代の散髪に相当する接待であった。三月二十五日に十八ヵ所の接待が出たことや、備後から海を渡って接待に来る人々にも触れている。これは備後の接待講のことである。その他に、接待は遍路たちに喜ばれていることを記している。

明治十七年に夫婦で四国遍路をした土佐の高岡郡越知面村の中越善平も数は少ないが、接待を受けたことを記

表4-17

二月二十五日	川口迠参り此所小豆めしノ摂待ス
二十八日	中浜ニ而摂待有
二月二十九日～三月一日（石川専十郎宅に逗留し、飲酒、御馳走になる）	
三月十日	九谷村ノ実五郎方一宿家も吉味曽吉香物迠もらい能宿なり
二十日	大戸村ニ摂待有
二十一日	石鉄《いしつち》山ノ前札也是ゟ三角寺へ十里今日ハ摂待十二所めし銭月代わらづ等道行足も大止リ信心ノ所かな と云 船木村ニ着吾兵衛方ニ一宿此宿善ニ留ると有リ大家也離れノ坐敷ニ居る事也此家百姓なれ共家僕も 数々土蔵三ヶ所も有り毎夜〳〵辺路木賃なしに留て味曽も施し米も安し行すへ栄へ申すべし止められ し辺路感心せざるなし
二十五日	三月二十五日ニハ摂待ニ出ル人々夥し一日ニ十八ヶ所摂待ノ出る 是ヨリまんだら寺迠一里夥敷摂待有所也
二十六日	金比羅町ヲ出足して段々摂待ニおふ事也 摂待の餅などもらい休足している所へ
二十八日	うたつノ道場寺と向へ地ゟ四国順拝ノ人是ゟ札初ム所々備後ヨリ摂待ニ来る人夥敷銭或ハわらぢ等也
四月一日	（長尾寺参拝後）摂待も沢山数ヶ所月代之摂待ニて相頼ミ奇麗也
四日	宮ノ嶋村茂平と申仁善ごんニ宿仕度留ニ参リ…能き百姓之家也一宿ス風呂もたき呉汁も施せ呉る
七日	田野村里三郎ニ一宿也善ごん宿ニて能キ宿也
八日	ぬへ村ニ行摂待有て月代を頼ムわらて《（ち）》をもらい 昔賃渡ノ時ハ此村困窮なりしが此頃辺路善ごんニ渡し候而ハ如此村も豊ニ相成白かべノ土蔵も出来候 と物語を聞

図4－13※　川之江での接待(昭和40年代)

している。二月二十四日には、「山財村楠熊市宅ニ宿シ此所ニ施泰在リ」とか、三月四日では「一宮寺ヲ拝シヨリ坂田村ヨリ高松沾人力ノ施泰在リ…餅ウドン等イロ〱ノ施泰在リ」とある。更に同六日には「九番八番七六五四番寺此辺ニ数ヶ所ノ施泰在リ」とあって、四番札所から九番札所の間には多くの接待があったことを書き記している。

昭和十一年に伯母と娘遍路を体験した白石トメ子の日記には善根宿以外の接待の記述は見られないが、印南敏秀氏は母親からの聴き取りで、接待が多かったことを次のように述べている。(32)

身体の弱い人は接待の食物を食べ、途中の堂で泊まった。一ヶ所でたくさん貰っても、すぐ先で接待がある。頭陀袋が餅一つも入らない程一杯になり、老人連れなので荷物が増えてはいけないと、横道にそれて逃げるように足を早めた。…入れる場所がないというと、着物の裾をまくって入れていけといわれる。接待が多くて歩けなくなり、しかたなく途中の庵で早泊まりした。伊予・阿波・讃岐・土佐の順に接待が多く、伊予国では歩いていると米を接待された。

このように当時は住民の接待が盛んであった。しかし、多い接待に荷物が重くなることから、逃げまどう皮肉な現象にまでなっている。米の接待は遍路にとって歓迎され、それを宿に支払ったり、余分な米は換金することができた。

戦後の四国遍路でも接待が盛んであった。後に奈良市長を務める鍵田忠三郎氏は昭和三十七年に自身の病気の回復と社会への貢献という信仰心で遍路に出かけた。鍵田氏は布施行ということで自らが道標基金や身体の不自由な遍路、荒廃した寺院の再建費用として布施、寄付を行って歩いた。他方、地元住民から、お茶やうどん、リンゴ、あん餅、豆飯・味噌汁、お金、ゴム紐などの接待を受け、長尾寺では塵紙、金、米などの接待攻めにあっている。

平成二年に喜寿の記念に遍路を行った堀之内芳郎氏も多くの接待を受けている。眼鏡が壊れ、その修理代を接待されたり、梅干し、ジュース、トマト、ミカンなどの食べ物、タオル、線香、そして金銭の接待もあり、その総額は六六五〇円と記している。平成期に入ってから増加した歩き遍路による巡拝記の殆どは接待を受けたことに感激し、感謝の気持ちを述べている。例えば、『平成娘巡礼記(33)』の著者月岡祐紀子氏は瞽女三味線を持ち、演奏を奉納しての遍路であったが、度々接待を受けている。その品々は、缶ジュース、手編みの小銭入れ、お経のはさまったティッシュケース、オロナミンC、バナナ一房、ミカン、ブンタン、飴やチョコレート、クリームパン、宿からの昼の弁当、そして昼食付きのマンガ本の接待などである。最も驚いたことは一万円の金銭の接待が二回もあったことである。但し、月岡氏の場合は、三味線の演奏で地域住民と交流を持ったことから他の遍路に比べると接待が多かったと言えよう。

平成五年、妻の菩提を弔うとともに、伴侶を失った悲しみを癒すために遍路にでた横浜の男性S氏の手記にも接待された品物が記されている。それを摘記すると次の通りになる。

十月八日＝五〇〇円　十一日＝お茶と梨　十六日＝飴袋　十八日＝菓子、手拭い、はがき　二十日＝昼食
十一月二日＝二〇〇円を二回、一〇〇〇円　三日＝ミカンと飴　四日＝ミカン三個　五日＝寿司とリンゴ五個　六日＝あん餅　九日＝四〇〇円　十一日＝賽銭用の一円玉多数　十三日＝二五〇〇円　十四日＝柿二個

十五日＝缶ジュース　十七日＝ミカンとドリンク剤　十八日＝一〇〇〇円　十九日＝手拭い　十二月六日＝ミカン十一個　七日＝ミカンとラーメン　八日＝昼食の弁当

S氏は四十二日間の巡拝であったが、その間二十日間で二三回の接待を受けたことになり、二日に一回の割合で接待があった。その品々は食べ物で、果物と飲み物が中心で金銭や昼食となっている。接待はその人の真心であるが、歩き遍路に感謝されるものとして、食べ物が多い。

遍路に接待する人は地元住民を始め、宿の女将、自動車を止めてわざわざ金銭などを渡す人、はたまた団体バスで巡拝する遍路仲間、更には和歌山や岡山から来る接待講の人もある。最近では村おこしの一環に一度やめていた接待を地域ぐるみで復活した地区もある。遍路の交通手段の変化によって接待の習俗にも変化があった。和歌山の有田講、野上講や岡山からの接待講は春の彼岸頃に特定の寺院などで行われ、恒例行事となっていたが、地域住民の個人の接待は歩き遍路に対するものであった。しかし、バスや自動車が利用されると遍路と地元住民との接触は失われていく。例えば、昭和四十六年に小屋掛け芝居を演じながら遍路した笹原茂朱氏は『巡礼記―四国から津軽へ』の中で、「これまで遍路バスやタクシーなどで巡る遍路には、かなり擦れ違ったが、歩きの修行、行乞遍路にはまるで会っていなかった」と述べ、地元の老人は「そうさね、今じゃ歩きはまず十人もいますまい」と語っている。そして、「峠の頂きから遍路バスが何台も列を連ねてこちらの側を砂塵巻き上げながらおりていったが、バスの窓からは真新しい白装束もそのままに団体遍路が居眠りしているのが見える(34)」と記し、当時のバス遍路の様子を述べている。この頃にはバス遍路が盛んになり、歩き遍路は減少したものと考えられる。当然、接待の習俗も衰退することになる。バス遍路の増加は寺院から寺院へと直行し、宿坊に泊まるので、それまで歩き遍路を泊めていた民宿も少なくなる。バス、自動車を利用した遍路の増加は、接待や民宿に大きな影響を与えた。それが平成期に入ってからテレビ、新聞などのマスコミが遍路を取り上げるようになると歩き遍路が徐々に増え始めた。それに伴って、接待も復活するようになった。

四国遍路に残る接待は遍路する人々には感動を与え、感謝の念を植え付ける。現代の日本社会は経済的に豊かになった反面、人と人との交流が乏しくなった。見ず知らずの人からの接待に感激し、改めて人の心の温かさを認識し、それが心に深く刻まれる。そこには接待を施す側の功徳としての信仰心と苦労して歩く遍路との間に心の通いがある。

四　その他の体験と見聞

巡拝記には自らの足で札所から札所を巡り、道中で様々なものを見聞きし、失敗を始め幾多の体験が綴られている。そこにはその時代時代の習俗が描かれ、興味を誘う。一四〇〇キロの道程を四、五十日をかけて歩くと、肉体的苦痛はもとより、予想外の出来事に遭遇する。その中に今では失われた習俗も少なくない。幾つかの習俗を取り上げてみることにする。

道後温泉での入湯

遍路たちは貧弱な遍路宿に泊まりながらの旅生活である。食事や風呂、洗濯なども十分とは言えない。その中にあって楽しみの一つは温泉郷の道後での入浴と、休息である。新井頼助は信心というよりは見聞、行楽の要素が強かったことから、道後温泉で三日間逗留している。道後温泉の奥にある五十一番石手寺を参拝後、「蔦屋安兵衛と申仁ノはなれ坐敷ニ宿ヲかる今日ハ湯ニ四度入る也留逗也」と述べ、更に「同十二日同十三日同十四日此宿ニ居る」と三日間留まり、湯に入ったり、松山城下の見物をしている。道後温泉における入湯は多くの遍路に見られた。土佐の朝倉村の兼太郎は足早の遍路であったが、道後温泉で湯に入っている。「同廿三日昼頃ゟとふごへ行差あわや喜之助殿方ニ一宿湯入」とあり、そして「同廿四日昼とふご町出足」と記している。兼太郎は約一日道後温泉に滞在し、骨休めをして昼頃に出発している。

高群逸枝女史も道後の湯に入っている。『お遍路』で「道後湯の町」として次のように述べている。(35)

おじいさんの考えで、今夜は道後に泊る。八銭の乞食宿。…道後湯の町の印象は親しみのある、質素な町のようであったが、…ただ道後の湯だけは強く記憶に残っている。それは何という肌理の濃やかな、柔らかなものだったろう。旅を急ぐ遍路達は、しいんとした真夜中の湯に、二度も、三度も浸りに行っている。量が少ないので、神の湯、霊の湯、養生の湯の三共同湯に、上客、下客の別なく、平等な待遇を受けているのもありがたい。

道後に着いても伊東老人は修行の托鉢を行い、裏町の八銭の木賃宿に泊まった。女史は共同湯に入り、温泉の湯の感触を味わっている。そして、急ぎ遍路は真夜中に名残を惜しんで何度も入湯していると綴っている。

伯母と二人で遍路した白石トメ子も道後温泉で三日間逗留している。日記には四月二十四日に「風呂五銭」、二十五日に「風呂七銭」、二十六日にも「みたらいや宿、宿三十銭、風呂六銭」と書かれている。「みたらいや」に泊まって、宿には風呂がないので道後温泉に出かけたことから金額を記したものである。

山頭火は十一月二十一日に松山に到着するが、ここで逗留して遍路を中断する。松山には知人もあったことから、好きな酒を振る舞って貰っている。十日月十五日には、

四国巡拝中の遍路宿でもっとも居心地のよい宿と思う(もっとも木賃料は四十銭で、他地方よりも十銭高いけれども、道後の宿一般がそうなのである。それでも一日三食たべて六十五銭乃至七十銭)。

と述べ[36]、この宿の敷布上掛の清潔さ、行き届いた居間・便所の掃除、上手な料理と絶賛している。

いくら信仰の旅とはいえ、長期間歩き続けると肉体的にも、精神的にも疲労はたまる。そこで、せめても温泉に入り身体を休め、心のリフレッシュをはかることはその後の遍路を続けるには大切なことである。ガイドブックではこれを積極的に勧める記事が載せられている。

遍路の死と忘れもの

江戸時代の遍路は不治の病の人や貧困層が多かった。そのために、道中で力尽きた人や病で命を落とす遍路は少なくなかった。それを地元人たちが手厚く弔ったのが遍路墓である。新井頼助は遍路の途中で死亡した遍路を目にする。四月四日に雨の降る中、阿波の六番安楽寺を出発した。七番十楽寺を過ぎて、次のように記している[37]。

> 七番十楽寺此寺ゟ行道辺路ノ死人有リ伊田ノ沖右ェ門泊リし宿ニ子壱人死し道々そふ／＼ニも行合是程死人を見ると心細く思ふ事也

四日に道で死人を見て、宿でも子供の死を見て、翌日早々にも死人を見た。度々死人を見るとは気持ちのよいものではなく、さすがに「心細く」と述べている。難所では多くの遍路が命を落とした。それを弔った墓がある。高群逸枝女史は『娘巡礼記』の中で、

> そこここで遍路の墓というのを見たが、そのいずれも遍路道に近く面して立てられ新しいのは杖や笠などまで置かれてある。こうして遠く旅に来て、死に行く人の運命を思うと、寂しいような、悲しいような、また

仄《ほの》かな夢路を歩くような、微《かす》かな愁いにそそられる。

と述べている。(38) そして『お遍路』でも、「遍路墓で殊にあわれなのは、道々、あるいは岡辺、あるいは渚辺の土饅頭の上に、ただ笠杖などの差し置かれてあるのをみることであった(39)」とも記している。死に場所を求めて遍路に出た人は本望かもしれないが、死人を目の当たりにしたり、遍路墓を見る人には悲しさが湧き起きてくるのも当然である。

図4－14※　遍路墓

新井頼助は奉公人と思われる男と二人で廻っていた。ところが、道中である失敗をした。それは八十八番大窪寺へ向かう途中で納経帳を置き忘れてきたことであった。それを次のように述べている。(40)

大くぼ寺迠四里万山村と云所ニ而彦兵衛へ納経請しやと問へハ忘れたりと云壱里余帰る故辺路ノ事取ニ戻るも埒不明大石と云所の人五十文ニ雇イ取リニ遣ス也

同行の彦兵衛のミスで納経帳を忘れ、一里余り戻ることになったが、頼助は裕福であったので五〇文で人を雇い、取りに行かせている。長旅をしていると集中力も散漫になり、とかく失敗が起こりやすい。その一例が納経帳の置き忘れであった。同じような失敗は、小林淳宏氏の体験記『定年からは同行二人　四国歩き遍路に何を見た(41)』にも出てくる。小林淳宏氏は時事通信社を定年退職した昭和六十三年七月に六十三歳で遍路をした。その際、数々の失敗をユーモラスに表現しているが、そこには納経帳を置き忘れたことや、眼鏡を置き忘れて購入し再度、それを失った失敗が述べられている。

古着の購入

遍路は長旅であるので荷物は極力少なくし、身体の負担を軽くすることが鉄則である。長期間であり、季節の変わり目に遭遇することも多い。昔から「春遍路」と呼ばれ、春の季節は遍路に適していた。しかし、やがて夏に近づくにつれて冬着は不要になり、荷物となった。そこで遍路から冬着を買い求める地元民が現れた。松浦武四郎は天保七年（一八三六）に十九歳で四国遍路を体験し、「四国遍路道中雑誌」を著している。その中で、室戸岬の道中で見た光景を次のように記している。(42)

また道ニ姥、媳《かか》ども出て、御遍路様着ものゝうりものは無か〳〵かと尋ね居る也。皆四国へんろども春より夏ニかゝりて暖気になるにしたがひ、無用の着類をうる故ニ在中より街道すじえ来りて皆着類をうれ〳〵とすゝむ。

古着を売ることは遍路にとっても必要のない衣類を金に換えて身軽になれるメリットがあると同時に、地元住民も古着を安く買える利点があった。遍路と地元民との両方に儲かるものであった。その後、郵便局ができるとそこから自宅に送り返すようなり、その風習は消えていく。現在では宅急便などが発達し、遍路は不必要なものはコンビニなどから送り返すようになった。古着買いは時代を物語る一つの習俗であった。

遍路宿の客引きと悪徳商法、詐欺

遍路の宿は泊まり賃と米を炊く費用を別にした木賃宿であった。泊まり賃と食事付の上等な旅籠宿では遍路は断られた。道々に遍路を相手にした木賃宿があった。遍路も遍路宿の布団やカバー、畳などの状況を見極め、安くてよい宿を探そうとする。他方、宿側も一人でも多く泊めようとする。宿の客引きの光景が巡拝記に書き記されている。十番切幡寺の門前には遍路宿が多かった。昭和十八年の宮尾しげを『画と文　四国遍路』では、

（前略）後から「お遍路さんョ接待ぢや」と云ひながら、一老婆が走つて来て、遍路地図を一枚くれた。「有難う」と云はうとするより、早く「あんた方、もうお泊りぢやろう、お泊りなら大きな口では云へぬが、十番の下の三十間まロの掛地屋○○が一番よいぞェ」と小さい聲で教へてくれる。地図には宿の広告が附いてゐる。広告の接待は恐れ入る。[43]

図４－15　四国十番切幡寺門前の遍路宿の呼び込み風景（宮尾しげを『画と文　四国遍路』より）

これは接待といって地図を呉れたが、その本音は遍路宿の宣伝であった。その上で、寺の下に着くと道の両側に掛地屋が軒を並べ、宿の呼び込みの声がかかったことを述べている。同様なことは昭和三十年代にも見られ、西端さかえ『四国八十八札所遍路記』にも書かれている。[44]

田圃道をゆくと、荷を担いだおじいさんが近づいてきて、

「十番にいったら油屋に泊りなさい、一番よい宿屋だから」という。しばらくゆくと、九番で見かけた男が

自転車できて「十番麓の坂本屋に泊れ」という。いずれも宿引であった。

遍路宿の客引きがあったことが、これらから窺い知れる。その上、両親が健在なのに、父親は行方知れず、母は継母と偽り、子供を使って飴の袋を売りつける「泣き屋」という、遍路に同情を買わせる悪徳商法もあった。(45)また、納経帳の窃盗も盛んであった。その手口は、結願に近い頃から親切を装って近づき、大窪寺で遍路に奥の院の参拝を勧め、代わりに納経印を貰ってあげると欺し、盗むものである。結願を済ませた納経帳は高い値で売ることができたからこの種の詐欺が横行した。(46)その風潮は戦後も続き、昭和三十年代には納経帳を大阪で一万円から二万円で買う人があった。(47)

バス酔い

昭和初期には汽車や自動車が走り始め、それらの交通機関を利用した遍路が出始めた。自動車とは「乗合自動車」と呼ばれ、相乗りの路線バスであった。しかし、当時の道路事情は極めて劣悪で、路面は舗装されず、デコボコであり、道幅も狭かった。しかも車のクッションも硬く、乗り心地は良くなかった。車に乗り、歩かなくてもよくなった点では便利になったが、その反面バス酔いに苦しめられる遍路が出てくる。荒木哲信師は昭和二十九年の遍路において、

道は狭くて、凸凹が激しく、つづらをりに曲りくねって、バスが行交ふなどはハラハラさせられる。この辺のバスにはニューム製の盥と新聞紙が用意されて、乗客の嘔吐に備へてゐる。(48)

と当時の状況を述べている。鍵田忠三郎氏も昭和三十七年の遍路で徒歩巡拝と交通機関を利用し、同じような経

験を次のように述べている(49)。

足摺行急行バスに乗る。五時間たっぷりのバス行だ。道悪く揺れはなはだし。車酔い多数。河野も吐きあげる。車掌は馴れたもので、かいがいしく金たらいで始末。…遍路さんの多い車中は、南無阿弥陀仏の合掌となる。

車が普及する以前の道路は狭く、デコボコで走行するたびに揺れた。その状態で長時間乗り続けると車酔いになる。さすがに車掌はそのことを熟知しているので、嘔吐のためにあらかじめ盥や新聞紙を用意していた。これらのことから当時のバス遍路の苦労が窺い知れる。

なお、その後の遍路の主流となる団体バスによる遍路は、昭和二十八年に伊予鉄バスが募集したのが始まりである。初めての団体バスの遍路は四月二十六日に伊予鉄バスの本社を出発し、当初の予定を一日オーバーして五月十日に戻っている。十四泊十五日で米を持参して一万三五〇〇円の費用であった(50)。このケースは試運転なしの試行錯誤であったことから予定をオーバーしている。その時も車酔いがあったことは想像できる。

四国路の眺望

四国霊場は山岳地や海辺の岬などの地形の険しいところに立地している。そこに辿り着くには大変な苦難でもある。しかし、苦労して辿り着いた峰や岬からの自然の眺望は言葉で尽くせない感動を与え、心を癒してくれる。松浦武四郎は「四国遍路道中雑誌」の中で度々自然の景色に感動したことを綴っている。それを摘記すると次のようになる。

●備前、小豆島并鹽飽《しわく》七島等を眺望して甚風景よろし。

●前ニは北方并吉野川を眺、淡州、紀州は手ニとるが如く見、其風景筆紙ニつくしがたし。
●此より南海を望む時は目ニさわるもの無して眺望筆につくしがたし。
●西は柏しま、沖ノ島、姫島等燦然と見え、また雲間ニ九州を望ミ、其眺望筆紙ニつくしがたし。
●境内より西を望めば九州并ニ当国の島々を一望し、風景筆紙ニつくしがたし。
●その奇絶筆ニ及びがたし。
●此辺りより西を望めば九州豊前、豊後、日向の国々手ニとる如く見え、また松山、道後、三津ヶ浜何れも眼下ニ見え、目をおどろかす処也。

このように松浦武四郎は自然の景色を絶賛し、イラストで描き留めようとしているが、正しく「筆紙につくしがたし」というのが率直な気持ちであったことだろう。

種田山頭火も各地で自然の素晴らしい景色に感動し、筆を綴っている。例えば、室戸岬では、「室戸岬は真に大観である。限りなき大空、果てしない大洋、雑木山、大小の岩、なんぼ眺めても飽かない、眺めれば眺めるほどその大きさが解ってくる」と述べている。また、高知の池川町辺りでは「渓谷美、私の好きな山も水も存分に味わった、…何と景色のよいこと！」とも述べている。荒木哲信師も「足摺岬は絶景である。それは、高台から海を見下ろして光景はすばらしい。それを『海を見つつ行く道』と名付けている」と述べている。小林淳宏氏は、「南伊予では、沖合に島が多く、屈折した入り江とともに風景が次々と変化し、旅人の目を慰めてくれる」とその心境を語っている。

四国路の自然の美しさに苦しい遍路の旅も一瞬ではあるが心が和み、癒されるものである。地元住民からの心温まる接待も遍路には感動を与えるが、自然が残された四国路の眺望も遍路の心に刻まれることになる。室戸岬から見つめる大海や岩屋寺の奇観、瀬戸内の島々の絶景などは人間の力ではなしえない、自然が作り出す自然美である。それに感嘆し、自然の偉大さと、そこに生きる人間の幸せを感じるのかもしれない。

図4－16　絵はがきにもなった足摺岬の眺望

以上のように遍路を体験した人ならではの見聞が読み取ることができる。それ以外にも、土佐文雄氏は『同行二人—四国霊場へんろ記—』の中で納経帳の呪力を信じる老婆の話を紹介している。[51] 室戸岬に向かう折、小走りに追ってきて接待を申し出る老婆があった。お茶と菓子の接待を受けると、老婆は遍路に頼み事を願い出た。頼み事とは脊髄カリエスを患う孫娘に納経帳でまじなってやって欲しいということであった。医者を巡り巡ったあげく寝ついた少女を祖母は遍路が持っている納経帳で患部をさすると治ると信じ、必死になって道行く遍路を引き留め、願いごとをしているものであった。西端さかえ氏も二カ所で納経帳で加持したことで一命を取り留めた霊験談を紹介している。[52]

遍路体験では宿を断られたことも少なくない。高群逸枝女史は道後に着いて、旅籠宿を訪ね、「お遍路さんはお断りして居ますから」と宿泊を拒否されている。山頭火も「どの宿でも泊めてくれない」とか、「麓の津呂で泊るつもりだったけれども泊まれなかった（断られたり、留守だったりして）」と宿泊を断られている。現代でも宿に関するエピソードはある。佐藤孝子氏は一人で遍路をして、「女の一人？　泊めん、泊めん」と断られたり、断られそうになったが足を痛めていることで辛うじて泊めて貰った経験をしている。[53] 女性一人の遍路は何やら理由があると警戒されて断わられるのである。小林淳宏氏も民宿の廃業、休業で宿探しに苦労したり、道に迷ったなどの苦労談、失敗談を綴っている。近年では歩き遍路のガイドブックが数多く出版されているが、実際に体験するとマニュアル通りには行かず、困惑することが多い。遍路を体験してこそその苦労がわかり、やがてそれは思い出話ともなるものである。

終　章　まとめと遍路の世俗化

本書では日本を代表する観音巡礼としての西国巡礼と祖師巡礼の四国遍路を取り上げ、それにまつわる習俗の発生、変遷、影響などを考察した。本章ではこれまでの考察を要約するとともに、四国遍路における世俗化について述べることにする。まず、第二章では巡礼と遍路の習俗に関する考察をした。巡礼と遍路は共にその目的が創設当初は僧侶の修行であった。その後、江戸時代に入ると西国巡礼では庶民が大幅に増え出し、それに伴って目的は社寺参詣に限らず、異国の見聞や行楽的要素が加わる。その背景には治安の改善や街道、宿泊施設の整備、農民の経済的向上、案内記の発行、更に伊勢参宮や上方文化への強い憧れなどがあった。そのために遠く東国からの巡礼者が増加するとともに、九州の長崎などからは嫁入り前の女性たちが訪れるようになる。

しかし、四国遍路では地形が山岳地帯や海辺と険しく、特に河川の渡渉に苦難を強いられた。その上、宿泊施設も整わず、全行程も長いことから苦行性が強く、行楽的要素は排除され、真摯な信仰心によるものであった。自らの救済を願い、時には奇跡的に身体の病が癒えることもあった。それが功徳、霊験として言い伝えられてきた。そのような願いを込めて遍路する人は今も絶えない。はたまた国元を追われ、生き場所を求めながら、あるいは不治の病を抱え死に場所を求めて遍路を続ける人もあった。現在の西国巡礼と四国遍路の目的を比較すると、西国巡礼では行楽的要素が、四国遍路では信仰的要素が強い傾向が見られる。その点は既に『遍路と巡礼の社会学』で指摘した。[1] このように、目的において西国巡礼と四国遍路に違いが生じたことが、その後の習俗、民俗に影響を与える大きな要素になった。しかし、習俗において西国巡礼が四国遍路に与えた影響は強かった。

習俗の一つに巡礼の姿を象徴する笈摺がある。西国巡礼の創設は平安末期であるが、鎌倉、室町期には既に庶民の参詣が始まっていた。そして室町中・後期の作である『三十二番職人歌合』には「三十三所巡礼同行二人」と書いた笈摺を着た人物が描かれている。龍沢の『天陰語録』でも、「背後に尺布を貼り、書して曰く、三十三所某国某里」と述べられている。それが、江戸時代にも受け継がれ、案内記には必ず笈摺の書法が記されている。他方、四国遍路では笈摺の発生、由来とされる「笈」を背負うのではなく、荷俵を背負っていたことから笈摺は必要なかった。そのため、笈摺の着用は大幅に遅れ、明治以降ともいわれる。笈摺の書法は西国巡礼の「奉南無大慈大悲観世音菩薩」に倣って、弘法大師の宝号を用いて「奉南無大師遍照金剛」とされた。昭和六十年十一月十一日付『同行新聞』の「声聞」には、

重い荷物を背負って巡礼すると背中がずれてくる。それを防ぐために着た白衣を笈摺という。この「笈摺」というものは西国三十三ヵ所巡礼から始まったようだ。…笈摺は西国巡礼に始まり秩父坂東の観音霊場にまず広まった。時代は少し遅れるが四国八十八ヵ所へも広まって来たのである。現代、笈摺は本家の西国では殆ど見られなくなった。…分家ともいうべき四国では今も笈摺を着用している巡礼者は多い、(後略)

と述べられている。西国巡礼に始まった笈摺の着用は坂東、秩父などの観音巡礼に広まり、遍路にも影響を与えたが、今は「分家」にあたる四国遍路に残るのみ、と指摘している。

御詠歌も西国札所では室町時代には既に体系化されていたが、四国遍路では貞享四年(一六八七)の真念の『四国邊路道指南』に初めて書かれ、それ以前の文献には見られなかった。しかも四国霊場の御詠歌には大師に

関する字句の乏しいことや、札所との関連性のない歌があったり、拙さなどと問題が多い。四国霊場の御詠歌について、『同行新聞』第三号の「八十八ヵ所　御詠歌と巡礼歌」では、「何と言っても西国の御詠歌の影響によるのです」と述べられ、西国霊場の御詠歌を参考にしたものの拙速であったと考えられる。その理由は西国巡礼の御詠歌は上皇や僧侶が詠んだ歌に対して、四国霊場では「多くの人々が奉納した中から何時とはなしに選び出された」からという説がある。

札所に納めた納札の起こりは、山伏や行者たちが入峰の時に拝所に打ち付けた「碑伝《ひで》」であったとされ、やがて西国巡礼に用いられることになる。その人の身分や経済力によって銅版や真鍮製、木製などの納札が造られた。そして応永年間（一三九四—一四二八）から普及したといわれる。納札は西国巡礼だけにとどまらず、坂東巡礼、秩父巡礼に普及し、栃木県足利市の鑁阿寺には暦応二年（一三三九）の札が、姫路市広峰神社には文安五年（一四四八）の札が残されている。西国第二十六番札所・一乗寺の天井、壁、柱には江戸時代の納札が多数打たれ今も残されている。四国遍路でも納札は真念の『四国邊路道指南』の「用意の事」に記されているが、年代的には新しい。四国第五十四番延命寺にも納札が残されているが、紙札で文化年間（一八〇四—一八）のものである。しかも現存する札も西国巡礼に比べるとはるかに少ない。

「同行二人」ということは現在では四国遍路を象徴するスローガンともなり、たとえ一人でも弘法大師との遍路を意味し、「二人」と書かれている。しかし、「同行」とは『摩訶止観』では同塵行の師友を指した。それが西国巡礼で普及し、観世音菩薩と同行していることを意味していた。その習俗が四国遍路にも用いられ、大師との同行を意味するようになった。しかし、江戸時代の西国巡礼や四国遍路の納札などには、実際に同行した人数に「観世音菩薩」「弘法大師」を加えた数字が書かれるのが一般的で、「同行五人」「同行六人」「同行七人」などと記されている。

巡礼に欠かすことのできない地図・絵図の発行は西国巡礼では早くから見られた。それに対して、四国遍路では遅れ、宝暦十三年（一七六三）に細田周英によって初めて発行された。細田周英は絵図の発行の趣旨を「西国卅三所巡礼には絵図あれとも、四国偏礼には無き事を惜しんで畧図となし」と述べている。四国遍路の絵図は西国巡礼の影響であることが歴然とする。細田周英が絵図を発行した後は、「四国寺社名勝八十八番」「四国順拝御土産絵図」「四国八十八ヶ所并名所古跡案内」など幾種類かの絵図が発行されるようになる。

接待も現代の遍路の習俗の特徴である。しかし、かつては西国巡礼にも多く見られた習俗であった。鎌倉時代の文献にはその様子が記されている。ところが、江戸時代になると農民たちの所得も向上し、宿泊施設も整い、報謝を受けなくても旅を続けることができるようになった。そのために、接待の風習は衰退し始める。地域住民も接待を卑しいものとして敬遠するようになる。しかしながら、明治期や昭和中期までは断片的にその習俗は残っていた。

それに対して、四国遍路の接待は西国巡礼の影響かどうかははっきりしないが、江戸時代から現在まで継承されている。その背景には、四国霊場は札所と札所の距離が長かったことや、宿泊施設が不十分であったこと、遍路には下層民が多かったことで、住民の報謝を受けないと遍路を続けることが難しかったことである。それに加えて、地域住民は遍路を弘法大師とみなし、喜捨をして功徳を積もうとする「大師信仰」が根付いていたことである。その代表が和歌山から船で渡って接待する有田接待講や野上接待講、紀州接待講の活動である。また、今でも道行く遍路に地元住民による食べ物や金銭などの接待、宿を提供する善根宿の接待が残っている。但し、昭和五十年代に入るとバスや自家用車による遍路が増加したことによって個人による接待は衰退した時期もあった。それが平成期になると歩き遍路が見直されだし、個人の接待も復活するようになった。

そのほか、菅笠や金剛杖なども当初は旅に必要な道具として用いられたが、やがて宗教的意義が付与され、金剛杖は弘法大師の身代わりとされたり、亡くなった時には卒塔婆とされた。日除けや雨を避ける菅笠にも「偈文」を書き記し、死亡した時に天蓋として用いられた。白装束は死出の装束とされた。

図1　四国遍路に出かけた新聞記者（『大阪毎日新聞』明治41年5月17日付）

遍路の習俗には西国巡礼の習俗が強く影響した。しかし、現在では西国巡礼を始め、坂東、秩父巡礼ではかつての習俗は一部の人を除き、衰退してしまった。残る習俗は納経帳、掛軸に朱印を貰うだけになった。

真摯な信仰による遍路にも昭和四十年代後半から変化が出始める。それは巡拝の交通手段が徒歩からバス、自家用車へと変わったことによる世俗化であった。遍路の世俗化はそれ以前にもあった。明治期までに遡ってみると二つの時期に世俗化が起きている。その一つは明治末期から昭和初期にかけてである。この時期は鉄道や路線バス（乗合自動車）などの交通機関が普及し始め、その交通機関を利用しての行楽的要素が出始めたことによる。その端緒はマスコミによって創り出された。大阪毎日新聞社は読者獲得のために新しい企画を打ち出した。その一つが明治三十八年（一九〇五）に「三十三ヶ所競争巡礼」を企画し、二人の記者を西国札所巡拝で競わせ、勝者を読者に予想させるものであった。その三年後の明治四十一年（一九〇八）には四国遍路でこの試みが行われた。四月十九日に高知県を出発し、互いに逆方向で巡拝を始め、何時どこで出会うかを、読者に予想させるものであった。二人は五月十日愛媛県今治市の第五十九番国分寺で出会っている。その期間は二十一日間で交通機関を利用しての巡拝であった。五月十七日の新聞には洋服に帽子をかぶり、草鞋脚絆をはき、洋傘をもった二人の記者のイラストが載せられている。これはマスコミで遍路が大きく報じられた最初と思われる。

そして、明治期から大正期にかけては四国各地で私鉄電車の開設が行われ、明治三十九年（一九〇六）には「鉄道国有法」で更に路線が広がった。それに加えて大正八年（一九一九）には「道路法」で国道、県道が整備されていくことになる。交通網の整備される中、旅行雑誌『旅』が大正十三年（一九二四）に創刊される。昭和期に入ると旅としての遍路を『旅』は度々取り上げている。その代表は島浪男（本名・飯島実）による連載が昭和三年（一九二八）の五巻四号から七巻一号（昭和五年）まで載せられた。それが『札所と名所　四国遍路』（昭和五年）として単行本として刊行される。そこには札所以外の各地の「名所案内」が随所に出てくる。『大阪朝日新聞』にも連載記事が掲載される。昭和九年は弘法大師入定一一〇〇年に当たり、記念事業が真言宗各本山を始めデパートなどで開催された。その年の三月二十二日から下村海南、飯島曼史両氏による記事が四国版に載せられ、それが『遍路』（昭和九年）として単行本で発行される。その時のスタイルは洋服にネクタイを締め帽子をかぶり、革靴である。その「序に代へて」では、「道中は汽船汽車自動車と、誠に罰のあたるやうなお巡りなり」とあるように、もっぱら交通機関を利用し、十九回の講演を行い、夫人を同伴しての巡拝であった。また、『大阪朝日新聞』は三月七日から三十日まで二十回にわたり、二班に分かれた記者と画家の霊場巡拝記事「昭和新遍路　四国霊場巡り」を連載した。そして、四月から始まる御遠忌に先駆けて三月三十一日には、「梅から桜へ　御遠忌の春　四国路へ　信仰と趣味をかねて　モダン遍路」という見出しで簡略した霊場案内を載せている。更に、荒井とみ三『遍路図会』（昭和十七年）には帽子をかぶり、洋装のスカートで運動靴をはき、洋傘をさした女性が描かれている。これが「モダン遍路」と呼ばれている。

図2　松山市内を歩くパラソル（洋傘）を持った娘遍路（『海南新聞』大正15年4月20日付）

この時期の世俗化は、それまでは徒歩で苦行しながらの遍路であったのに対して交通機関を利用しての旅としての遍路になったことと、スタイルに西欧の洋装が出始め、スカート姿や帽子や洋傘が登場したことである。しかし、洋服スタイルの「モダン遍路」は一部の富裕階級であった。

第二の世俗化は昭和四十年代後半に入ってからと考えられる。高度経済成長で豊かな生活になると、遠隔地への参詣が盛んになる。しかも交通手段はバス、自家用車が普及し、四国へのフェリーなどのアクセスが便利になり、遍路は増加する。それに伴って、旅行会社、バス会社による画一化した習俗になり、マナーの悪化も見られ始める。昭和四十年代中頃に、ある札所の住職の嘆きが次のように語られている。(2)

こないだなんかはあんた、朝の二時半に二百人もの団体さんが、バス四台でやってきて戸を叩くんわ。フェリーが終夜運航になったのはええが、こっちはえらい迷惑ですがな。いっそ門に板でも打ちつけといたろか思たぐらいでしたわ。

この記事にはフェリーの終夜運航で夜中に四国に着き、大挙して訪れる遍路に憤慨する住職の様子が読み取れる。また、四国遍路を巡拝した体験記の中に綴られた札所の住職の次の一節も当時の状況をよく伝えている。(3)

近頃のお遍路さんはほとんどが団体さんで大型バスで一度にたくさん来られるが、老人が多いので、車から降りるとまず便所へ争って走り行列が出来る。…なかには、本堂にも大師堂にもお参りせずにそのままバスに乗る人もある。まるでお便所へんろさんと苦笑されたが、(後略)

バスの団体巡拝は日程、時間が予め決められたスケジュール通りに廻ろうとするために余裕がなく、本堂への参拝を省略するなど信仰が形骸化するようになる。昭和五十年代に入るとバスによる遍路が益々盛んになり、変容していく。四国五十六番札所・泰山寺の住職で、自身も何度かの遍路体験のある故大本祐章師は昭和五十二年八月に『同行新聞』を創刊した。その中で、同師は四国遍路の変化を述べている。五十二年十月十一日の社説では「汚れゆく四国」と題して次のように述べている。

最近の四国の交通網の発達には十数年前に比べると全く目をみはるものがある。本州九州からは大型フェリーが何本も就航し、高速フェリー、高速艇と驚くほどの船が発着している。…かくて高度経済成長と時を同じくして、四国へ〳〵と巡拝者は急増していった。春の巡拝時期の日曜ともなれば一日コースで車で巡拝する人、大型バスを貸り切っての団体巡礼者の人々でごったがえす。それは単に集印を目的とした人々、観光気分の人々が多いかもしれない。(中略)

しかし、反対に周囲に、及ぼす悪影響は比較にならない。多くの巡拝者は、寺の門前でジュースを買い、ミカンを買い、そして車中で食べ終え飲み終ったジュースのあきカンやくずは、草むらへ遠慮なく中からほうり出される。おかげで田や川の中はゴミだらけとなる。ビニール袋へ入れて、駐車場等のゴミ箱へ投じる人も、燃えるもの、不燃性のあきビンなどもいっしょである。そうして草むらに投棄されたゴミは悪臭を放ち門前の駐車場はゴミの山となる。(後略)

四国の交通網が整備され出し、それに伴ってバスや自家用車を利用した遍路が増え出し、徒歩巡拝には見られないマナーの悪さが見られるようになった。そして、同紙は西国巡礼の四国遍路への影響にも触れている(昭和五十五年六月二十一日付「声聞」)。

西国巡礼、四国巡拝には白衣、笠、金剛杖、納経、納札とこれらが巡礼の旅のルールであった。…西国三十三ヵ所巡礼では白衣姿は見られなくなり、納札も形式的に本堂横に納札箱が置かれているに過ぎない。古い巡拝形式はもう失われて、ただ納経を取るための巡拝となって聖蹟巡拝から観光巡拝へと移っている。西国は四国より一足先に進む。このことは今までの例で実証することが出来る。日曜日のマイカー巡拝がドッと押し寄せるのも西国巡礼を見習ったのである。西国化は四国にも見られだした。四国にはまだ白衣姿が多く見られる。納札も必ず行なわれ、本堂前での礼拝も真心が捧げられている。然し西国化が全々ないとは言えない。(後略)

更に昭和五十七年八月一日付の「声聞」でも、「四国巡拝も車の時代となり、昔の徒歩巡拝のような苦行性はなくなった。西国巡礼との差もなくなり、観光と見られだしている」とも述べている。

前田卓博士も、かつて西国巡礼に見られた巡礼宿が姿を消して行ったように、四国遍路でも遍路宿が殆ど消えかかっている現象を捉え、「四国遍路は、西国巡礼のあとを追っているように思えてならないのである(4)」と述べている。このように習俗に限らず、巡拝の手段や目的、マナーなども西国巡礼の風潮が四国遍路にも影響を与えている。

この時期は徒歩巡拝が急激に減少し、それに代わってバスや自家用車の普及による団体参拝の世俗化である。バスによる巡拝によって既述のような風潮が広まるとともに、大挙して押しかける遍路の納経も忙しくなる。そのために添乗員は風呂敷包みを抱えて先回りして納経帳を運ぶことになる。団体参拝の煽りで個人の遍路は長時間待たされる事態も頻発した。また、車を利用した遍路の増加で地域住民との接触も薄れ、接待の慣習も衰退して行くことになった。バスの団体巡拝の宿泊施設は団体を収容できる寺院の宿坊やホテルへと変わって行った。そのために遍路宿や民宿は利用者が激減して閉店、廃業へと追い込まれて行くことになった。

しかし、他方、四国遍路には伝統的な習俗が残るとともに独自の習俗が発達した。その一つは弘法大師伝説である。大師は四国で誕生し、霊場などには大師と縁の深い所が多く、各地に伝説が残されている。鯖大師伝説を始め、喰わず芋伝説、十夜ヶ橋伝説などである。それらが今も信仰として生きている点である。

巡拝の回数に応じて納札の色を変えるのも四国遍路の習俗であり、他の巡礼には見られなかった。納札の色は時代によって変遷し、必ずしも絶対的な基準で色分けされたものではなかった。現在では百回以上では錦の札も登場し、それを接待などで授かった人は大切に保存している。回数による札の色分けは多度多拝信仰の一つで、功徳を積む信仰である。筆者のアンケート調査でも二回以上の遍路をする人の割合は半数を占めている。[5]

四国遍路の習俗の一つに宿泊に関するものがある。四国霊場は山岳地や海辺に位置し、険しい山道や谷を渡らなければならなかった。しかも札所と札所の距離が長かった。宿泊施設が整わず、遍路は寺院の境内にあった通夜堂や、道中の地蔵堂や観音堂などで夜露を凌ぎ、接待を受けながら次の札所へと向かった。更に西国巡礼では富裕層が多く、食事付きの旅籠の利用が多かったが、四国遍路では、下層民や病人、国元を追われた人も多く、宿泊施設は米を持ち込み、薪代にあたる木賃（木銭）を払う木賃宿が主流であった。それらの通夜堂や遍路宿が昭和四十年代まで残されていた。しかし、その後の経済成長に伴って国民の所得が上がり、バスや自家用車が普及すると、歩き遍路が減少したことや風紀上などでこのような宿泊施設は衰退していった。仏教史家・三好昭一郎氏は昭和五十年代に既に使われなくなった通夜堂を回想して、通夜堂は遍路の民俗文化財であったと高く評価している。[6]

遍路道の端には道中で死亡した遍路の墓が残されている。これが遍路墓である。地元の住民は遍路途上で死亡した人を手厚く供養するために墓を建立した。とくに険しい札所の付近には行き倒れの遍路が出て、それを供養するために建てられた遍路墓が数多く見られる。遍路墓は地元住民の信心によるもので、ほかの巡礼には見られない四国遍路の特徴の一つでもある。

更に、四国遍路で注目すべきことは、接待の習俗が今も続いていることである。和歌山からの接待講は江戸時代から続くものである。「春遍路」が多く出る春の彼岸頃に講中たちが持ち寄ったミカンや餅、手拭い、下着などを遍路に接待してきた。また、地元四国の住民たちも食べ物の接待以外に、宿の提供の「善根宿」でもてなした。かつては下層民や病人に対する憐れみの情もあったが、それ以上に遍路への喜捨が功徳を積むという信心が前提にあったからこそ現在まで受け継がれたものである。個人の接待はモータリゼーションで歩き遍路が減少し、衰退した時期もあったが、近年復活するようになった。

昭和五十年代に入ると既述のように遍路にも西国巡礼の影響が出ている。その背景には経済的な豊かさの中で自動車による巡拝が増え出したことである。また、それまでの宿泊施設とされた通夜堂が廃止され、遍路宿も少なくなり、民宿や宿坊、ビジネスホテルへと変化する。それによってかつての徒歩巡拝の苦労は薄らぎ、遍路のマナーも世俗化した。バス巡拝では添乗員が納経帳や笈摺、掛軸を先回りして済ませ、遍路はバスから降りて本堂でお経を唱え、足早にバスに乗り込み、次の札所へと向かう。自家用車では普段着で廻ることもでき、行楽も兼ねられる。その結果、四国遍路も西国巡礼に似通っていった。それが「西国化」であった。

しかし、平成期に入ると、平成二年に「空海のみちウォーク」などをきっかけに「歩き遍路」が見直され始めた。それによって、接待が復活するようにもなる。それに伴って体験記も出版され、案内書も数多く発行されるようになる。

第三章では、西国巡礼、四国遍路に関する書目を取り上げ、巡礼者や遍路の動向との関連を考察した。まず、江戸時代の西国巡礼に関する書目を収集し、その年代を分析した。それによって、巡礼者と書目とに相関性があることがわかった。書目の多くは霊場記や案内記、絵図である。特に案内記や絵図は旅の所持品として欠かすことができなかった。従って、巡礼者が増加した年代に案内書が多く発行されている。江戸時代、西国巡礼の人数が多かったのは貞享、元禄時代と宝暦、明和、安永年間、そして文化、文政年間であった。第一のピークにあたる貞享、元禄時代は出版事情が未発達でその件数はさほど多くはなかったが、巡礼者の第二、第三のピーク時には出版物は多く発行されている。しかもこれまでは幕末の嘉永、安政年間は巡礼者は少ないと見なされてきたが、出版物は多く発行され、しかも納札を精査すると巡礼者は多く、両者は符号することが判明した。また、飢饉などの天災が発生した時期には巡礼者も激減し、出版事情も低調になる。

江戸時代の西国巡礼に関する書目は二七〇件余りに達するが、その著書、編書などは特定な人物によるものが多く、しかも再版、新訂増補版など度々出版されているところに特徴がある。絵図も多くの版元（書肆）から発行されているが、その図形は類似したものが多い。江戸時代は巡礼者も多く、出版物も多数発行された一時期であった。

それに対して、江戸時代の四国遍路では案内書が少ない。その中で代表的なのは真念『四国邊路道指南』であり、その後に『四国徧礼道指南増補大成』が度々発行されている。この書は庶民が遍路に出かけるのに貢献したとされる。しかし、案内書の絶対数が少ないことは遍路には下層民や病人が多く、書籍類を購入することにはつながらなかったと見られている。従って、江戸時代の遍路の出版物は西国巡礼に比べてはるかに少ない。

しかし、大正末期から昭和初期になると、四国の交通網が整備され、それまでの苦行性の強いものから行楽を兼ねた遍路を狙った案内書が発行され出す。そして昭和後期からは遍路の数も増加し、平成期の十年代に入ると飛躍的に遍路が増加した。その背景には明石海峡大橋の開通によって四国への交通アクセスの向上や、テレビ放映などマスコミの影響が大きい。遍路が増加するにつれて歩き遍路が見直され、歩き遍路を体験した人による巡拝記が数多く発行され出す。併せて、増加する遍路をターゲットにした商業出版としての案内書も後を絶たない。従って、遍路の増加と出版物とには一定の相関性が見られる。

第四章では江戸時代から現在までの巡拝記、道中日記（体験記）を手懸かりに、行程、日数、費用などを考察した。それによると、西国巡礼では畿内の人と遠隔地からではその日数や費用にも格差がでる。東国からでは日数は八十日~九十日を要し、費用は四両以上になる。その中には四国の金毘羅山、信州の善光寺も含まれる。畿内以外の人々は自宅から一番札所の那智山までの往路と、谷汲山で結願した後の復路に日数がかかるために長期間となる。畿内からの巡礼者では三十日~四十日程度で費用は二両前後となる。目的は単に社寺参詣にとどまらず、芝居見物や禁裏の見物など諸国の見聞や行楽性が強く出ている。その上、伊勢参宮や讃岐の金毘羅山への参詣、善光寺詣りなどが兼ねられている。順路に関しては東国からの巡礼者は那智山から順番に廻り、谷汲山で結願し帰路につくが、畿内や播磨、西国からの巡礼の場合は近くの札所から始めるなど臨機応変に廻っている。しかも十三番石山寺から三十二番、三十一番を廻り、十四番へと「逆打ち廻り」で進む経路が江戸時代中期から起こる。また、高野山参拝の「高野廻り」や「大峰・吉野廻り」、京都から亀岡へは愛宕神社を参詣する「愛宕越え」などの寄り道をする「発展的経路」があった[7]。また、琵琶湖・竹生島の宝厳寺には強風が吹き湖面が荒れることから渡らずに、流し札をして湖岸から遙拝することも多かった。

それに対して、四国遍路では行程も長く、山野を巡ることから日数も長期になり、五十日~六十日かかる。但し、「走り遍路」と呼ばれ費用を少なくするために三十日程度で廻ることもあった。費用は格安な宿泊として木賃宿に泊まり、住民から接待、善根宿などを受けることから安く抑えることができ、一両程度となる。その目的は、一部には遊山や行楽的要素もあるが、その多くは真摯な信仰による霊場巡りと言える。

道中日記や体験記からは様々なエピソードも読み取ることができる。西国巡礼では行楽性が強いことから大阪や奈良、京都での名所見物や芝居見物、その土地の名物の飲食、土産品の購入などが書き記されている。それに対して特に四国遍路では思わぬ出来事に遭遇し、困惑する事例が多く見られる。その中には納経帳を忘れて引き返したケースや、遍路宿の呼び込み、「サクラ」を使っての宿の売り込み、はたまた憐れを誘う商売なども見られた。昭和初期には乗合自動車(路線バス)による巡拝が始って便利になったが、デコボコ道の悪路でバス酔いに苦しむ遍路が多発する状況が綴られている。しかし、遍路の体験で感動するのは、四国路の自然の眺望である。

室戸岬や足摺岬から眺める海の眺望、のどかな瀬戸内の島々の美しさなどに、遍路の旅の苦労も和らげられている。今一つは接待による地元住民の温かい人情である。たとえ僅かな食べものや金銭でも優しい言葉とともに歩き遍路には心に滲みるものであり、それに感動する。

巡拝記は西国巡礼では江戸時代のものが多く残されているが、大正期以降は交通機関が発達するにつれて分割巡拝が行われ出し、激減する。大正十一年に西国札所連合会から出版された案内書『西国順礼案内記』では京都を中心に東部・西部・南部と分割されている。それによってかつての「巡礼路」の意味がなくなった。(8) それに対して、四国遍路では大正末期から昭和初期頃にかけて僧侶などの体験記が出版され出した。そして平成十年代には自費出版による体験記が大幅に増え出すようになる。それは自己の貴重な体験を広く伝えたいという強い願望からである。その巡拝記は若者から定年退職した老人まで、そして職業、男女を問わず様々な人によって発行されている。その内容はその人の生いたちや性格などが表現されて興味深い。

附録

西国巡礼に関する書目

年代	書名	著編者・版元
元和 三年	西国卅三所順礼ゑん記	霊泉
☆寛永 十九年	西国霊場順礼記(仮題)	中野是誰新刻
☆ 不明	西国順礼円解	霊注
☆寛文 七年	西国三十三所順礼縁起	壷坂寺蔵
十年	西国卅三番順礼記	
延宝 八年	巡礼通考	中野某
天和 三年	西国卅三順礼ゑん起	京都経師　宗真
貞享 四年	西国洛陽三十三所観音霊験記	松誉
元禄 二年	西国卅三所順礼縁起	
☆ 三年	順礼道しるべ	京　菊屋喜兵衛
三年	順礼道知る辺	勢州　藤原長兵衛
三年	西国三十三所道志流遍(上中下)	養流軒一箪子　小林半兵衛他
☆ 四年	西国三十三所順礼図	江戸　本問屋利右ヱ門
☆ 十一年	洛陽大坂西国三十三所巡礼縁起	林正五郎
十四年	西国卅三番順礼友力	
不明	西国観音霊験記	元禄書籍目録
宝永 二年	西国三十三所観音霊験記真鈔(五冊)	松誉巌的　京都　日野屋半兵衛版
二年	西国略順礼記	上田　藤屋板
☆享保 二年	新板大字　御ゑいかならびに道のり	
六年	順礼歌抄	太田白雪
☆ 六年	西国三十三所順礼道中記(写本)	
八年	西国順礼ゑんぎ	高野山　山本平六
☆ 八年	西国順礼独案内	
九年	西国順礼絵図	相鹿小林法好

☆		九年	西国三十三番じゅんれい	
		十一年	西国順礼歌諺註	厚誉春鴬　大坂　柏原屋清右衛門版
		十一年	西国三十三所観音霊場記（十冊）	厚誉春鴬編　京　河南四郎右衛門他
		十一年	伊勢参宮西国順礼行程之図	秋田屋市兵衛
		十四年	観音三十三所歌註（三冊）	厚誉春鴬
		十九年	西国順礼道中図	紀州名手郷　野田知義
☆		十九年	西国三十三所方角絵図	紀州名手郷　野田知義
☆		不明	西国順礼記	
		不明	西国順礼手鑑	享保書籍目録
		不明	三十三所観音道場偈賛	享保書籍目録
☆		不明	秩父坂東西国順礼行程記	山城屋佐兵衛
	元文	三年	西国順礼たびすゞめ	藤屋伊兵衛
		三年	西国順礼道中記	福尾定裕
☆		四年	西国道中記	
☆		四年	観音経絵鈔	京都　吉文字屋市兵衛・喜重郎
☆	寛保	二年	西国道中記（序文書名「西国じゅんれい手鑑」）	いと屋市兵衛
☆	延享	元年	西国道中図（仮）	紀州　千田太五郎板
☆		元年	西国巡拝風土記	妙瑞
☆		五年	西国三十三所順礼縁起	藤屋伊兵衛編　大坂屋善兵衛
	寛延	二年	西国順礼三十三所　普陀洛伝記（十冊）	円通庵夢斉記
	宝暦	二年	西国順礼案内記	伊勢山田
		三年	西国三十三所順礼記	
		四年	西国順礼旅すゞめ	京　辻本定次郎
		四年	西国順礼道中図	南都　ゑづ屋庄八板
		四年	西国順礼旅雀　小本	京　平野屋茂兵衛
		四年	順礼海道車	宝暦書籍目録
		五年	西国道中記	伊勢　藤原板
☆		五年	西国順礼歌奥義鈔	慇誉知寛　柏原屋清右衛門
☆		五年	西国巡礼歌要解	慇誉知寛
☆		六年	西国順礼手引案内	

☆		九年	西国順礼道中絵図（仮）	紀州　大坂屋長三郎板
		十一年	西国三十三所巡礼歌要解（二冊）	愍誉知寛　江戸　須原屋茂兵衛
☆		十一年	西国道中記	紀州粉河　鉄子屋善兵衛版
		十二年	西国三十三所道引	
		十三年	西国順礼導見記	
☆		十三年	西国四国順礼手引	木喰
☆		十三年	西国順礼道中記	斎藤覚右衛門（埼玉県立文書館蔵）
		不明	順礼歌くどく	宝暦書籍目録
	明和	二年	西国順礼歌奥義鈔	愍誉知寛　大坂　渋川清右衛門
☆		二年	増冊　道するべ	茶所庵教順　南紀粉川　大坂屋長三郎板
☆		二年	じゅんれいゐんぎ	新宮馬町　新屋某
☆		四年	じゅんれいゐんぎ	紀州粉河　鉄子屋喜兵衛
☆		七年	西国順礼方角図（仮）	南都　井筒屋庄八板
☆		七年	西国三十三霊場順礼道中図	井筒屋庄八
		八年	西国順礼道知る辺（改正）	養流軒一箪子　京　平野屋茂兵衛
		九年	西国略打順礼記	大文字屋宗然　竹屋彦太郎
☆		九年	西国順礼歌	
☆		不明	西国順礼道志るべ　明和再板	京都　菊屋喜兵衛
		不明	西国順礼故新和歌	行遍　明和書籍目録
		不明	西国順礼道志るべ	勢州山田　藤原長三郎
		不明	西国順礼笠	勢州山田　藤原長三郎
		不明	西国順礼手引案内	勢州山田　藤原長三郎
		不明	西国道中独案内図	勢州山田　藤原長三郎
☆	安永	二年	西国略打順礼記	藤屋善七
☆		二年	西国順礼道中杖	
		三年	西国順礼道知る辺（再刻）	勢州山田　藤原長三郎
		四年	西国順礼手引草	伊勢　藤屋作右衛門
☆		四年	西国順礼手引草	京都　菊屋喜兵衛
		五年	西国順礼細見記	西川某　下河辺拾水画
☆		七年	西国順礼記（再板）	京都　菊屋喜兵衛

	八年	西国順礼歌要解	愍誉知覚　大阪　野村長兵衛
	八年	西国卌三観音順礼案内	南都　ゑず屋庄八
	九年	西国順礼道中図	
☆	九年	西国順礼道中絵図	河内屋喜兵衛
☆	九年	西国順礼	
	不明	西国順礼大縁起	
☆	不明	西国順礼道知るべ　安永改正	京都　菊屋喜兵衛
☆天明	元年	西国三十三所道中記	紀州熊野新宮　清水屋徳右衛門
	二年	順礼略縁起	
☆	二年	指南車(改版)	大坂屋長三郎
	六年	西国じゅんれい歌	長秀画　京都　吉野屋勘兵衛板元
☆	六年	西国道中記	
	七年	順礼案内	
	七年	西国順礼記	
☆寛政	元年	西国順礼手引案内	伊勢山田　文吉室屋庄左衛門梓
	二年	西国順礼歌円解	円通山主霊翁註
	二年	西国順礼道中記	南紀粉川　大坂屋　青木長三郎
☆	二年	西国探奇稿(写本)	埜田昌駒著
	三年	西国順礼細見記	下河辺拾水　京都　菊屋喜兵衛
	三年	西国札所順礼絵図	絵図屋庄八
	三年	西国順礼道しるべ	京都　菊屋喜兵衛
	三年	西国順礼手引草	京都　菊屋喜兵衛
	三年	西国順礼手引案内	京都　菊屋喜兵衛
	三年	西国順礼笈日記	山口惣十郎　鹽屋忠兵衛
☆	三年	西国順礼細見記	下河辺拾水　伊勢　藤原長兵衛
☆	三年	順礼ひとり案内	左楽斎不越著　大坂屋青木長三郎
☆	三年	西国順礼図(仮)	南都　ゑづ屋庄八
☆	三年	西国順礼細見絵図	南都　ゑづ屋庄八
☆	三年	西国順礼細見記	西川某
☆	六年	西国順礼道中絵図	粉川　大坂屋長三郎

		七年	西国順礼道中図	小西屋与惣次
☆		八年	西国順礼歌円解(再版)	東嶺
		十年	西国順礼独案内	
		十一年	西国じゅんれいうた	京都　吉野屋勘兵衛
		十一年	順礼指南車	風盃軒
		十二年	西国順礼絵図	奈良　ゑづ屋版
☆		十三年	西国三十三所廻絵図	志津屋大治郎　紀州藤白浦板元
		不明	西国秩父坂東順礼手引案内	下河辺拾水作　京都　平野屋茂兵衛
	享和	二年	西国卅三番巡礼ゑんぎ	江戸　鶴屋喜右衛門
		二年	西国道中記	粉河　大坂屋版
☆		二年	じゅんれいゐんぎ(新板)	大坂屋長三郎
☆		三年	西国三十三所観音霊場記図会	厚誉春鴬　辻本基定
	文化	元年	西国順礼たびすゞめ	藤屋伊兵衛
		元年	西国順礼独案内図　改正新版	京都　菊屋喜兵衛
☆		元年	西国順礼独案内図	紀三井寺蔵
		二年	増補改正　西国順礼道中絵図	京都　竹原好兵衛
☆		二年	順礼道中絵図(仮)	正本屋吉兵衛
☆		二年	新板改正　順礼道中絵図	正本屋吉兵衛板
		三年	西国順礼しなん車	南紀　大坂屋長三郎
		三年	西国順礼道中記	南紀　大坂屋長三郎
		三年	西国順礼絵図さいしき	南紀　大坂屋長三郎
		三年	西国順礼縁起	南紀　大坂屋長三郎
		三年	西国順礼道中細見増補指南車	内藤左楽斎　青樹堂
		四年	西国道中記	粉河　大坂屋版
		四年	じゅんれいゐんぎ	雲泉
☆		四年	順礼ひとり案内(再校)	左楽斎不越著　大坂屋青木長三郎
☆		四年	西国三十三所順礼図	板元播州小西与惣次
☆		四年	西国順礼絵図	
		六年	百番御詠歌(再版)	西村屋与八
☆		六年	本改道中諸国細見筋引独案内	紀州粉川　大坂屋長三郎

☆		六年	四国西国巡拝記	升屋徳兵衛
		八年	西国じゅんれいうた	京都　吉野屋勘兵衛
		九年	西国順礼図　文化改	ゑづ屋庄八
☆		九年	西国三十三ヶ所めぐり絵図	ゑづ屋庄八
☆		十年	西国順礼手引案内	伏見屋半三郎
☆		十年	西国順礼独案内図　改正新版	
		十一年	観音霊験記	松誉　菱屋治兵衛
		十四年	西国順礼道之記（三冊）	間宮貞徳
☆		不明	西国順礼道中絵図	粉川町　大坂屋長三郎
	文政	元年	方言修行金草鞋	十返舎一九
		二年	西国坂東秩父百番順礼歌	
☆		三年	西国順礼細見図	平野屋茂兵衛
☆		三年	西国巡礼略打道中記（写本）	吉田屋正六筆
		六年	西国順礼細見絵図	奈良　ゑづ屋
☆		六年	西国巡礼道中記	絵図屋庄八
☆		七年	西国順礼旅鑑	堺屋儀兵衛
		八年	西国順礼細見大全　俣野通尚編	大坂　勝尾屋利兵衛他
		十年	西国じゅんれいうた	京都　吉野屋勘兵衛
		十年	西国順礼娘敵打（十五冊）	
		十年	新増補細見指南車	玉樹堂田辺屋新四郎
		十年	西国順礼逆独案内	玉樹堂田辺屋新四郎
		十年	西国秩父坂東百番道中記	玉樹堂田辺屋新四郎
☆		十年	西国順礼幼婦孝義録　十巻	為永春水述著　渓斉英泉画　文永堂
☆		十年	増補西国略打順礼記大全	増補作者和泉屋弥四郎　藤屋善七
		十一年	西国順礼略打大全	暁鐘成補閲　大坂　藤屋善七
☆		十一年	増補西国指南車	大坂屋長三郎
☆		十二年	新増補細見指南車	沙門某　国立国会図書館蔵
	天保	二年	観世音三十三所霊場記	継飯亭書写
		三年	西国三十三所略縁起	名府慶雲舎蔵版
		三年	西国三十三所図絵	釈南海書写

☆		三年	西国三十三所順逆絵図道中記	紀州 田辺屋新四郎
☆		四年	西国三十三所観音霊場記	厚誉春鴬編輯 平安書林
☆		四年	西国三十三所観音霊場記図会	厚誉春鴬 辻本基定
		七年	西国順礼旅すゞめ(再刻)	京 辻本定次郎
☆		十年	西国順礼細見大全	保野通尚 若山総田屋平右衛門
		十一年	天保新増道中記大全	保野通尚 京 平野屋茂兵衛
☆		十一年	天保新増西国順礼道中細見大全 増修	保野通尚 河内屋茂兵衛
☆		十二年	観音霊験記図会(改刻)	東京 養寿院蔵板
☆		十二年	西国順礼早引道中記(写本)	編述池田東籬 平野屋茂兵衛
☆		十二年	方角改正 五畿内掌覧	江戸 須原屋茂兵衛他
		十三年	西国秩父坂東百番御詠歌	江戸 山城屋清八
☆		十三年	西国三十三番札所志ゆん連いゑんぎ	今川橋 亀屋文蔵
☆		十四年	西国順礼道中図 天保十四癸卯改	南都 ゑづ屋庄八
		十五年	西国三十三番順礼図	美濃 谷汲山蔵板
	弘化	二年	西国三十三所観音霊場記図会(五冊)	厚誉春鴬 辻本基定図撰
		三年	西国順礼旅便利	塩谷平助版
		四年	西国三十三所順礼縁起	
	嘉永	元年	西国順礼歌諺註図絵(二冊)	厚誉春鴬 碓井一磨補遺画 文金堂
☆		元年	西国卅三所名所図会(五冊)	暁鐘成編 中川勘助
		二年	西国順礼道知る辺 補正	一簞子 京 平野屋茂兵衛
		二年	西国順礼旅すゞめ 三刻	京 平野屋茂兵衛
		二年	西国順礼旅すゞめ 小版 三刻	京 平野屋茂兵衛
		二年	観音経御詠歌略註	山田意斎述 宮田翠竹斎画
		二年	順礼花小路	緑月斎義誓
☆		二年	西国順礼道中図	ゑづ屋庄八板
☆		二年	大日本国図	南都 ゑづ屋庄八板
☆		二年	天保新増西国順礼道中細見大全(再板)	保野通尚 池田東籬刪補 平野屋茂兵衛
☆		二年	西国巡拝記行覚(写本)	松本屋古登衛門他
		三年	西国順礼旅すゞめ	宮脇楳選
☆		四年	西国道中細見独案内 諸国道法増補 再版	京都 丁子屋源次郎

	六年	西国卅三所名所図会（全十巻　十冊）	暁鐘成編　須原屋茂兵衛
☆	六年	西国卅三所名所図会（全八巻　十冊）	暁鐘成編　大坂　河内屋政七
	六年	西国順礼大和廻り道中細見	奈良　絵図屋
安政	二年	観世音霊験記	福井香沢編
	三年	西国順礼道知る辺　再刻	勢州　藤原長兵衛
	四年	西国順礼仇討譚	柳本亭種清
	五年	西国三十三所御詠歌仮名鈔	松荷庵泰法
	五年	西国卅三所霊場図絵	四方翠松園撰
	六年	百番御詠歌	山崎屋清七板
☆	六年	西国順礼大和七大寺諸国道中細見　増補指図記	奈良　絵図屋庄八板
	九年	西国順礼道中絵図	河内屋喜兵衛
☆	不明	西国三十三所順礼図	小西与惣次板
☆文久	三年	西国三拾三所道中付板東三拾三所八ヶ国道中付	
☆	四年	西国順礼　道中案内図　改正新板	江戸　須原屋茂兵衛
慶応	三年	西国順礼和讃	松荷庵泰法撰

出版年号の記載ないもの

西国順礼道中記	大坂　豊後屋伊兵衛
西国順礼道中記	京　かめや喜兵衛
西国道中記	桔梗屋版
西国道中記	天満屋版
西国道中記　新板増補	大坂　いと屋市兵衛板
西国順礼道中記鑑　改正	よしみね仙王坊開版
西国順礼道中図　再版	大坂　しほ屋平助
西国順礼図	京都　平野屋茂兵衛
西国三十三順逆絵図道中記	紀州　大坂屋長三郎板元
西国順礼道芝記（三巻　二冊）	
西国順拝道芝記	国会図書館
西国順拝道中記	山口杉庵編
西国順礼道中絵図	平野屋版

西国三十三所次第
西国道中絵図
西国順礼方向図
西国三十三番名勝附
西国順礼霊験記
観音道場三十三番来歴
観音霊場順拝名所図会
西国三十三所観音霊場記
西国三十三観音順礼縁起(二冊)
西国順礼三十三所普陀落伝記(十五冊)
西国順礼観音三十三所之歌
西国卅三所順礼歌教訓鑑
西国順礼三十三所御詠歌
三十三所観世音法楽片歌　昌成(連歌)
西国順礼歌留多
西国順礼観音利生女敵討
☆西国巡礼歌管註(三冊)
☆観音霊験記(五冊)
☆新板　西国順礼絵図
☆西国三拾三所順礼道絵図
☆西国道中図
☆西国順礼道中絵図
☆西国順礼道中図
☆新板改正　順礼道中絵図
☆新板改正　順礼道中絵図
☆西国順礼方角絵図
☆西国順礼道中絵図(仮)
☆西国三十三所由来記(三冊)
☆西国卅三所順礼手引独案内
☆西国順礼細見大全　西国道しるべ

江州八幡　表具屋版

厚誉春鴬
松挙　京都　小川多左衛門
板元原田屋
板元西江州今津船場蔵屋四郎三郎
粉川　大坂屋長三郎
粉川　大坂屋長三郎
京　薮田版
丹波福知山深江屋版
紀州粉川　かなごや善兵衛板
南都　ゑづ屋庄八
辻本九兵衛
俣野通尚

印	年	書名	版元・編者
☆		西国順礼道中記	正本屋吉兵衛板
☆		西国順礼道中金毘羅道中ひとり案内	あぶミや太右衛門
☆		西国三十三所巡礼図	板元　江州八幡　表具屋善兵衛
☆		西国巡礼道中記	和州吉野郡飯貝□夜衛門
☆		観音霊場記	万亭応賀誌　豊国画
☆		西国三十三所観音霊験記	児玉又七
☆		西国三十三番順礼札所観世音御詠歌風景道法附	春燈斎版
☆		西国三十三所道法図	
☆		西国順礼細見図	
☆		西国三十三番札所じゅんれいえんぎ	
☆		西国順礼手引案内	
☆		西国順礼	
	明治　元年	西国三十三所縁起和讃	
☆	元年	西国秩父坂東百番御詠歌（再版）	
	八年	三十三所観音由来記	
☆	十一年	西国三十三ヶ所じゅんれい詠歌	山口小兵衛編
	十二年	西国順礼霊験記	松本喜三郎編
☆	十二年	西国順礼　旅便利	堺　筒井庄治郎
☆	十二年	西国三十三所生人形評判	槇野儀三郎編
☆	十二年	西国三十三所霊場	内田正鳳
☆	十二年	順礼絵図	筒井庄治郎
☆	十二年	西国順礼大和七大寺諸道中細見　増補指図記	筒井庄治郎
☆	十二年	西国三十三霊場	松本喜三郎　洛東華山院
	十三年	西国三十三所観音巡拝道中図会	橋本澄月編
☆	十四年	西国三十三所独案内	大久保慶十郎
☆	十五年	百観音霊験廻拝記	栗木確伝　名古屋　福寿院
	十六年	西国霊験観音経読図会	山口素揚
☆	十七年	西国三十三所観世音詠歌因偈付　妙音集	下村吉次郎
☆	十七年	西国三十三所順礼	福岡清五郎編

	十八年	西国観音利生記図会	吉見重三郎編
☆	十八年	西国三十三所御詠歌	飯田市右衛門編　文正堂
☆	十九年	西国三十三所観音霊験記図会	柳沢武運三編
☆	十九年	西国三十三所観音霊場記図会	厚誉春鴬述　田中治兵衛
☆	十九年	西国秩父坂東観音霊場記図会	後藤七郎衛門　京都　風祥堂
☆	十九年	西国三十三所観音霊場記	野村銀治郎
	二十年	西国三十三所御詠歌仮名鈔	桜井寛宗編　其中書屋
	二十年	西国三十三所観音霊場記図会	厚誉春鴬　辻本基定撰図
	二十六年	西国観音縁起集	勝沼武一編　慈眼会
☆	二十六年	西国順礼三十三所観音霊場記	川西喜兵衛　近江　信厚堂
☆	二十六年	西国順礼三十三所観音霊場記	中村浅吉
☆	二十六年	西国三十三所観音霊場記図会	厚誉春鴬述　一切経印房
☆	二十六年	西国三十三所観音霊場記図会	厚誉春鴬述　貝葉書院
☆	二十七年	順礼日記	天田鉄眼　日本新聞社
☆	二十八年	天保新増西国順礼道中細見大全	俣野通尚　京都　沢田吉左衛門
☆	三十二年	西国三十三所観音御詠歌略註	東京　森江発兌
☆	三十四年	西国三十三所観音霊場御詠歌説教	水野霊牛　鴻盟社
☆	三十四年	西国三拾三所御詠歌	施主　谷川喜寿
	三十五年	西国順礼霊験記	井上仲蔵篇
☆	三十九年	西国三十三所観音霊場記図会	風祥堂
☆	四十年	西国三拾三所御詠歌	施主　吉村シカ・長蔵
☆	四十二年	西国三十三所御詠歌	瑳庄助　此村欽英堂
☆	四十四年	西国三十三所観音霊場記	中村浅吉編
☆	四十五年	西国三十三所御詠歌	逸木盛照　貝葉書院
☆	不明	通俗絵入　西国観音霊場記	崇文堂
☆	大正二年	西国秩父坂東観音霊場記図会	中村浅吉　中村風祥堂
☆	二年	西国三十三所御詠歌	大谷勘兵衛
	三年	西国観音利生記	中村浅吉
☆	三年	西国三十三所御詠歌講話	逸木盛照　貝葉書院

☆ 四年	西国霊場三十三所御詠歌全集	松本善助
☆ 六年	西国三十三所御詠歌	大森国松編
十一年	観音の御利生と霊場巡り	小滝淳
☆ 十一年	西国順礼案内記	西国札所聯合会編
十三年	西国三十三所順礼歌の宗教	稲村修道
十四年	西国三十三所画巻	中沢弘光画
☆ 十四年	西国三十三所観音霊場御詠歌講話	金近豊彦
☆ 十四年	西国順礼案内記	森田慈航
☆昭和 元年	四国八十八ケ所・西国三十三ケ所御詠歌新訳	堤達也　仏教年鑑社
☆ 二年	西国秩父坂東観音霊場記図会	中村浅吉　中村風祥堂
☆ 三年	西国霊場三十三所巡拝地図	和楽路屋
☆ 四年	西国三十三所観音　霊場縁起と霊験記	大竹仙太郎
☆ 四年	西国霊場　三十三所巡拝地図	日下伊兵衛　大阪和楽路屋
四年	三十三番　西国札所霊場縁起	真継雲山
四年	観音順礼	荻原井泉水
☆ 七年	西国霊場新縁起伝説物語	小滝淳　内外社
☆ 八年	西国三十三所御詠歌(改正二版)	後藤道明
十一年	御詠歌新釈	堤達也
十二年	西国巡拝通誌(三冊)	梅原忠治郎
☆ 十五年	観音の札所と伝説	清水谷恭順　有光社

著者	書名	版元・発行所	年代
中沢弘光	西国三十三所巡礼画巻	金尾文渕堂	昭和二十一年
小林慈海	御詠歌のこころ		二十七年
暁　鐘成	西国三十三所名所図会(復刻)	須原屋茂兵衛	二十八年
西国札所会編	西国巡礼案内記		二十八年
青木・勝山	西国三十三所遍路詩草	青木秀治郎	二十九年
狩野江南	西国三十三所御詠歌の意		三十年

松原泰道	西国三十三所新釈西国順礼歌		三十五年
橋本徹馬	百観音順礼記	紫雲荘出版部	三十六年
内山一夫	西国三十三番霊場巡礼記	讃岐公論	三十七年
新城常三	社寺参詣の社会経済史的研究	塙書房	三十九年
白洲正子	巡礼の旅　西国三十三カ所	淡交新社	四十年
杉本苑子	西国巡拝記	大法輪閣	四十一年
	西国三十三ヶ所霊場巡り記	徳島県老人クラブ連合会	四十一年
平幡良雄	西国三十三カ所	札所研究会	四十二年
三浦・小川	巡礼の寺	保育社	四十二年
首藤　一	関西巡礼の旅	実業之日本社	四十三年
武田　明	巡礼の民俗	岩崎美術社	四十四年
浅野喜一	西国霊場	新人物往来社	四十四年
佐和隆研	西国巡礼　三十三所観音めぐり	社会思想社	四十五年
速水　侑	観音信仰	塙書房	四十五年
瀬戸内寂聴	寂聴巡礼	平凡社	四十五年
前田　卓	巡礼の社会学	ミネルヴァ書房	四十六年
金指正三校注	西国坂東観音霊場記（翻刻）	青蛙房	四十八年
徳永・十河	西国三十三札所	秋田書店	四十八年
白洲正子	西国巡礼	駸々堂	四十九年
佐和隆研	カラー　巡礼の旅	淡交社	四十九年
中西芳郎	西国巡礼紀行	東京堂出版	四十九年
沢野久雄	西国巡礼	平凡社	五十年
谷村俊郎	百観音の旅	北洋社	五十年
斉藤昭俊	仏教巡礼集	仏教民俗学会	五十年
渡辺守順	西国三十三所巡礼	白川書院	五十一年
	西国三十三所御詠歌	富田隆昌堂	五十一年
法輪堂編	西国三十三霊場順礼道中図	紀三井寺法輪堂	五十三年
高楠汞次郎編	釈教歌詠全集　第五巻　（復刻版）	東方出版	五十三年
	特集　西国巡礼の旅　『京都』六月号	白川書院	五十三年
	西国三十三所順礼図（文化四年の復刻）		五十三年

平幡良雄	西国三十三カ所	満願寺事業部	五十四年
武田　明	巡礼と遍路	三省堂	五十四年
白洲正子	西国巡礼	駸々堂	五十五年
平幡良雄	西国三十三所観音霊場めぐり	満願寺教化部	五十五年
	特集　瀬戸内寂聴　巡礼『太陽』新年特別号	平凡社	五十五年
川端龍子	川端龍子美の巡礼展	サンケイ新聞大阪本社事業本部	五十六年
久保宗一	西国三十三カ所めぐり	サンケイ新聞社生活情報センター	五十六年
新城常三	新稿　社寺参詣の社会経済史的研究	塙書房	五十七年
	日本発見　巡礼の道	暁教育図書	五十七年
平幡良雄	西国三十三カ所	満願寺教化部	五十八年
松原哲明	観音のこころ—西国巡礼の旅—	佼成出版社	五十九年
高山　瑛	西国33所・新西国巡礼	ナンバー出版	五十九年
杉本苑子	西国巡拝記	中央公論社	五十九年
瀬戸内寂聴	寂聴巡礼	集英社	五十九年
松原泰道	同行二人　西国三十三所めぐり	講談社	六十年
白洲正子	西国巡礼	旺文社	六十年
丸山・宮本	大慈大悲　西国三十三所観音聚成	講談社	六十一年
小林　茂	西国33カ所巡拝　カラー版	ナンバー出版	六十一年
フジタ編集部編	観音霊場　西国三十三カ所の昔話	フジタ	六十一年
清水谷孝尚	巡礼のこころ	大蔵出版	六十一年
井上・田中	西国三十三カ所巡礼	新潮社	六十二年
西国札所会編	西国三十三所観音巡礼	朱鷺書房	六十二年
大阪市立美術館編集	西国三十三所観音霊場の美術	毎日新聞社	六十二年
福田静男	西国三十三所　巡礼の手引	フジタ	六十二年
松原哲信	巡礼・遍路　共に歩む	集英社	六十二年
南・井上・矢野・清水谷	百観音札所巡礼	佼成出版社	六十三年

佐和隆研	西国巡礼(新版)	社会思想社	六十三年
五来 重	遊行と巡礼	角川書店	平成元年
高山 瑛	西国33所・新西国巡礼(再版)	ナンバー出版	元年
浅野清編	西国三十三所霊場寺院の総合的研究	中央公論美術出版	二年
伊佐早三	生きる 西国巡礼と観音信仰	泰流社	二年
井上隆雄	西国三十三カ所巡礼	新潮社	二年
玉城幸男	江戸時代の西国三十三度行者について		二年
玉城幸男	女性の西国巡礼三十三度行者		二年
松本政信	西国道中記		二年
白洲正子	西国巡礼	風媒社	三年
暁 鐘成	西国三十三所名所図会(復刻)	臨川書店	三年
長谷川邦夫・作画	マンガ西国三十三札所―観音巡礼―	三心堂	三年
渡辺守順編	西国巡礼歌諺註(復刻)	和泉書院	四年
勝利久江	西国三十三ヶ所霊場巡り作品		四年
松尾心空	西国札所古道巡礼	春秋社	四年
清水谷孝尚	巡礼と御詠歌	朱鷺書房	四年
小松庸裕編	西国三十三所仏画巡礼	朱鷺書房	五年
懐徳堂友の会編	道と巡礼	和泉書院	五年
小嶋博巳編	西国三十三度行者の研究	岩田書院	五年
藤井金治	西国三十三カ所めぐり	日本交通公社	六年
小林 茂	西国33所霊場めぐり	日地出版	六年
五来 重	西国巡礼の寺	角川書店	七年
和田嘉寿男	御詠歌の旅 西国三十三札所めぐり	和泉書院	七年
東武美術館編集	西国三十三所〔図録〕	日本経済新聞社	七年
平幡良雄	西国三十三カ所(改訂版)	満願寺強化部	七年
白洲正子	西国巡礼(再版)	風媒社	八年
橋本周三	やすらぎ 橋本周三写真と文	AIM Press	八年
真野俊和編	講座 日本の巡礼 全三巻	雄山閣出版	八年
	西国三十三カ所	山と渓谷社	九年
前田孝道	西国巡礼のすすめ 御詠歌とともに歩む	朱鷺書房	九年

橋本哲二	西国33カ所札所めぐり	保育社	九年
	西国三十三ヶ所巡り	昭文社	九年
	西国三十三カ所　関西小さな旅	山と渓谷社	九年
和田嘉寿男	西国三十三札所めぐり（新装普及版）	和泉書院	十年
ブルーガイド編	西国三十三所こころの旅	実業之日本社	十年
	西国三十三カ所&周辺ガイドブック	京阪神エルマガジン社	十年
白洲正子	西国巡礼	講談社	十一年
後藤　博	日本百観音	みちのく書房	十一年
アリの会編	西国三十三所古道散歩巡礼地図	松尾寺	十二年
森　戊	百観音霊場巡拝記	文芸社	十三年
能村　進	古寺巡礼ひとりある記　西国三十三ヶ所観音霊場	大揚社	十三年
	西国三十三ヶ所巡り	昭文堂	十四年
	西国三十三カ所を歩く	山と渓谷社	十四年
平幡良雄	西国三十三ヵ所―ドライブ観音巡礼	満願寺教化部	十四年
佐藤孝子	よくわかる西国三十三所徒歩巡拝ガイドブック	東邦出版	十五年
	るるぶ　西国三十三所ウオーキング	日本交通公社	十五年
加藤淳子	街道を歩く　西国三十三所	創元社	十五年
吉野吉則	西国三十三所巡礼	東方出版	十五年
瀬戸内寂聴	寂聴巡礼（改版）	集英社	十五年
クレイグ・マクラクラン（訳・橋本恵）	西国三十三か所ガイジン巡礼珍道中	小学館	十五年
溝縁ひろし	西国三十三カ所物語	東方出版	十六年
	西国三十三カ所	京都新聞出版センター	十六年
佐藤久光	遍路と巡礼の社会学	人文書院	十六年
	享和元年西国巡礼旅日記（翻刻）	舞阪町立郷土資料館	十六年
松尾心空	歌僧天田愚庵【巡礼日記】を読む	すずき出版	十六年
松本彰男	西国観音霊場・新紀行	大法輪閣	十六年
田中智彦	聖地を巡る人と道	岩田書院	十六年

※1　清水谷孝尚師は江戸時代から戦前までの書目をリストアップしている。今回新たに追加したものには☆を付した。戦後以

降に関しては筆者が加えた。
2　各札所の個別な寺院の縁起類などは除いた。
3　江戸時代の巡拝記の中には刊行されないものも含まれている。
4　依拠した機関、文献は次の通りである。大阪府立中之島・中央図書館、神戸市立博物館、奈良県立図書館、岐阜県立図書館、舞鶴市立図書館。『享保以後大阪出版書籍目録』（大阪図書出版業組合、昭和十年）、矢島玄亮『徳川時代出版者出版物集覧』（同刊行会、昭和五十年）、『寛永出版書目并図版』（青裳書店、平成十五年）、『西国三十三所巡礼に関する目録』（三々会・有楽会、昭和六年）、斎藤昭俊『仏教巡礼集』（仏教民俗会学、昭和五十年）、那須高明「近世紀州書肆出版物編年目録」（上）〔『和歌山県立博物館研究紀要』五号　平成十二年〕などによるが、遺漏はまぬがれない。

四国遍路に関する書目

I　江戸時代〔47件　52冊〕

著者	書名	年代
賢　明	空性法親王四国霊場御巡礼記	寛永十五年（一六三八）
澄　禅	四国遍路日記	承応二年（一六五三）
大淀三千風	四国邊路海道記	貞享二年（一六八五）
真　念	四国邊路道指南	貞享四年（一六八七）
寂　本	四国徧礼霊場記	元禄二年（一六八九）
寂本・真念	四国徧礼功徳記	元禄二年（一六八九）
曳尾子（寂本）	四国徧礼手鑑	元禄十年（一六九七）
佐伯藤兵衛	四国徧路中万覚日記	延享四年（一七四七）
田原平兵衛	四国霊場記	宝暦二年（一七五二）
細田周英	四国徧礼絵図	宝暦十三年（一七六三）
木　喰	西国四国順礼手引	宝暦十三年（一七六三）
古川古松軒	四国道之記	宝暦十四年（一七六四）
洪　卓	四国徧礼道指南増補大成	明和四年（一七六七）
	四国徧礼道指南	安永三年（一七七四）
陰山梅好	南海道名所志并四国八十八箇所道中記	寛政四年（一七九二）
玉井元之進	四国中諸日記	寛政七年（一七九五）
下村宮吉	四国八十八箇所道中記	寛政八年（一七九六）

河内屋武兵衛	四国遍路絵日記　全五巻	寛政十二年（一八〇〇）
九皐主人	四国遍礼名所図会	寛政十二年（一八〇〇）
橘　義陳	四国八拾八箇所納経一部	享和二年（一八〇二）
英仙本明	海南四州紀行	文化元年（一八〇四）
	文化元年四月遍路道中入用帳	文化元年（一八〇四）
西本兼太郎	四国中道筋日記	文化二年（一八〇五）
佐々井治郎右衛門版	四国偏礼絵図	文化四年（一八〇七）
升屋徳兵衛	四国西国巡拝記	文化六年（一八〇九）
東寺茶所預知介	四国八十八ヶ所順拝心得書	文化八年（一八一一）
	四国偏礼道指南増補大成	文化十年（一八一三）
佐々井治郎右衛門	四国編路御詠哥道案内	文化十一年（一八一四）
佐々井治郎右衛門	四国偏礼道指南増補大成	文化十一年（一八一四）
	四国偏礼道指南増補大成	文化十二年（一八一五）
糸屋七五郎	四国遍路道しるべ	文化十二年（一八一五）
杉本佐士郎衍貞	四国遍礼道案内	文化十二年（一八一五）
新井頼助	四国順拝日記（仮称）	文政二年（一八一九）
十返舎一九	金草鞋14編	文政五年（一八二二）
万歳楼袖彦	四国霊場奇応（二冊）	文政八年（一八二五）
源　文連	四国八十八箇所	文政十年（一八二七）
哥　吉	哥吉回国物語	天保五年（一八三四）
洪　卓	四国偏礼道指南増補大成	天保七年（一八三六）
野中彦兵衛	四国遍路中并接待附万覚帳	天保七年（一八三六）
須原屋茂兵衛板	四国編路御詠歌道案内	天保七年（一八三六）
	奉納四国八十八処歳々順拝	天保十三年（一八四二）
粟飯原権左衛門	四国巡拝諸控扣帳	天保十五年（一八四四）
松浦武四郎	四国遍路道中雑誌	弘化元年（一八四四）
	四国偏礼道案内	弘化四年（一八四七）
小池又左衛門	四国道中日記帳	嘉永四年（一八四七）
	四国八十八ヶ所順拝心得并道中記	嘉永七年（一八五四）
	四国八拾八ヶ所	安政三年（一八五六）

〔年代不詳の地図・絵図〕　40件

四国八拾八ヶ所并名所古跡案内	版元讃州阿野郡南中西氏
四国徧礼	大坂柏原屋清右衛門、同与一
四国徧礼	佐々井治郎右衛門版
四国徧礼	彫刻備前和気郡香登立蔵直貫
四国徧礼	明石寺茶堂
四国徧礼	伊予宇和島領虎屋喜代助
四国徧礼	(右記以外に五通)
四国順拝御土産絵図（二通）	
四国八十八箇所順拝略図	大坂淀屋橋南詰河内屋甚七
四国八十八箇所順拝略図	讃岐金毘羅沾哉堂
四国八十八箇所順拝略図	(右記以外に五通)
四国八十八箇所絵図	明石寺茶堂
四国八十八箇所絵図	四十三番札所
四国八十八箇所絵図	(右記以外に一通)
象頭山参詣道四国社寺名勝八十八番	金毘羅小坂美玉堂
四国社寺名勝八十八番	板本青々堂
四国社寺名勝八十八番	峰右衛門
四国霊場巡拝一覧	
四国八拾八ヶ所道案内記百万遍開元	板所谷一
丸亀ヨリ象頭山四国八十八番	作寿堂
南海道四国八十八ヶ所順拝図	
四国八拾八所偏礼之図	
四国八十八箇所地図	
高野山ヨリ紀州加田越四国札所本筋并讃州金比羅近道順路	
四国遍路道志るべ	
四国偏礼道のり絵図	
四国八拾八番寺社名所案内大略図	多度津屋卯右衛門

新城常三『新稿　社寺参詣の社会経済史的研究』、神戸市立博物館「館蔵品目録」地図の部6、岩村武勇編『四国遍路の古地図』、

愛媛県生涯学習センター『四国遍路のあゆみ』などの参照による。

II　明治期〔30件　32冊〕

著者	書名	年代	出版・発行所
真　念	四国徧礼道指南増補大成	明治四年	
松本善助	四国八十八ヶ所　道中独案内	明治十三年	
林　省三	四国順拝道図	明治十三年	
真　念	四国遍路御詠歌道中記	明治十三年	
栞原藤五郎	四国遍路御詠歌道中記全	明治十四年	
真　念	四国徧礼道指南増補大成	明治十四年	
真　念	四国徧礼道指南増補大成	明治十五年	
中務亀吉	四国霊場略縁起　道中記大成	明治十五年	
小島勇治郎	四国道中記	明治十六年	
井上佐七	四国八十八ヶ所山開	明治十六年	
石川正七	絵入弘法大師四国八十八ヶ所山開	明治十七年	
中越善平	四国中并ニ高野道中記	明治十七年	
繁田空山	八十八ヶ所四国霊験記図（三巻）	明治十九年	藤井佐兵衛
加藤甚兵衛	四国編礼道案内	明治十九年	
鈴江彦太郎	四国遍路御詠歌道中記	明治二十三年	
玉井大三郎	四国編路御詠歌道中記	明治二十四年	
沼田茂平	四国遍路御詠歌道中記	明治二十五年	
住田実鈔	四国霊場記	明治二十五年	
諸悪莫作衆善奉行	四国遍路八十八ヶ所道しるべ	明治二十九年	沢田文栄堂
玉井甚三郎	弘法大師絵入四国八十八ヶ所山開	明治三十四年	
伊沢駒吉	八十八ヶ所御詠歌　四国道中記	明治三十五年	
大淀三千風	四国邊路海道記（復刻）	明治三十五年	博文堂
石崎忠八	改正　四国霊場遍礼順路指南増補大成	明治三十五年	
岩城元随	四国霊場誘導記	明治三十六年	
柏原屋清右衛門	四国徧礼道指南（復刻版）	明治四十年	

著者	書名	年代	出版・発行所
	四国霊場札所写真集	明治四十二年	
	四国霊場名勝記	明治四十三年	藤井由翠堂
	四国霊場	明治四十三年	讃岐七宝山観音寺
三好広太郎	四国霊場案内記	明治四十四年	四国巡拝歓迎団
三好広太郎	四国遍路同行二人	明治四十四年	此村欽英堂

III 大正期〔14件 14冊〕

著者	書名	年代	出版・発行所
内田卯之吉	四国八十八ヶ所道中案内記	大正二年	文港堂書店
杉本 福	四国道中記修行道	大正五年	
土屋 覚	お四国遍路	大正七年	成調社
フレデリック・スタール	御札行脚	大正八年	金尾文渕堂
丹生屋隆道	四国八十八ヶ所	大正九年	
中村浅吉	絵入弘法大師四国八十八ヶ所山開	大正十年	
北村尭運	同行の栞	大正十二年	
新保清治郎	四国八十八箇所御詠歌	大正十二年	
	四国遍路道中図・八十八箇所	大正十三年	浅野大師堂
此村庄助	四国霊場八十八ヶ所遍路独案内	大正十四年	
四国道人（門屋常五郎）編	四国霊場案内	大正十四年	松山向陽社
橋詰琳瑞	立江寺霊験記	大正十四年	
富田斅純	四国遍路	大正十五年	世相軒
宮崎 薫	四国八十八ヶ所と交通	大正十五年	

IV 昭和初期〔昭和元年～九年 25件、昭和十年以降 22件 23冊〕

著者	書名	年代	出版・発行所
堤 達也	四国八十八ヶ所・西国三十三ヶ所御詠歌新訳	昭和元年	仏教年鑑社
長谷万助	巡拝遍路記	昭和元年	
安田寛明	四国八十八所御詠歌の解説と縁起	昭和元年	中野大師堂

武藤恵真	遍路開祖衛門三郎回行記	昭和二年	文殊院
武藤恵真	四国霊場礼讃	昭和二年	
斉藤知白	俳諧行脚　お遍路さん	昭和二年	友善社
蓮尾観善	四国霊場と大師の慈光	昭和三年	藤井文政堂
中村雅之助	四国八十八ヶ所詠歌	昭和三年	
丹生屋隆道	四国遍路の話	昭和三年	同発行
	遍路道中図—四国八十八箇所	昭和三年	浅野本店
愛媛県農会	四国霊場沿道農業案内記	昭和四年	
	四国遍礼道指南（復刻版）	昭和四年	大阪柏原屋
武藤恵真	増補修正第二版　四国霊場礼讃	昭和四年	
	四国遍路巡礼地図	昭和五年	大阪わらじ屋
島　浪男	札所と名所　四国遍路	昭和五年	宝文館
	四国遍路八十八箇所順礼絵図	昭和五年	和楽路屋
森岡鍼灸院	弘法大師道びらき付四国道中里程案内	昭和六年	
安田寛明	四国遍路のすすめ付御詠歌解説	昭和六年	同発行
浅野伊勢吉	四国遍路道中図	昭和六年	光栄堂
下村千秋	遍路行	昭和六年	中央公論社
小林雨峯	四国順礼	昭和七年	中央仏教社
下村海南・飯島曼史	遍路	昭和九年	朝日新聞社
安達忠一	同行二人　四国遍路たより	昭和九年	欽英堂
荻原井泉水	遍路と巡礼	昭和九年	創元社
中西惟浩	四国霊蹟写真大観	昭和九年	同刊行会
吉田初三郎	四国八十八ヶ所霊場案内及名所史蹟交通鳥瞰図	昭和九年	観音寺
	四国八十八ヶ所遍路道中図	昭和十年	渡辺商店
尾関行応	四国霊場巡拝日誌	昭和十一年	立命館出版
横浜真言宗青年会	四国八十八所霊験記	昭和十一年	天徳寺
四国霊場大観刊行会編	四国霊場大観	昭和十一年	弘法教会本部
四国道人	四国霊場案内第二版	昭和十二年	松山向陽社
	四国八十八ヶ所遍路道中記	昭和十二年	駸々堂
	四国徧路道中記	昭和十一～十三年頃	江口商店

高群逸枝	お遍路	昭和十三年	厚生閣
吉田卯之吉編	四国八十八ヶ所霊場出開帳誌	昭和十四年	出開帳奉賛会
高群逸枝	遍路と人生	昭和十四年	厚生閣
中村風祥堂編集部	四国八拾八ヶ所御詠歌	昭和十四年	
森　隆之	四国遍路道中図	昭和十四年	
種田山頭火	四国遍路日記	昭和十四年	春陽堂
高松観光協会	四国八十八箇所お遍路案内	昭和十五年	高松観光協会
和楽路屋編	四国遍路八十八ヶ所　巡礼地図	昭和十五年	和楽路屋
荒井とみ三	遍路図会	昭和十五年	讃岐風俗研究所
荻原井泉水	遍路日記　遍路と巡礼	昭和十六年	婦女界社
荒井とみ三	遍路図会	昭和十七年	新正堂
三宅一右	遍路と巡礼　上・下	昭和十七年	
高橋逸馬	四国遍路乃栞	昭和十七年	からふね屋印刷
宮尾しげを	画と文　四国遍路	昭和十八年	鶴書房

V　昭和二十年代〔6件　6冊〕

橋本徹馬	四国遍路記	昭和二十五年	紫雲荘出版
吉田紘二郎	人生遍路	昭和二十六年	角川書店
和田性海	聖跡を慕うて	昭和二十七年	高野山出版
	四国路―八十八カ所遍路道	昭和二十七年	毎日新聞社
後藤信教編	四国順礼　南無大師	昭和二十八年	四国霊場参拝奉賛会
永田文昌堂	御詠歌四国八十八所	昭和二十九年	永田文昌堂

VI　昭和三十年代〔14件　14冊〕

荒木哲信	遍路秋色	昭和三十年	金剛寺
比良河其城	遍路日記	昭和三十年	春秋吟社
岩波書店編集部	四国遍路	昭和三十一年	岩波書店
友清磐山	春風遍路	昭和三十三年	天行居

岩佐照賢	へんろの考え	昭和三十三年	四国大師講本部
武藤恵真	遍路開祖衛門三郎回行記（再版）	昭和三十四年	文殊院
荒木戒空	巡拝案内遍路の杖	昭和三十六年	浅野総本店
八木義徳	四国遍路の旅―観光地から山寺まで	昭和三十六年	秋元書店
鍵田忠三郎	遍路日記　乞食行脚三百里	昭和三十七年	協同出版
松田富太郎	四国八十八ヶ所霊場巡拝記	昭和三十八年	同発行
草繋光子	お四国まいり	昭和三十八年	高野山出版
神内信蔵	遍路日記	昭和三十八年	同発行
日本交通公社出版事業局	四国遍路の旅	昭和三十八年	日本交通公社
西端さかえ	四国八十八札所遍路記	昭和三十九年	大法輪閣

VII　昭和四十年代〔42件　49冊〕

大山正幸	四国八十八ヶ所	昭和四十年	大山製紙品製造所
吉野花村	四国遍路の感想	昭和四十一年	
大雅堂編集部編	現代の遍路	昭和四十二年	大雅堂
荒木戒空	巡拝案内遍路の杖（再版）	昭和四十二年	浅野総本店
友清磐山	春風遍路　続	昭和四十二年	天行居
相原芳子	へんろ記	昭和四十二年	
明治学院大学旅行研究会編	遍路の旅―四国―	昭和四十三年	
西村　望	四国遍路―八十八カ所めぐり―	昭和四十三年	保育社
平幡良雄	四国八十八カ所　上・下	昭和四十三年	札所研究会
門脇俊一	四国八十八箇所霊場めぐり―門脇俊一木版画集	昭和四十四年	高松三越
武田　明	巡礼の民俗	昭和四十四年	岩崎美術社
大本祐章	四国八十八ヶ所霊場巡拝案内記	昭和四十四年	同行社
和歌森太郎・村岡空	日本人の心を求めて遍路の国四国へ　聖地遍歴(上)	昭和四十五年	新人物往来社
	四国八十八ヶ所御本尊御詠歌	昭和四十五年	日本仏教普及会
林　英夫	ものいわぬ群れ	昭和四十六年	新人物往来社
大山正幸	四国霊場八十八カ所	昭和四十六年	大山製紙品製造所
種田山頭火	山頭火全集　三	昭和四十六年	潮文社

佐和隆研・芥川・浜川	カラー遍路の旅	昭和四十六年	淡交社
山下義明	四国遍路	昭和四十六年	同発行
土佐文雄	同行二人―四国霊場へんろ記―	昭和四十七年	高知新聞社
奥村芳太郎	四国路　八十八ヶ所遍路道（全2巻）	昭和四十七～四十八年	毎日新聞社
瀬戸内海放送	四国八十札所―歴史の旅	昭和四十七年	秋田書店
善通寺編	弘法大師と四国八十八ヶ所	昭和四十七年	善通寺
岡影　明編	四国霊跡観光大観	昭和四十七年	四国霊跡観光協会
久保武雄	四国遍礼名所図会5巻（復刻）	昭和四十七年	
香川県文化会館編	四国八十八カ所展（図録）	昭和四十七年	
平幡良雄	四国八十八カ所　上・下（改訂版）	昭和四十七年	札所研究会
谷村俊郎	札所の旅―四国八十八カ所―	昭和四十八年	講談社
四国新聞社編	お四国―霊場八十八カ所の旅	昭和四十八年	四国新聞社
大山正幸	四国霊場―八十八ヶ寺―	昭和四十八年	大山製紙品製造所
滝田ゆう	遍路	昭和四十八年	平凡社
朝日新聞社編	遍路旧道を歩く	昭和四十八年	香川県立図書館
愛媛県立図書館編	札所のうた	昭和四十八年	愛媛県立図書館
杜山　悠	カラー街道	昭和四十八年	山と渓谷社
大蓮寺	遍路開祖衛門三郎	昭和四十八年	札始大師復興事務局
大山正幸	へんろ道―自動車で巡拝する人のために―	昭和四十九年	大山製紙品製造所
高橋喜好	お遍路さん	昭和四十九年	愛媛新聞社
西村益一編	四国八十八ヶ所詳細地図帳	昭和四十九年	
菰渕寛治	四国八十八ヶ所み仏の歌	昭和四十九年	
四国八十八ヶ所霊場会編	四国八十八ヶ所霊場記―最新ドライブ地図付	昭和四十九年	四国霊場会
愛媛新聞社編	お四国さん	昭和四十九年	愛媛新聞社
宮崎忍勝	遍路　その心と歴史	昭和四十九年	小学館

Ⅷ　昭和五十年代（66件　68冊）

仁木一郎	弥次さん喜多さん四国八十八カ所巡礼記	昭和五十年	カラムス出版
渡辺　武	遍路旅歩―あるくみるきく104	昭和五十年	日本観光文化研究所

笹原茂朱	巡礼記—四国から津軽へ—	昭和五十一年	日本放送出版協会
蓮生善隆・溝渕和幸	弘法大師と四国霊場	昭和五十一年	美巧社
門脇俊一	四国八十八ヶ所 霊場版木短冊	昭和五十一年	岩波書店
佐和隆研・芥川・浜川	カラー遍路の旅 四国八十八カ所	昭和五十一年	淡交社
白沢節人	おへんろさん	昭和五十一年	表現社
山脇福一郎	四国遍路五十年の今昔	昭和五十一年	同発行
絵・原山尚久	同行二人	昭和五十一年	銀河書房
山内一朗・白子謙而	四国八十八カ所ガイド	昭和五十二年	ブレーン出版
いよぎん	オレンジブック4 てくてくのんびり伊予路の札所とキャンプ場	昭和五十二年	伊予銀行
津田一郎	死装束の旅—四国八十八ヶ所—	昭和五十二年	中国新聞社
四国出版社編	四国八十八ヶ所巡拝地図帖	昭和五十二年	四国出版社
徳島新聞社編	四国霊場の旅	昭和五十二年	徳島新聞社
雨宮八重夫	遍路美知	昭和五十二年	サンケイ新聞社
小西利吉・まさえ	遍路記	昭和五十二年	同発行
坂本　章	藤井寺を中心とした遍路みち	昭和五十三年	同発行
首藤　一	四国遍路八十八カ所	昭和五十三年	創元社
仁木一郎	四国八十八ヶ所巡拝詳細地図	昭和五十三年	カラムス出版
鶴村松一	四国遍路二百八十回中務茂兵義教	昭和五十三年	松山郷土史文学研究会
高橋玄一郎	詩法遍路	昭和五十三年	木菟書館
広川勝美編	遍路　彼岸に捨てられるもの	昭和五十三年	創世社
高群逸枝	娘巡礼記	昭和五十四年	朝日新聞社
蓮生善隆監修	四国霊場	昭和五十四年	新人物往来社
大山寺編	四国別格二十霊場案内	昭和五十四年	四国別格霊場会
川端龍子	四国遍路　川端龍子画文	昭和五十四年	愛媛県立美術館
平幡良雄	四国八十八カ所　上・下	昭和五十四年	満願寺教化部
武田　明	巡礼と遍路	昭和五十四年	三省堂
	『大法輪』特集　四国霊場—遍路と人生	昭和五十四年	大法輪閣
	『伝統と現代』総特集　巡礼	昭和五十四年	伝統と現代社
宮崎忍勝	神話と遍路—密教思想入門	昭和五十五年	東洋文化出版

篠崎由吉	遍路千日之記抄	昭和五十五年	十方舎
市橋俊一	仏をたずねて　夫婦遍路記	昭和五十五年	同発行
朝日新聞社高松支局他編	ぶらり巡礼四国八十八カ所	昭和五十五年	岡田印刷
	『太陽』瀬戸内寂聴　巡礼	昭和五十六年	平凡社
伊藤延一	四国へんろ記	昭和五十六年	古川書房
今井美沙子	親子遍路日記	昭和五十六年	東方出版
松山市教育委員会	おへんろさん　松山と遍路の民俗	昭和五十六年	松山市文化財協会
和田一荘	四国八十八ヶ所　和田一荘切絵画集	昭和五十六年	世界文化社
汲田栄功	カメラお四国　八十八カ所写真の旅	昭和五十六年	高知新聞社
斉藤貢一・真野俊和	四国遍路（『日本の聖域』第10巻）	昭和五十六年	佼正出版社
坪井五雄編	巡礼の道（『日本発見』第36号）	昭和五十七年	暁教育図書
白木友則	青い国ロマンの島　四国探訪記	昭和五十七年	同発行
上田雅一	愚眼遍路	昭和五十七年	同行新聞社
	高野山・弘法大師と四国八十八カ所霊場展（図録）	昭和五十七年	愛媛新聞社
	四国霊場の美	昭和五十七年	徳島新聞社
原田是宏	四国霊場の秘宝	昭和五十七年	新人物往来社
桜井図南男	人生遍路	昭和五十七年	葦書房
竹村節子	札所めぐりの旅	昭和五十七年	日本交通公社
読売新聞大阪支社編	遍路　四国八十八か所切り絵散歩　上・下	昭和五十七年	読売新聞社
徳島新聞社編	四国遍路の旅	昭和五十八年	徳島新聞社
鴨居道	四国霊場八十八ヶ所御詠歌―かな手本―	昭和五十八年	新人物往来社
吉本四郎	四国霊場をへんろして	昭和五十八年	同発行
大間文子	四国遍路の回想	昭和五十八年	同発行
平幡良雄	四国遍路　めぐりやすい八十八箇所	昭和五十九年	満願寺教化部
尾崎秀樹	ふるさとの伝説と旅11　四国遍路の里	昭和五十九年	第二アートセンター
喜代吉栄徳	四国遍路道しるべ　付・茂兵衛日記	昭和五十九年	海王舎
日本交通公社出版事業部編	四国遍路の旅	昭和五十九年	日本交通公社
山下博誉	四国八十八札所―伝説と信仰の旅	昭和五十九年	協楽社
中島久雄	へんろみち　四国八十八スケッチ集	昭和五十九年	保育社
汲田栄功	カラー写真集―霊場そのこころ	昭和五十九年	高知新聞社

三沢菊雄	四国八十八カ所遍路日記	昭和五十九年	けやき出版
協栄企画編	遍路　写真の旅	昭和五十九年	協栄企画印刷出版
首藤　一	四国遍路八十八カ所（改訂版）	昭和五十九年	創元社
四国霊場会編	四国八十八ヶ所霊験記	昭和五十九年	四国霊場会
小松　勝	四国八十八ヶ処遍路の詩	昭和五十九年	宮脇書房

IX　昭和六十年〜平成六年（一九八五〜一九九四）〔104件　106冊〕

弘法大師空海刊行会	日本巡礼記集成第1集	昭和六十年	弘法大師空海刊行会
安達宏玄	写仏巡礼	昭和六十年	日貿出版社
相賀徹夫編	空から巡る四国八十八カ所	昭和六十年	小学館
宮崎忍勝	四国遍路―歴史とこころ	昭和六十年	朱鷺書房
喜代吉栄徳	中務茂兵衛と真念法師のへんろ標石並びに金倉寺中司文書	昭和六十年	海王舎
白石正雄	私の歩いた遍路道　上・下	昭和六十年	同発行
たまきみのる	たまきみのる句集　納経帳	昭和六十年	「国」同人会
森本直生	旅路と抱擁　四国遍路綺行	昭和六十年	西田書店
松原泰道	同行二人	昭和六十年	講談社
上符秀翠	句遍路	昭和六十年	同発行
後藤益太郎	四国遍路バスの旅	昭和六十年	主婦の友出版サービスセンター
森　白象	遍路	昭和六十年	吉田弥左衛門
村上　護	遍路まんだら―空海と四国巡礼を歩く	昭和六十一年	佼成出版社
高橋厚温	四国霊場巡拝しおり	昭和六十一年	屏風浦海岸寺
高田真快	四国遍路で生まれ変わる	昭和六十一年	立風書房
平幡良雄	四国遍路	昭和六十一年	満願寺教化部
喜代吉栄徳	奥の院仙龍寺と遍路日記	昭和六十一年	海王舎
柳原和子	夢遍路	昭和六十一年	皓星社
垂水克登	四国八十八ヶ所霊場案内	昭和六十一年	池田書店
三木文夫	四国霊場絵行脚	昭和六十一年	同発行

浜田泰介	浜田泰介水彩画集—四国八十八箇所めぐり　弘法大師若き日の修業の聖地を歩く—	昭和六十一年	サンケイ新聞写真ニュースセンター
清水谷孝尚	巡礼のこころ	昭和六十一年	大蔵出版
早坂　暁	花遍路—風の昭和日記	昭和六十二年	大和書房
宮崎忍勝・原田是宏	四国八十八所遍路（二冊）	昭和六十二年	朱鷺書房
平田安峰	お大師さまとともに—四国八十八ヶ所徒歩巡拝記	昭和六十二年	同発行
四国霊場会監修	遍路　四国八十八ヶ所	昭和六十二年	講談社
西村　望	西村望の四国遍路の旅	昭和六十二年	徳間書店
高群逸枝	お遍路	昭和六十二年	中央公論社
小林　茂	四国88カ所巡拝道しるべ	昭和六十二年	ナンバー出版
仁木一郎	四国霊場八十八カ所詳細地図	昭和六十二年	カラムス出版
井上拓歩	石摺遍路	昭和六十二年	高知新聞社
松原哲明	巡礼・遍路　共に歩む	昭和六十二年	集英社
	八十八カ所御詠歌　般若心経・御山開入	昭和六十二年	大八木興文堂
西岡寿美子	四国おんな遍路記	昭和六十三年	新人物往来社
手束妙絹	人生は路上にあり	昭和六十三年	愛媛県文化振興団
手束妙絹	お遍路でめぐりあった人びと	昭和六十三年	リヨン社
新居田胡頽子	やすらぎの旅路	昭和六十三年	同発行
	四国八十八カ所秘宝展（図録）	昭和六十三年	香川県文化会館
山脇健三	Ｗａｔｃｈｉｎｇ ざ・はちじゅうはち	昭和六十三年	ハヤミ企画
樫野和弘	巡礼ツーリング	昭和六十三年	無頼派
篠崎由吉	歩けたぞ六万キロ—全国行脚二千日	昭和六十三年	柏樹社
風祭竜二	四国八十八ヶ所霊場	昭和六十三年	同発行
三沢菊雄	四国遍路の足跡を訪ねて	昭和六十三年	けやき出版
薄井八千代	四国へんろ	平成元年	保育社
荻原妙珠	導かれし人生	平成元年	慈光会
五来　重	遊行と巡礼	平成元年	角川書店
種田山頭火	四国へんろ日記	平成元年	潮文社
青井遅月	遍路	平成元年	青井洋三郎
松岡清彦	四国八十八霊場	平成元年	芸術と自由社

真井法星	蓮華の残照	平成二年	鴨島聖天院
小松備祐	四国八十八カ所仏画巡礼	平成二年	朱鷺書房
日本放送出版会編	感動体験四国八十八カ所	平成二年	日本放送出版会
舟越健之輔	四国遍路「いのり」の細道	平成二年	毎日新聞社
小林淳宏	定年からは同行二人　四国歩き遍路に何を見た	平成二年	PHP研究所
藤井ヨシコ	お大師さまへの道　一期一会	平成二年	同発行
宮崎建樹	四国遍路ひとり歩き同行二人	平成二年	へんろみち保存協力会
山水会編	遍路つれづれ	平成二年	山水会
後藤能大	四国霊場―へんろ笠―	平成三年	東洋出版
田崎笙子	娘遍路	平成三年	葦書房
ひろさちや	四国お遍路こころの旅	平成三年	日本実業出版
富永航平	四国別格二十霊場巡礼	平成三年	朱鷺書房
汲田栄功	お大師さん四国霊場番外編	平成三年	高知新聞社
喜代吉栄徳	四国の辺路石と道守り	平成三年	海王舎
時実新子	時実新子のじぐざぐ遍路	平成三年	朝日新聞社
高山未知路	四国遍路旅日記	平成三年	同発行
加藤三七子	水無月遍路	平成三年	角川書店
向山嘉章	訓導十五年遍路の跡	平成三年	ゆまに書房
原田伸夫	還暦のにわかおへんろ	平成三年	新風書房
原田是宏	四国霊場の心	平成四年	新人物往来社
寒竹彦文	仏教徒―四国88カ所巡礼賛歌	平成四年	開文社出版
有園幸生	お遍路	平成四年	毎日新聞社
平幡良雄	四国遍路　上・下（改訂再版）	平成四年	満願寺教化部
小林清顕	四国霊場八十八寺漢詩集	平成四年	清吟堂吟友会新居浜ブロック
溝縁ひろし編	花へんろ	平成四年	保育社
小山　和	密教古寺巡礼	平成四年	東方出版
岸上　正	ぶらりお四国かげえ旅―岸上正影絵画集―	平成四年	岸上企画出版
早坂　暁	巡礼（『日本の名随筆』別巻21）	平成四年	作品社
鶴田雄亮	写真集　遍路	平成四年	同発行

富永航平	人生遍路	平成四年	朱鷺書房
柄松　香	人生遍路	平成四年	同発行
	四国巡礼―あなたも心のふるさとの旅へ―	平成四年	オフィス・ハヤミ
四国別格二十霊場会	百八煩悩消滅の旅　大師様の道	平成四年	四国別格二十霊場会
四国霊場会監修	四国八十八ヶ所霊場めぐり	平成五年	講談社
宮崎建樹	四国霊場先達	平成五年	へんろみち保存協力会
早坂　暁他	四国と出会う「人浪漫」全43話	平成五年	近畿日本ツーリスト協定旅館連盟愛媛支部
淡交社編集局編	四国八十八カ所の旅	平成五年	淡交社
Ａｗａ88	阿波遍路	平成五年	Ａｗａ88事務局
石川と志	遍路低唱	平成五年	同発行
上田　篤	海辺の聖地―日本人と信仰空間	平成六年	新潮社
古藤高良	行歩曼荼羅	平成六年	雪書房
早坂　暁	遍路国往還記	平成六年	毎日新聞社
葦原仲道	迷い犬と俺の「ちょっといい旅」	平成六年	二見書房
宮崎建樹	68歳からの同行二人	平成六年	へんろみち保存協力会
溝縁ひろし	四国西国巡礼ポケット図鑑	平成六年	オリジン社
手束妙絹	花へんろ一番札所から　堂守日記	平成六年	佼成出版社
	四国八十八ヶ所巡り	平成六年	昭文社
越智雄二	四国八十八カ所ご本尊・ご仏像図像	平成六年	同発行
白木利幸	巡礼・参拝用語辞典	平成六年	朱鷺書房
喜久本朝正	四国歩き遍路記―法服を白衣に替えて	平成六年	新風書房
小林　茂	四国88カ所巡拝道しるべ（再版）	平成六年	日地出版
平幡良雄	四国遍路　めぐりやすい八十八カ所（改訂版）	平成六年	満願寺教化部
工藤照子	八十八カ所巡りによせて	平成六年	近代文芸社
千島槌子	遍路	平成六年	そうぶん社
古味信夫	空海の道　阿波・土佐	平成六年	ホクレア草房

X 平成七年～十六年〔232件 245冊〕

平成七年（一九九五）8件 8冊

汲田栄功	カメラお四国―八十八カ所四季を旅する	高知新聞社
池知 隆	お四国きり絵の旅	高知新聞社
池田英治	四国遍路ひとり歩き	同発行
日本交通公社出版事業局	四国八十八カ所めぐり	日本交通公社
淵脇逸郎	四国遍路と俳句	新風舎
鷺沢英緒	秋遍路	同発行
古味信夫	空海の道 伊予・讃岐	ホクレア草房
高田京子	四国八十八カ所めぐり	日本交通公社

平成八年（一九九六）13件 14冊

五来 重	四国遍路の寺 上・下	角川書店
佐藤孝子	情け嬉や お遍路ワールド	近代文芸社
武藤暢夫	四国歩き遍路の旅	MBC21
藤田庄市	四国八十八カ所 弘法大師と歩く心の旅	学研
和田明彦	曼荼羅の旅―現代に生きる四国遍路の知恵―	近代文芸社
植松辰美	祈りと自然 理学博士の遍路紀行	四国新聞社
	弘法大師空海と四国八十八カ所霊場展（図録）	中日新聞社
	別冊歴史読本 日本「霊地・巡礼」総覧	新人物往来社
四国新聞社編	へんろ道を行く	香川県立図書館
藤岡照房	ひともよう	朝日新聞社
荻原英雄	美の遍路	日本放送出版協会
六車恵一	遍路みち	香川県立図書館
ひろさちや・荘司としお	四国八十八箇所	すずき出版

平成九年（一九九七）21件 21冊

伊藤太一	四国へんろ風景	読売新聞社
佐藤孝子	お遍路に咲く花通る風	リヨン社
藤沢真理子	風の祈り	創風社出版

朝倉光太郎	四国お遍路の歩き方	PHP研究所
溝縁ひろし	四国八十八カ所花遍路	新潮社
伊藤まさの	四国霊場満足行日記	新風舎
大法輪閣出版部編	巡礼・遍路　こころと歴史	大法輪閣
松坂義晃	空海の残した道	新風舎
おかざき　きょうこ	おへんろ出会い旅	コアラブック
	四国遍路道しるべ　四十二日の記録	徳島県立図書館
白神忠志	お遍路―歩いた四国八十八ヶ所	洋々社
	四国八十八カ所　ご本尊ご仏像画	NHKサービスセンター
四国霊場会監修	心のふるさと四国八十八ヶ所紀行	四国霊場会
	『大法輪』特集　新・巡礼のすすめ	大法輪閣
宮崎建樹	四国八十八カ所めぐり	日本交通公社
武田　明	四国霊場　遍路と人生	香川県立図書館
袖下拝悠	遍路と俳句	びんご出版
森田弥生子	遍路みち	新星書房
竹内次郎	道のり―人生は忘れること	同発行
平幡良雄	四国へんろ	満願寺教化部
谷口廣之	伝承の碑	翰林書房

平成十年（一九九八）　23件　26冊

内田　秩	四国巡拝―四国の自然―	尚山堂実業
岡本達幸	ポータラカ空と海と巡礼　岡本達幸写真集	光琳社出版
対尾準三郎	四国霊場立地の謎	そうぶん社
溝縁ひろし	四国へんろ花めぐり	京都書院
	四国霊場　八十八カ寺周辺ガイドブック	エス・ピー・シー
	お大師さまの道　百八煩悩消滅の旅	えびす出版
古川古松軒	四国道之記　四国八十八ヶ所巡拝記（再版）	
武田喜治	四国遍路紀行	同発行
ブルーガイド編集部編	四国八十八カ所やすらぎの旅	実業之日本社
四国遍路を愛する会編	四国八十八カ所　心の旅　癒しの旅	竜海社

NHK「四国八十八カ所プロジェクト」編	NHK四国八十八カ所1～4〔一九九八～二〇〇〇年〕	日本放送出版協会
会田輝隆	一病担いで遍照金剛	其心庵
	四国霊場巡拝要集	光巡拝会
榎本三知子	よみがえる旅　お遍路の道千二百キロ	近代文芸社
辻本正直	灼熱の夫婦へんろ旅	同発行
石井喜博	四国八十八カ所　絵画の写真集	同発行
石綿美代子	お四国遍路　法を越えてゆく	近代文芸社
梅村　武	四国遍路シリーズ　へんろ道	同発行
島田武道	遍路	同発行
	四国遍路　作法とお経の意味	百万人のお遍路を伝える会
	『奥様ジャーナル』特集号　こころの遍路旅	愛媛新聞社
	四国八十八カ所お遍路の旅祈りの道癒しの道	アシェット婦人画報社
上林三郎	定年遍路記	文芸書房

平成十一年（一九九九）26件　29冊

淡交社編集部編	四国八十八カ所の旅	淡交社
ひろたみを	四国・お遍路謎解き散歩	広済堂出版
村上護・吉岡功治	遍路の風景（4冊）	四国新聞社など
村上護・吉岡功治	遍路の風景［新版］―空海の道	愛媛新聞社
細谷昌子	詩国へんろ記―八十八か所ひとり歩き七十三日の全記録	新評社
NHKサービスセンター松山支局	遍路手帖　四国八十八カ所	NHKサービスセンター松山支局
舟橋武志	中年ぼろチャリひとり旅	郷土出版社
西川阿羅漢	歩く四国遍路千二百キロ	現代書館
潮見英幸	サンダル遍路旅日記	文芸社
岡田克志編	四国霊場八十八ヶ所巡り―日曜遍路―	エス・ピー・シー
樋口政一	四国遍路の友　新しい遍路歌	四国巡礼歌奉賛会
森　春美	女へんろ元気旅	JDC
野本　登	結縁	晴耕雨読

林　大斐	心の詩―四国もみじ遍路ひとり歩き	文芸社
高見貞徳	四国霊場巡り歩き遍路の世界	文芸社
大森一宏	風に吹かれて　川柳で綴る四国遍路	葉文館出版
兼松浩一	心の旅	同発行
喜代吉栄徳	へんろ列伝　行基菩薩より中務茂兵衛まで	海王舎
渡辺安宏	四国八十八ヶ所霊場巡り	文芸社
久保田豊・久江	弘法大師は生きていた	同発行
えびす企画編	四国霊場　奥の院まいり	えびす企画
梅村　武	四国遍路シリーズ　中務茂兵衛の標石	同発行
水越梅二	わが遍路	岩波ブックセンター
	本州から行く四国霊場八十八カ所周辺ガイドブック	京阪神エルマガジン社
原田伸夫	還暦のにわかおへんろ（再版）	新風書房
金沢良彦	夫婦で行く素晴らしい歩き遍路	LIPS京都

平成十二年（二〇〇〇）　34件　35冊

岡崎朝彰	感謝の心に洗われる道―四国八十八ヶ所お遍路の旅―	郁朋社
タウン情報まつやま編	四国の主要都市から巡る四国八十八カ寺&周辺ガイド	京阪神エルマガジン社
伊予銀行個人部・企画編	えひめの霊場と民俗1～2	伊予銀行
川東和夫	空海に遇う旅　奥の院道指南	同発行
加賀山耕一	さあ、巡礼だ　転機としての四国八十八カ所	三五館
北　勲	空海の風にのって	求竜社
後藤　大	風の吹くまま　四国遍路記	文芸社
財津定行	お遍路は大師さまと三人旅	リヨン社
佐藤孝子	四国お遍路ガイドブック―よくわかるすぐ行ける―	東邦出版
	四国八十八カ所巡り	昭文堂
	四国八十八カ所のあるきかた	ゼンリン
高田京子	ある日突然、お遍路さん	日本交通公社
早坂　隆	僕が遍路になった理由（わけ）	連合出版
ひろさちや	自分が変わる　遍路のこころ	世界文化社
ひろたみを	お遍路を満願するための本	リヨン社

藤井玄吉	玄さんの四国八十八ヶ所遍路日記	文芸社
	へんろ　心のふるさと発見マガジン	府中インターネットテクノロジーサービス
へんろみち保存協力会監修	四国八十八カ所を歩く	山と渓谷社
クレイグ・マクラクラン（訳・橋本恵）	四国八十八か所ガイジン夏遍路	小学館
向井安雄	四国八十八カ所ある記	鳥影社
瑜峰房嘉雲	四国八十八カ所遍路話	同発行
瑜峰房嘉雲	無頼人生遍路旅	遍昭会
横田賢一	四国霊場四季暦	山陽新聞社
宇野恭夫	お四国―四国霊場八十八カ所歩き遍路記録―	文芸社
八木春馬	いのちの旅	文芸社
白木利幸	こころを癒す巡礼参拝用語辞典（再版）	小学館
双葉社編	四国霊場八十八カ寺ガイド―初めて巡礼する人へ―	双葉社
あんず編集室編	晴れたらお遍路！―四国八十八カ所めぐり―	朝日香川事業センター
キース・ケニー（訳・馬場順子）	現代に息づく伝統としての四国遍路	創風社出版
湯橋十善	四国遍路句文集古希	近代文芸社
安田寛明	四国遍路のすすめ（復刻）	安田一雄
喜代吉栄徳	遍路の大先達　中務茂兵衛	正林書院
塩谷健児	一期一会　四国遍路同行二人	同発行
宮副博司	こころの旅日記「一歩、一歩」	同発行

平成十三年（二〇〇一）25件　26冊

木下和彦	ゆっくりのんびりお遍路さん	文芸社
君塚みきお	四国八十八カ所ブラブラ旅	インパクト出版会
久保田恵一	四国遍路スケッチ紀行	創栄出版
JAF MATE「四国版」特別編集	クルマで行く四国おへんろ巡り	JAF MATE社
小西重康	こんなふうに四国八十八カ所を歩いた	文芸社

愛媛県生涯学習センター編	四国遍路のあゆみ	愛媛県生涯学習センター
	四国八十八カ寺&周辺ガイド	出版文化社
	四国遍路へでかけよう	昭文社
寺門　修	「百八十万歩」の旅	文芸社
永井吐無	癒しの旅　四国霊場八十八カ寺	講談社
馬淵公介	きょうはお遍路日和	双葉社
宮越　孝	お遍路旅日記	文芸社
大法輪閣編集部編集	空海密教と四国遍路	大法輪閣
辰野和男	四国遍路	岩波書店
大栗玲造編	遍路道の道しるべ	同発行
高橋憲吾	空と海と風—夫婦で愉しむ道草遍路—前編・後編	文芸社
藤茂　勇	四国巡礼の水彩スケッチ—八十八ヶ寺と心ひかれる風景を描く	日貿出版社
人見詳子	四国娘巡礼記—人見詳子写真集—	吉備人出版
溝縁ひろし	四国八十八カ所物語—溝縁ひろし写真集—	東方出版
淡交社編集部編　大路直哉・文	日本巡礼ガイド	淡交社
宇野弘介	狛犬遍路みち	文芸社
寺田一清	四国遍路道中記	不尽叢書刊行会
夏坂　健	ゴルフを以って人を観ん—緑のお遍路さんたち—	日本経済新聞社
畑中邦子	四国八十八ヵ所巡礼	同発行
	四国遍路へでかけよう	マップマガジン

平成十四年（二〇〇二）41件　45冊

阿久津鯨六	大雪越えて、四国遍路歩き旅	文芸社
石山未巳	幸せはどこにある—白血病を宝に変えた歩き遍路—	新風舎
石川理夫	心とからだを癒す四国遍路と温泉の旅	宝島社
愛媛県生涯学習センター編	伊予の遍路道	愛媛県生涯学習センター—
小野庄一	四国霊場徒歩遍路	中央公論社
小野田隆	風と尺八遍路旅	東洋経済社
川端龍子	四国遍路—詠んで描いて—	小学館

北野雅人	四国歩き日記―贅沢だね、歩きとは―	文芸社
桜井恵武	四国遍路　八十八の本尊	日本放送出版協会
桜井恵武	四国遍路秘仏巡礼	日本放送出版協会
瀬戸内寂聴	寂聴さんと巡る四国花遍路	文化出版局
笹嶋隆盛監修	弘法大師同行二人四国八十八ヶ寺内陣めぐり　上・下	アイディーシー北海道
竹中司郎	この時代！　もう一つの自分探し四国八十八ヶ所	東京図書出版会
田口隆二	山屋の歩いた遍路道	文芸社
対尾準三郎	四国霊場立地の謎（増補版）	文芸社
月岡祐紀子	平成娘巡礼記	文藝春秋
西沢芳朗	四国八十八と日本一周―自転車で巡った定年一人旅―	朱鳥社
浜田義栄	四国歩き遍路道中記	文芸社
平野恵理子	わたしも四国のお遍路さん	集英社
堀之内芳郎	喜寿の遍路日記	朱鳥社
山田清史	温もりいっぱい同行二人	近代文芸社
横山良一	四国遍路1～4	角川書店
横山良一	お四国さんの快楽	講談社
るるぶ社編集	るるぶ四国八十八カ所	日本交通公社
渡瀬克史	仏島四国　発見の旅	渡瀬編集事務所
真鍋俊照	四国八十八カ所　お砂踏本尊	日本放送出版協会
鈴木秀保	四国八十八カ所歩きへんろの余録	名古屋ブックセンター
西谷　尚	祈りたかった	健友館
坂本博司	四国八十八ヶ所かるた	東京図書出版会
	空海と遍路文化展（図録）	毎日新聞社
四国鈴のみち会編	四国八十八ヶ所遍路順拝記念	四国鈴のみち会
在月明世	草鞋の礎―四国八十八箇所巡拝駅伝物語―	アーバンプロ出版センター
佐藤孝子	四国遍路を歩く　もう一人の自分に出会う旅	日本文芸社
種田山頭火	人生遍路	日本図書センター
	『大法輪』特集　観音巡礼と四国遍路	大法輪閣
遠山　颪	四国八十八ヶ所「妻菩提」	武蔵野書房
田中慶秀	癒された遍路	朝日カルチャーセンター制作

榎本三智子	詩集　遍路行	グループ土星群
星　忠志	四国遍路旅日記	丸善仙台出版サービス
畠田秀峰	四国遍路　秘仏巡礼	日本放送出版協会
団　士郎	ヒトクセある心理臨床家の作り方―わが研修遍路日誌	金剛出版
平成十五年（二〇〇三）	22件　22冊	
築山良文	四国遍路紀行	文芸社
宮本重剛	長い一本の道―四国八十八ヶ所巡礼―魂と邂逅―	文芸社
双葉社編	はじめての四国遍路　いたりつくせりガイド	双葉社
江藤友子	女一人遍路道中記	文芸社
黒田杏子編著	四国遍路吟行	中央公論新社
加賀山耕一	お遍路入門	筑摩書房
	四国霊場八十八カ寺巡り　日曜遍路	エス・ピーシー
愛媛県生涯学習センター編	遍路のこころ	愛媛県生涯学習センター
小林キユウ	Ｒｏｕｔｅ88　四国遍路青春巡礼	河出書房新社
菅原　惠	歩きお遍路	同友館
溝縁ひろし	四国八十八霊場四季の花	学習研究社
へんろみち保存協力会監修	四国八十八カ所を歩く	山と渓谷社
江川平八	四国八十八カ所へんろ旅日記	文芸社
横山良一	山頭火と四国遍路	平凡社
ホーボージュン編	四国お遍路パックパッキング	小学館
串間　洋	四国遍路のはじめ方	明日香出版社
藤田祐子	ちびっこお遍路よっくんが行く	新潮社
幸月	句集　風懐に歩三昧	シンメディア
池沢節雄	四国へんろ旅日記	同発行
角川知寿子	すみちゃん四国路をゆく	飛鳥出版社
	和尚の心・伊予	四国八十八ヶ所霊場会伊予部会
石橋　操	四国巡礼記	文芸社
平成十六年（二〇〇四）	20件　20冊	
武田喜治	遍路でまなぶ生きる知恵	小学館スクウェア

近藤堯寛	弘法大師巡礼	同発行
近藤　優	四国遍路托鉢野宿旅	文芸社
金子正彦	四国お遍路旅物語	文芸社
鈴木貞雄	四国八十八か所を歩く	同発行
森山　透	巡礼やすらぎの旅	PHP研究所
三好和義	巡る楽園　四国八十八ヶ所から高野山へ	小学館
浅井証善	へんろ功徳紀と巡拝習俗	朱鷺書房
ロム・インターナショナル編	四国八十八ヶ所お遍路の歩き方	河出書房新社
ブルーガイド編集部編	四国八十八カ所ゆとりの旅	実業之日本社
福島明子	大師の懐を歩く	風間書房
秋元海十	88の祈り　四国歩き遍路一四〇〇キロの旅	東京書籍
青野芳貴	四国巡礼葛藤記	すずき書房
青木勝洋	お遍路さんになる	産経新聞ニュースサービス
大坪忠義	感動の四国遍路	海鳥社
金沢良彦	夫婦で行く素晴らしい歩き遍路　改定新版	ユニプラン
中野せつお	漂流—遍路歴程—	熊本出版文化会館
中山和久	巡礼・遍路がわかる事典	日本実業出版
杉浦孝宣	強く生きろ—ある学習塾塾長の四国遍路の旅	学びリンク
高群逸枝・堀場清子校注	娘巡礼記（再版）	岩波書店

註

第一章　研究の視点と各霊場の成立

第一節

（1）西国巡礼では、山下重民「巡礼」（『風俗画報』三三九号、三四一号、明治三十九年）、藤田明「西国三十三所霊場と巡礼の権輿」明治四十年、同『日本交通史論』、岩橋小弥太「寺門高僧記について」（『仏教研究』第五巻第二号、大正十三年）、岡田希雄「西国三十三所観音巡拝巧続貂」第一回〜第六回（『歴史と地理』第二十一巻〜第二十二巻、昭和三年）、田村栄太郎「巡礼」㈠㈡（『旅と伝説』第十五巻第一号、第二号、昭和十七年）などの論文がある。四国遍路では景浦直孝「円明寺と四国遍路」（『伊予史談』第三巻第二号、大正六年）、西園寺源透「四国遍路考」（『伊予史談』第二十三巻第四号、昭和十二年）、高橋始「四国八十八箇所展相」（『松山高商論集』第五号、昭和十七年）などが挙げられる。

（2）長田攻一・坂田正顕・関三雄『現代の四国遍路―道の社会学の視点から』一二二頁、学文社、二〇〇三年。

（3）星野英紀『四国遍路の宗教学的研究―その構造と近現代的展望―』八八頁、法蔵館、二〇〇一年。

（4）星野英紀、前掲書、三二九―三三一頁。

（5）Victor W. Turner: *The Ritual Process.* 1966. New York（邦訳、冨倉光雄『儀礼の過程』思索社、一九七六年）。

（6）星野英紀、前掲書、六二頁。

（7）Victor W. Turner, op. cit., pp.106-107（邦訳、一四三―一四五頁）。

（8）星野英紀、前掲書、七五頁。

（9）佐藤久光『遍路と巡礼の社会学』二三三頁、人文書院、二〇〇四年。

（10）尾関行応『四国霊場巡拝日誌』一四―一五頁、立命館出版、一九三七年。

（11）『四国八拾八箇所納経一部』（泰山寺蔵）。翻刻は喜代吉栄徳「四国辺路研究」第十八号、二六頁、海王舎、二〇〇一年。

(12)『寛政十三年改亨和元酉春西郷浦山分廻見日記』(明治大学刑事博物館蔵)。
(13)松本家『御用日記帳』(秩父市立秩父図書館蔵)。
(14)清水谷孝尚『観音巡礼―坂東札所めぐり―』三六七―三七三頁、文一出版、一九七一年。
(15)「歩き遍路」と呼ばれたのは平成期に入ってからで、それ以前は「徒歩巡礼」「徒歩巡拝」という用語であった。
(16)田中智彦『聖地を巡る人と道』二四―二八頁、岩田書院、二〇〇四年。

第二節

(1)西国、秩父巡礼及び四国遍路の成立とその後の変遷に関しては、拙著『遍路と巡礼の社会学』第一章第二節を参照。
(2)『中山寺縁起』(『続群書類従』第二十七輯下釈家部、続群書類従完成会、一九七八年)三四五頁。
(3)岡田希雄「西国三十三所観音巡拝攷続貂」(第五回)『歴史と地理』第二十二巻第四号、五三頁。
(4)速水侑『観音信仰』二七〇頁、塙書房、一九七〇年。
(5)速水侑、前掲書、二七八頁。
(6)岡田希雄「西国三十三所観音巡拝攷続貂」(第一回)『地理と歴史』四二―四七頁、一九二八年。
(7)速水侑、前掲書、二五九頁。
(8)『壒嚢鈔』(『日本古典全集』一〇七巻、日本古典全集刊行会、一九三六年)四四八頁。
(9)『天陰語録』(『続群書類従』第十三輯上)二二頁。
(10)速水侑、前掲書、三一六頁、三三三頁。岩崎小弥太「寺門高僧記について」『仏教研究』第五巻第二号、一二三頁、一九二四年。
(11)『坂東観音霊場記』(『続豊山全書』第十二巻、続豊山全書刊行会、一九七五年)一〇頁。
(12)清水谷孝尚『観音巡礼―坂東札所めぐり―』四五九頁。
(13)鶴岡静夫『増改訂版　関東古代寺院の研究』四八八頁、弘文堂、一九八八年。
(14)『埼玉県史』第三巻、三四一―三四二頁、一九三四年。
(15)藤田定興「八溝山信仰と近津修験」(山岳宗教史叢書八『日光山と関東修験』名著出版、一九七九年)二七七―二七八頁。
(16)『埼玉県史』第三巻、三四〇頁。

(17) 鶴岡静夫、前掲書、四八二―四九三頁。
(18) 訳注・龍粛『吾妻鏡』㈢㈣ 岩波書店、一九四〇―四一年。
(19) 鶴岡静夫、前掲書、四八三頁。
(20) 鶴岡静夫、前掲書、四九二頁。
(21) 鶴岡静夫、前掲書、四八五頁。
(22) 『武州秩父札所第一番法華山四万部寺施餓鬼因縁記』(『新訂増補　埼玉叢書』第六巻)一一六頁。
(23) 『秩父回覧記』(国立公文書館蔵)。
(24) 『秩父順礼独案内記』(東北大学図書館蔵)及び『建部綾足全集』第六巻、八八頁、国書刊行会、一九八六年。
(25) 『武州秩父郡御札所之縁起』(『大日本地誌大系』第十二巻、雄山閣、一九七一年)二八四頁。
(26) 四方田稔「秩父札所の成り立ち」『秩父札所の今昔』三六頁、秩父札所の今昔刊行会、一九六七年。河野善太郎『秩父三十四札所考』二七四―二七五頁、埼玉新聞社、一九八四年。
(27) 佐藤久光『遍路と巡礼の社会学』四一―四四頁。
(28) 河野善太郎、前掲書、二四九―二六四頁。
(29) 佐藤久光「復興期の秩父札所」『神戸常磐短期大学研究紀要』第二十五号、八―一一頁、二〇〇四年。
(30) 『四国偏礼功徳記』(近藤喜博編著『四国霊場記集』上、勉誠社、一九七三年)四三五頁及び釈文五頁に翻刻。
(31) 景浦直孝『伊予史精義』一三五頁、伊予史籍刊行会、一九二四年。
(32) 『今昔物語集』三(『新日本古典文学大系』三五、岩波書店、一九九三年)二七三頁。
(33) 『梁塵秘抄』(『日本古典文学全集』二五、小学館、一九七六年)二七七頁。
(34) 高橋始「四国八十八箇所展相」『松山高商論集』第五号、八九頁、松山高等商業学校商経研究会、一九四二年。
(35) 『醍醐寺文書』(『大日本古文書』家わけ十九ノ二、東京大学出版会、一九七一年)二九二頁。
(36) 西園寺源透「四国霊場考」『伊予史談』第二十三巻第四号、二三―二四頁、伊予史談会、一九三七年。
(37) 澄禅の日記(徳田氏の写本)の表紙は「四國邉路日記」とある(澄禅『四国遍路日記』附・解説校注宮崎忍勝　大東出版社、一九七七年)。口絵の納札にも「邉路」と書かれている。
(38) 『本川村史』第二巻社寺・信仰篇、六二三頁、一九八九年。

（39）『四国偏礼霊場記』（近藤喜博編著『四国霊場記集』巻一、勉誠社、一九七三年）二三頁。
（40）『四国偏礼霊場記』一六〇頁。
（41）『四国邊路道指南』（近藤喜博編『四国霊場記別冊』勉誠社、一九七四年）二九―三〇頁、四五三頁に翻刻。

第二章　西国巡礼と四国遍路の習俗

第一節

（1）円宗『観音三十四所巡礼秩父縁起霊験円通伝』二之巻、秩父札所十三番慈眼寺復刻、一九七六年。
（2）岡田希雄「西国三十三所観音巡拝攷続貂」第二回、『歴史と地理』第二十一巻第五号、六二頁、一九二八年。
（3）下仲一功「『巡礼歌（御詠歌）』の性質をめぐって（一）」『巡礼論集1』一〇〇頁、岩田書院、二〇〇〇年。
（4）桑田忠親校訂『太閤記』（下）一九五頁、岩波書店、一九四四年。
（5）守随憲治校訂『竹斎』五〇頁、岩波書店、一九四二年。
（6）新城常三『新稿　社寺参詣の社会経済史的研究』四六一頁、塙書房、一九八二年。
（7）清水谷孝尚師は江戸時代から昭和期までに出版された評釈書を丁寧に解説している。同『巡礼と御詠歌』二一四―二四二頁、朱鷺書房、一九九六年。
（8）白井加寿志「四国遍路の実態」『徳島の研究』第七巻民俗篇、二一七頁、清文堂出版、一九八二年。
（9）寂本『四国徧礼手鑑』二丁。
（10）十返舎一九『方言修行　金草鞋』第十四編（続帝国文庫第三十三編『続一九全集』博文館、一九〇一年）五五五―五五六頁。
（11）松浦武四郎「四国遍路道中雑誌」（吉田武三編『松浦武四郎紀行集』中、冨山房、一九七五年）二〇〇頁。
（12）浅井證善『へんろ功徳記と巡拝習俗』二〇九頁、朱鷺書房、二〇〇四年。
（13）浅井證善、前掲書、二一三頁。
（14）龍沢『天陰語録』（『続群書類従』第十二輯上、続群書類従完成会、一九八六年）二一頁。
（15）新城常三、前掲書、四五九頁。
（16）『南留別志』（『日本随筆全集』第一巻、国民図書、一九二七年）八九頁。
（17）『嬉遊笑覧』（『日本随筆大成』別巻（下）日本随筆大成刊行会、一九二九年）一九九頁。

(18)亮盛『坂東観音霊場記』(『続豊山全書』第二十巻、続豊山全書刊行会、一九七五年)一五二頁。
(19)山下重民「巡礼」『風俗画報』第三四一号、一五頁、一九〇六年。
(20)『合本守貞漫稿』一一六頁、東京堂出版、一九八八年。
(21)清水谷恭順『観音札所と伝説』五―六頁、有光社、一九四〇年。
(22)荒井とみ三『遍路図会』(讃岐風俗研究所、一九四〇年)には、母子遍路の絵が描かれ、幼児の笈摺の中央が染められている。
(23)田村栄太郎「巡礼(一)」『旅と伝説』第十五巻第一号、七〇頁、一九四二年。
(24)浅井證善、前掲書、二三七頁。
(25)浅井證善、前掲書、二三六頁。
(26)『中山寺縁起』(『続群書類従』第二十七輯下、釈家部、続群書類従完成会、一九七八年)三四七頁。
(27)『桂川地蔵記』(『続群書類従』第三十三輯上、一九五八年)一〇三頁。
(28)五来重『遊行と巡礼』九三頁、角川書店、一九八九年。
(29)『嬉遊笑覧』二〇〇頁。
(30)『睡餘小録』には「応永十九年四月奥州白川住人与二郎」や文明三年、十一年の札が載せられている。『日本随筆全集』第二巻、一五頁、国民図書、一九二八年。
(31)『四国邊路道指南』(近藤喜博編著『四国霊場記集別冊』勉誠社、一九七四年)一六―一七頁。
(32)天田鉄眼『順礼日記』(『愚庵全集』政教社、一九二八年)八八頁。
(33)喜代吉栄徳「辺路札について」『四国辺路研究』第二号、一九九三年。また、清水谷孝尚師は、坂東巡礼でも宿を提供して、その返礼に受けた札を火災の時に屋根の上において祈り、難を逃れた事例を紹介している。同『観音巡礼―坂東札所めぐり―』二二七頁、文一出版、一九七一年。
(34)前田卓『巡礼の社会学』三五―三七頁、ミネルヴァ書房、一九七一年。
(35)池田魯参『詳解　摩訶止観』天巻、二四五頁、大蔵出版、一九九六年。
(36)厚誉春鴬述『西国三十三所観音霊場記図会』。校注金指正三『西国坂東観音霊場記』二〇四―二〇五頁、青蛙房、一九七三年。
(37)清水谷恭順『観音の札所と伝説』三頁。
(38)前田卓、前掲書、一五二頁、一八六頁。

(39) 荒井とみ三、前掲書、一九七頁。
(40) 新城常三、前掲書、五〇七頁。
(41) 新城常三、前掲書、四九五頁。
(42) 新城常三、前掲書、五〇九頁及び五一四頁。
(43) 喜代吉栄徳『四国辺路研究』第十八号、三七頁、二〇〇一年。
(44) 白井加寿志、前掲論文、二〇四頁及び二一三頁。
(45) 四国遍路研究叢書第三号『【資料集】宝永~正徳年間の納経帳』四国遍路研究会、二〇〇四年。
(46) 広江清編『近世土佐遍路資料』六二―六三頁、土佐民俗学会、一九六六年。
(47) 泰山寺所蔵。『四国辺路研究会』第十八号、二七頁(翻刻)。
(48) 佐和隆研『西国巡礼』三〇―三一頁、社会思想社、一九六五年。
(49) 太子町立竹内街道歴史史料館編『西国巡礼と葉室組行者』一二頁、一九九八年。
(50) 吉田卯之吉編『四国八十八ヶ所霊場出開帳誌』三七頁、四国八十八ヶ所霊場会、二〇〇一年復刻。
(51) 安田寛明『四国遍路のすすめ』四一頁、安田一雄氏によって二〇〇〇年に復刻。
(52) 行誉『壒嚢鈔』(『日本古典全集』一〇七巻、日本古典全集刊行会、一九三六年)四四八頁。
(53) 田中智彦『聖地を巡る人と道』七五―七六頁、岩田書院、二〇〇四年。
(54) 亮盛『坂東観音霊場記』一一四頁。
(55) 十返舎一九『方言修行　金草鞋』(続帝国文庫『一九全集』博文館、一九〇〇年)九八八頁。
(56) 寂本『四国徧礼霊場記』(近藤喜博編著『四国霊場記集』勉誠社、一九七三年)一六〇頁。
(57) 真念『四国邊路道指南』(近藤喜博編著『四国霊場記集別冊』勉誠社、一九七四年)二九―三〇頁、及び四五三頁。
(58) 比留間尚「江戸開帳年表」西山松之助編『江戸町人の研究』第二巻、吉川弘文館、一九七三年。
(59) 『攝陽奇観』巻之四十四(船越政一郎編纂校訂『浪速叢書』第十五輯、浪速叢書刊行会、一九二八年)八八頁。
(60) 亮盛『坂東観音霊場記』四五頁。
(61) 松本家『御用日記帳』及び『松本家御用日記類抄』第二冊の一七八項(秩父市立秩父図書館蔵)。
(62) 『秩父順礼独案内記』(東北大学図書館蔵)及び『建部綾足全集』第六巻、八八頁、国書刊行会、一九八六年。

(63) 四方田稔「秩父札所の成立」『秩父札所の今昔』八二―八三頁、秩父札所の今昔刊行会、一九六八年。
(64) 吉田卯之吉編、前掲書、二―三頁。
(65) 吉田卯之吉編、前掲書、八五頁。
(66) 慧鳳『竹居清事』(『続群書類従』第十二輯上、文筆部、一九八六年)四八七頁。
(67) 龍沢『天陰語録』二一頁。
(68) 新城常三、前掲書、二三二頁、一〇七八頁。
(69) 新城常三、前掲書、二三三頁。
(70) 清水谷孝尚『巡礼と御詠歌』二〇〇頁。
(71) 『日本九峰修行日記』(『日本庶民史料集成』第二巻、三一書房、一九六九年)二三〇頁。
(72) 新城常三、前掲書、一〇九四頁。
(73) 天田鉄眼、前掲書、四九頁。
(74) 前田卓、前掲書、二一九頁。
(75) 高取正男『日本的思考の原型』八三頁、平凡社、一九九五年。
(76) 三好昭一郎『阿波の仏教史』九三―九四頁、徳島県教育出版部、一九六五年。
(77) 澄禅『四国遍路日記』(近藤喜博『四国遍路研究』三弥井書店、一九八二年)三三三頁。
(78) 真念『四国偏礼功徳記』(近藤喜博編著『四国霊場記集』)一七頁。
(79) 新城常三、前掲書、一〇九六頁。
(80)・(81) 前田卓、前掲書、二二二頁。
(82) 「弘化二年巳二月　渡海船一件留」(『和歌山県史』近世史料、和歌山県史料編纂委員会、一九七七年)八九二頁。
(83) 新城常三、前掲書、二三〇頁。
(84) 三浦真厳編纂『摂津国八部郡福祥寺古記録』(陰影)三〇頁、須磨寺・校倉書房、一九八九年。
(85) 天田鉄眼、前掲書、七八頁。
(86) 新城常三、前掲書、四六三頁。
(87) 『同行新聞』第九十六号、昭和五十五年九月十一日付。

第二節

（1）西端さかえ『四国八十八札所遍路記』一四五頁、一六〇頁、大法輪閣、一九六四年。
（2）鍵田忠三郎『遍路日記　乞食行脚三百里』協同出版、一九六二年。
（3）二神能基「『ひきこもり』連れて四国遍路」『文藝春秋』二〇〇四年三月号。
（4）佐藤久光『遍路と巡礼の社会学』二二五頁。
（5）『四国八拾八箇所納経一部』（泰山寺蔵）。翻刻は喜代吉栄徳「四国辺路研究」第十八号、三二頁、二〇〇一年。
（6）「四国辺路研究」第十八号、二七頁。
（7）喜代吉栄徳「《色札》のこと」『四国辺路研究』第十八号、三五頁。
（8）前田卓、前掲書、二五七―二五八頁。
（9）高群逸枝『お遍路』七三頁、中央公論社、一九八七年。
（10）種田山頭火『四国遍路日記』（『種田山頭火　人生遍路』日本図書センター、二〇〇二年）二〇四―二〇五頁。
（11）種田山頭火、前掲書、一九八頁、二〇五頁。
（12）松本家『御用日記帳』及び「松本家御用日記類抄」第二冊分の三六三項、第三冊分の四〇〇項（秩父市立秩父図書館蔵）。
（13）新井頼助「四国順拝日記」（仮称）（広江清編『近世土佐遍路資料』土佐民俗学会、一九六二年）一〇四頁。
（14）高群逸枝、前掲書、五九頁。
（15）前田卓、前掲書、二六三頁。
（16）近藤喜博『四国遍路研究』三一七頁。
（17）近藤喜博『四国霊場記集別冊』一八二頁及び四七二頁。
（18）近藤喜博『四国霊場記集別冊』三〇二頁及び四九三頁。
（19）四国遍路研究叢書第三号『【資料集】宝永～正徳年間の納経帳』。
（20）四国遍路研究叢書第二号『【資料集】四国中道筋日記』二〇〇三年。
（21）出釈迦寺住職・岡田幸恵師のご教示による。
（22）この納経帳は高知県安芸市川村陽一郎氏が所蔵し、そのコピーを四国遍路研究会の小松勝記氏から拝借した。
（23）高群逸枝、前掲書、一三三頁。

(24) 喜代吉栄徳『四国辺路研究』第十九号、六頁、二〇〇二年。
(25) 喜代吉栄徳『四国辺路研究』第十九号、七頁。
(26) 高橋始「四国八十八箇所展相」『松山高商論集』第五号、七一―七九頁、松山高等商学校商経済研究会、一九四二年。
(27) 喜代吉栄徳『四国辺路研究』第十九号、十六頁。
(28) 武田明『巡礼の民俗』一六七頁、岩崎美術社、一九六九年。
(29) 田中智彦『聖地を巡る人と道』一一八―一二〇頁。

第三章　出版物と巡礼・遍路の動向

第一節

(1) 金指正三校注『西国坂東観音霊場記』一八頁、青蛙房、一九七三年。
(2) 塚本明「熊野道中記の世界」『国文学解釈と鑑賞』第六九巻三号、一五二頁、至文堂、二〇〇四年。
(3)『秩父三十四所観音霊場記円通伝』(二之巻)〔昭和五十一年秩父札所十三番慈眼寺復刻〕には「順礼ノ人多《ヲヽク》、長途《チョウド》ノ労《ロウ》ヲ忘《ワス》レンガ為《タメ》ニ、各《ヲノ》〳〵詠哥ニ節墨請《フシハカセ》付テ、諷《ウタイ》ツレ、参詣セシゾカシ」と記されている。
(4) 細田周英敬豊『四国徧礼絵図』(神戸市立博物館蔵)の左下の一節で、拙著『遍路と巡礼の社会学』一〇八―一〇九頁参照。
(5) 清水谷孝尚『巡礼と御詠歌』一六一頁、朱鷺書房、一九九二年。
(6) 清水谷孝尚、前掲書、二二一頁。
(7) 清水谷孝尚、前掲書、二二七頁。
(8) 清水谷孝尚、前掲書、一五九頁。
(9) 前田卓『巡礼の社会学』八三―八四頁。
(10)『熊野年代記』熊野三山協議会・みくまの総合資料館研究委員会、一九九二年。それを図式化したのが拙著『遍路と巡礼の社会学』八一頁に掲載。
(11) 前田卓、前掲書、七九頁。
(12)『高島郡誌』九二七頁、弘文堂書店、一九七二年。
(13) 竹内誠編『日本の近世』第一四巻、一七頁、中央公論社、一九九三年。

(14) 竹内誠編『日本の近世』二七頁。
(15) 青木美智男『大系日本の歴史』11　一一頁、小学館、一九八九年。
(16) 前田卓、前掲書、九三頁。
(17) 前田卓、前掲書、七六頁。
(18) 三井高陽『日本交通文化史』一四一―一四二頁、一五一―一五二頁、地文書館、一九四二年。
(19) 新井佐次郎「近代の秩父札所」『秩父札所の今昔』一三九頁、秩父札所の今昔刊行会、一九六三年。
(20) 島浪男『札所と名所　四国遍路』八〇頁、宝文館、一九三〇年。
(21) 前田卓、前掲書、一二七頁。
(22) 佐藤久光『遍路と巡礼の社会学』一三九―一四三頁。
(23) 佐藤久光、前掲書、一六一―一七〇頁。

第二節

(1) 前田卓、前掲書、一〇六―一〇七頁。
(2) 『寛政十三年改享和元酉春西郷浦山分廻見日記』には寛政十二年の遍路数を二万一八五一人、と記してある。
(3) 新井頼助「四国巡拝記」(仮称)(広江清編『近世土佐遍路資料』)。
(4) 前田卓、前掲書、一一〇頁。
(5) 澄禅『四国遍路日記』附・解説校注宮崎忍勝、九〇頁、大東出版社、一九七七年。
(6) 松浦武四郎「四国遍路道中雑誌」(吉田武三編『松浦武四郎紀行集』中、冨山房、一九七五年)。
(7) 前田卓、前掲書、一二六頁。
(8) 平井玄恭「山本玄峰の四国遍路」『大法輪』昭和五十四年四月号、一二〇頁。
(9) 星野英紀『四国遍路の宗教学的研究―その構造と近現代的展開―』一九〇頁、法蔵館、二〇〇一年。
(10) 島浪男、前掲書、八〇頁。
(11) 安達忠一『同行二人　四国遍路たより』二頁、欽英堂書店、一九三四年。
(12) 星野英紀、前掲書、二二六頁。

(13) 前田卓、前掲書、五二頁、一二七頁。
(14) 前田卓、前掲書、六六頁。
(15) 佐藤久光、前掲書、一六四―一六七頁。

第四章　道中日記にみる巡礼と遍路の習俗

第一節

(1) 『寺門高僧記』巻六(『続群書類従』第二十八上、続群書類従完成会、一九五六年)七四頁。
(2) 「西遊紀行」渡辺和敏監修『近世豊橋の旅人たち』豊橋市二川宿本陣資料館、二〇〇〇年。
(3) 舞阪町立郷土資料館資料集第八集『享和元年西国巡礼旅日記』(仮称)舞阪町立資料館、二〇〇四年。
(4) 「文化四年(一八〇七)龍泉寺州椿禅師西国順礼記」『北浜市史』資料編近世Ⅲ、一九九六年。
(5) 「西国三十三所巡礼の記録」(仮称)『菊川町史』近世資料編、一九九七年。
(6) 渡辺和敏監修『近世豊橋の旅人たち』。
(7) 「西国伊勢道中巡礼日記」『姫路市史』第七巻上、資料編自然、三七―五八頁、一九九八年。
(8) 『順礼道中日記』(天理参考館蔵)、上野利夫「天保七年『順礼道中日記』(翻刻)」『天理参考館報』第十一号、一九九八年。
(9) 山田正雄『播州黍田村農民の歴史』三四五―三五一頁、太陽出版、一九八〇年。
(10) 古文書調査記録第十七集『西国道中記』福山城博物館友の会、一九九三年。
(11) 「西国道中覚帳」(中山忠厚家文書)、「西国北国廻り道中記」(中山芳澄家文書)は物集女在住の御子孫二家に所蔵されている。一九九九年向日市文化資料館の古文書学習サークルが翻刻し、現在翻刻文が同館に架蔵されている。なお、「西国北国廻り道中記」は中山新治郎の名前で記されている。新治郎は新蔵と同一人物と思われるが、正しくは判明しがたい。
(12) 『久御山町史』資料編一九九二年、『久御山町史』第一巻　一九八六年。
(13) 「道中日記」『谷合氏見聞録』八四―九〇頁、多摩郷土研究の会、一九九三年。
(14) 『西国順礼道中記』(『大子町史料』別冊9、一九八六年)。
(15) 「伊勢　熊野　金ぴら道中記」『湯津上村誌』二一八―二四二頁、一九七九年。
(16) 「伊勢参宮西国巡礼道中記抄」『安房先賢遺著全集』七五二―七五五頁、国書刊行会、一九八一年。

(17) 白井達太郎稿・細川浩一校注『西遊紀行』一九九二年。なお、同書は昭和五十二年（一九七七）には校注なしの写真版として孫の白井忍氏によって出版されている。
(18) 天田鉄眼『巡礼日記』（『愚庵全集』政教社、一九二八年）。
(19) 松尾心空『歌僧天田愚庵【巡礼日記】を読む』すずき出版、二〇〇四年。
(20) 『磐城誌料 歳時民俗記』（『日本庶民生活史料集成』第九巻、三一書房、一九六九年）二一八頁。
(21) 『向日市史』下巻、八六六―八六七頁、向日市史編さん委員会、一九八五年。
(22) 田中智彦『聖地を巡る人と道』一二〇頁。
(23) 田中智彦、前掲書、七五―七六頁。
(24) 『久御山町史』第一巻、八九二頁。
(25) 『西国順礼道中記』一一三頁。
(26) 上野利夫、前掲論文、四五頁。
(27) 古文書調査記録第十七集『西国道中記』。
(28) 週刊朝日編『値段の明治大正昭和風俗史』上、朝日新聞社、一九八七年。
(29) 亮盛『坂東観音霊場記』（『続豊山全書』第二十巻、続豊山全書刊行会、一九七五年）一一頁。
(30) 『享和元年西国巡礼旅日記』六六―六七頁。
(31) 小山松勝一郎編訳『西遊草―清河八郎旅中記』四二頁、平凡社、一九六九年。
(32) 『西遊草―清河八郎旅中記』七六頁。
(33) 田中智彦、前掲書、九九頁。
(34) 「西国順礼道中記」九七頁。
(35) 新城常三『新稿 社寺参詣の社会経済史的研究』一〇〇六頁。
(36) 「見聞録」『枚方市史』第九巻、五〇四頁、一九七四年。
(37) 慧鳳『竹居清事』（『続群書類従』第十二巻上）四八七頁。
(38) 新城常三、前掲書、一〇九四頁。
(39) 『菊川町史』近世資料編、五八二―五八三頁。

(40)『湯津上村誌』二三二頁、二三八頁。
(41)白井達太郎稿・細川浩一校注『西遊紀行』八一頁。

第二節

(1)澄禅『四国遍路日記』(近藤喜博『四国遍路研究』三弥井書店、一九八二年)三六二頁。
(2)『四国中諸日記』(国立史料館蔵)、喜代吉栄徳氏によって「四国辺路研究」第十二号に翻刻される。
(3)新城常三『新稿 社寺参詣の社会経済史的研究』一〇五三頁。
(4)広江清編『近世土佐遍路資料』。
(5)四国徧路研究叢書第弐號『【資料集】四国中道筋日記』四国徧路研究会、二〇〇三年。
(6)尾関行応『四国霊場巡拝日誌』八―九頁、立命館出版、一九三七年。
(7)山田正雄『播州黍田村農民の歴史』三五一―三五六頁。及び『黍田村に生きた人々』二九―三二頁、神戸新聞出版センター、一九八四年。
(8)「四国中并高野道中記」(広江清編『近世土佐遍路資料』)。
(9)小林雨峯『四国順礼記』中央仏教社、一九一八年。
(10)高群逸枝『娘巡礼記』は『九州日日新聞』に一九一八年六月六日から十二月十六日まで連載された。一九七九年、堀場清子校訂で朝日新聞社から出版される。二〇〇四年には岩波書店から再版された。以下の註は岩波書店版による。
(11)高群逸枝『お遍路』二六六頁。同書は一九三八年に厚生閣から出版されたが、一九八七年に中央公論社から再版された。以下の註は中央公論社版による。
(12)富田斅純『四国遍路』世相軒、一九二六年。
(13)印南敏秀「戦前の女四国遍路」岩井宏実編『技と形と心の伝承文化』慶友社、二〇〇二年。
(14)印南敏秀、前掲論文、二八八頁。
(15)笹原茂朱『巡礼記―四国から津軽へ』日本放送出版協会、一九七六年。
(16)早坂隆『僕が遍路になった理由(わけ)―野宿で行く四国霊場巡りの旅』連合出版、二〇〇〇年。
(17)堀之内芳郎『喜寿の遍路日記　同行二人四国八十八ヵ所巡礼』朱鳥社、二〇〇二年。

(18) 西川阿羅漢『歩く四国遍路千二百キロ―ある定年退職者の31日の旅―』現代書館、一九九九年。
(19) クレイグ・マクラクラン・橋本恵訳『四国八十八か所　ガイジン夏遍路』小学館、二〇〇〇年。
(20) 鶴村松一『四国遍路―二百八十回中務茂兵衛義教』七六―七七頁、松山郷土史文学研究会、一九七八年。なお、中務茂兵衛の「諸日記」は喜代吉栄徳『四国遍路　道しるべ―付・茂兵衛日記』（海王舎　一九八四年）にも翻刻されている。
(21) 新城常三、前掲書、一〇五三頁。
(22) 小林雨峯、前掲書、六頁。
(23) 小林雨峯、前掲書、一八三頁。
(24) 高群逸枝『お遍路』七三頁。
(25)『種田山頭火　人生遍路』一九八頁、日本図書センター、二〇〇二年。
(26) 安田寛明『四国遍路のすすめ』三一頁。
(27) 安達忠一『同行二人　四国遍路たより』四頁、欽英堂書店、一九三四年。
(28) 荒木哲信『遍路秋色』金剛寺、一九五五年。
(29) 真野俊和『旅のなかの宗教』一四二頁、日本放送出版協会、一九八〇年。
(30) 近藤優『四国遍路托鉢野宿旅―お大師さまと二人旅―』文芸社、二〇〇四年。
(31)【資料集】四国中道筋日記』四二頁の注釈。
(32) 印南敏秀、前掲論文、二八六頁。
(33) 月岡祐紀子『平成娘巡礼記』文藝春秋、二〇〇二年。
(34) 笹原茂朱、前掲書、一七頁、五五頁。
(35) 高群逸枝『お遍路』二四二頁。
(36)『種田山頭火　人生遍路』一三二頁。
(37) 広江清編、前掲書、一〇四頁。
(38) 高群逸枝『娘巡礼記』一三四頁。
(39) 高群逸枝『お遍路』五九頁。
(40) 広江清編、前掲書、一〇二頁。

(41) 小林淳宏『定年からは同行二人　四国歩き遍路に何を見た』PHP出版、一九九〇年。
(42) 松浦武四郎「四国遍路道中雑誌」（吉田武三編『松浦武四郎紀行集』中）二二七頁。
(43) 宮尾しげを『画と文　四国遍路』一一二頁、鶴書房、一九四三年。
(44) 西端さかえ『四国八十八札所遍路記』七九頁、大法輪閣、一九六四年。
(45) 西端さかえ、前掲書、七七―七八頁。
(46) 宮尾しげを、前掲書、二三三―二三四頁。
(47) 西端さかえ、前掲書、一九〇頁。
(48) 荒木哲信、前掲書、七九頁。
(49) 鍵田忠三郎、前掲書、一〇四頁。
(50) 岡崎忠雄「巡拝バス旅日記」①月刊『へんろ』第三十七号、伊予鉄観光開発、一九八七年。但し、追加された一日の宿泊料金七〇〇〇円は別途に支払っている。
(51) 土佐文雄『同行二人―四国霊場へんろ記―』一二四頁、高知新聞社、一九七二年。
(52) 西端さかえ、前掲書、一四五頁、一六〇頁。
(53) 佐藤孝子『四国遍路を歩く』日本文芸社、二〇〇二年。

終章　まとめと遍路の世俗化

(1) 佐藤久光『遍路と巡礼の社会学』一八〇―一八一頁、及び二二一―二二二頁。
(2) 矩口勝弘「四国八十八ヵ所へんろ道」『中央公論』昭和四十六年六月号。
(3) 伊藤延一『四国へんろ記』二二頁、古川書房、一九八一年。
(4) 前田卓『巡礼の社会学』九八頁。
(5) 佐藤久光、前掲書、二二五頁。
(6) 三好昭一郎「通夜堂を考える」『同行新聞』昭和五十五年七月十一日付。
(7) 田中智彦『聖地を巡る人と道』二四―二七頁。
(8) 田中智彦、前掲書、三三頁。

あとがき

習俗は時代によって変容する。近年の四国遍路にも幾つかの変化が見られる。その一つは格安パックの団体バスによる参拝である。利用者には価格が安く、目的地まで気軽に行けることから便利である。しかし、募集する会社は遍路を商品化するので、人気のある札所のパックツアーは募集者も多いが、人の集まらない札所の募集は切り捨てられる現象が起きている。平成十年以降の急激な遍路の増加は格安パックの影響もある。そこにはデフレ経済の中で旅行業者などによる低価格で中高年に狙いを定めて企画された側面もある。同様なことは既に述べたように明治期から昭和初期にかけての新聞社や旅行会社の旅として遍路の企画に始まり、平成期に入っての朝日新聞社による「空海のみちウォーク」や平成二年から三年、及び平成十年から十二年のＮＨＫのテレビ放送などが遍路の動向、習俗に影響を与えたものであった。

今一つは、不況によって職を失いホームレスとなった人が歩き遍路の増加にかこつけて、「乞食遍路」として出てきたことである。歩き遍路の増加で道々の接待も復活してきた。それを目当てにした偽遍路の再来である。本書の「はしがき」で述べた容疑者も接待で生き延びられた。ここに旧来の習俗が再び見られるようになった。

本書は前著『遍路と巡礼の社会学』を出版した後に草稿したものが多く、第一章第二節（一、三、四は前著の要約、二は「坂東巡礼の体験記研究」『神戸常磐短期大学研究紀要』第二十六号の一部）以外は全て書き下ろしである。

前著では扱うことができなかった部分を補う意味で本書を姉妹編と位置づけた。

本稿で扱った巡礼と遍路の習俗の発生、起源及びその変遷については異説もあり、しかも正確な年代を特定することは難しいテーマである。従って、筆者の見解と異なる説も出てくることは認めなければならない。

筆者の専攻分野の枠から外れた領域を扱ったところが少なくない。特に第二章の習俗は様々の分野が交錯する領域でもある。また、第四章は地方文化に残された資料が基本とされ、実物を見ることは極めて難しい。幸いにして、その資料が近年地域文化への関心の高まりで、それを翻刻、出版する機会が多くなった。その人たちの研鑽、努力の上に本書の論考が可能になった。しかし、江戸時代の巡拝日記には個人の所蔵や公共図書館、大学図書館に所蔵されているものもあり、目を通すことのできないものもあった。第三章の書目の一覧については私家版として出版されたものも少なくなく、全てを網羅することには限界があった。それ以外でも各分野における先人の研究に負うところが多い。ここに先人の研究に対して敬意と感謝を申し上げます。また、薄給ながら研究を理解し、経済的支援をしてくれた亡き父・久之助の墓前に本書を捧げたい。

最後に、出版に際しては前著『遍路と巡礼の社会学』と同様に人文書院のお力添えを頂いた。特に編集部長の谷誠二氏には一方ならぬお世話を頂いた。編集部の井上裕美氏には校正及び索引の作成にご苦労をおかけした。ここに両氏には厚く御礼を申し上げます。

平成十八年五月

著者

索　引

（本索引には人名・書名・事項が含まれる）

タ　行

ナ　行

ハ　行

マ　行

ヤ　行

ラ　行

著者略歴

佐藤久光（さとう・ひさみつ）

1948年秋田県に生まれる。大谷大学大学院哲学科博士課程修了。種智院大学専任講師、助教授、教授。その間91年から95年まで関西大学経済・政治研究所嘱託研究員。現在、関西大学、龍谷大学非常勤講師。
著書に『遍路と巡礼の社会学』（人文書院）、『チベット密教の研究』（共著　永田文昌堂）、『密教の文化』（共著　人文書院）、『巡礼論集１』（共著　岩田書院）など。

JIMBUN SHOIN Printed in Japan.
ISBN4-409-54072-6 C3039

遍路《へんろ》と巡礼《じゅんれい》の民俗《みんぞく》

二〇〇六年　六　月一〇日　初版第一刷印刷
二〇〇六年　六　月一五日　初版第一刷発行

著　者　佐藤久光
発行者　渡辺博史
発行所　人文書院
〒六一二-八四四七
京都市伏見区竹田西内畑町九
電話〇七五(六〇三)一三四四
振替〇一〇〇〇-八-一一〇三
印刷　創栄図書印刷株式会社
製本　坂井製本所

乱丁・落丁本は小社送料負担にてお取替致します。

http://www.jimbunshoin.co.jp/